MARTIN HEIDEGGER

GESAMTAUSGABE

II. ABTEILUNG: VORLESUNGEN 1919-1944

BAND 58

GRUNDPROBLEME DER PHÄNOMENOLOGIE (1919/20)

VITTORIO KLOSTERMANN
FRANKFURT AM MAIN

MARTIN HEIDEGGER

GRUNDPROBLEME DER PHÄNOMENOLOGIE (1919/20)

VITTORIO KLOSTERMANN
FRANKFURT AM MAIN

Frühe Freiburger Vorlesung Wintersemester 1919/20
Herausgegeben von Hans-Helmuth Gander

2., durchgesehene Auflage 2010

Satz: Fotosatz Otto Gutfreund GmbH, Darmstadt
Druck: Wilhelm & Adam, Heusenstamm
Bindung: Litges & Dopf, Heppenheim

Gedruckt auf Alster Werkdruck der Firma Geese, Hamburg,
alterungsbeständig ISO 9706 und PEFC-zertifiziert. Printed in Germany
ISBN 978-3-465-03665-4

INHALT

VORBETRACHTUNG

Historische Überschau als exoterische Feststellung der esoterischen Disposition des phänomenologischen Problembewußtseins

ERSTER ABSCHNITT

Das Leben als Ursprungsgebiet der Phänomenologie

Erstes Kapitel

Aufweis des Lebens als Problemsphäre der Phänomenologie

Zweites Kapitel

Das faktische Leben als Mannigfaltigkeit sich ineinanderschiebender Bekundungsschichten

ZWEITER ABSCHNITT

Phänomenologie als Ursprungswissenschaft des faktischen Lebens an sich

Erstes Kapitel

Wissenschaft als Bekundungszusammenhang eines Lebensgebietes

ANHANG A

I. Rekonstruktion des Schlußteiles der Vorlesung aus Heideggers eigenen Aufzeichnungen

II. Beilagen

A. Zum ausgearbeiteten Vorlesungsmanuskript

B. Lose Blätter aus dem Umkreis der Vorlesung

ANHANG B

I. Ergänzungen zur ausgearbeiteten Vorlesung aus der Nachschrift von Oskar Becker

II. Der Schlußteil der Vorlesung in der Nachschrift von Oskar Becker

nous sommes d'ouvrir toujours
devant nous l'espace, de refermer
toujours derrière nous la durée*

VORBETRACHTUNG

Historische Überschau als exoterische Feststellung der esoterischen Disposition des phänomenologischen Problembewußtseins

§ 1. Voranzeige der Phänomenologie als Ursprungswissenschaft vom Leben an sich

a) Der Sinn der Idee der Ursprungswissenschaft

»Grundprobleme der Phänomenologie« – das brennendste und nie austilgbare, das ursprünglichste und endgültigste Grundproblem der Phänomenologie ist *sie selbst* für sich selbst.

Sie ist *die* Urwissenschaft, die Wissenschaft vom absoluten *Ursprung* des Geistes an und für sich – »Leben an und für sich«. Zunächst leere Worte, die lediglich prätendieren, etwas ganz bestimmtes, echt und absolut Ausweisbares zu bedeuten – Wort selbst »zufällig«. Sie fällt daher selbst als eine Manifestation seiner in ihren Gegenstand, in sich selbst zurück. Das ist kein ihr anhaftender Mangel, kein sie beschwerendes Hemmnis, sondern der spezifische Charakter der Lebendigkeit, der »Fügung« ihrer Fragen und Weisen der Lösung, der Vorzug der Verlaufsform ihrer Problematik.

Diese innerste, lebendige Berufung, das Schicksal der Philosophie, ihre Idee, deren größte Manifestationen wir kennen

* H. Bergson, Matière et mémoire. Essai sur la relation du corps à l'esprit. Paris 1908, p. 161.

unter den Namen: Plato, Kant, Hegel, gilt es ursprünglich und radikal aus einer neuen Grundsituation heraus zum »Leben« zu bringen. Was das heißt – das zu verstehen ist unsere nächste Aufgabe.

Die Idee der *Ursprungs*wissenschaft (I) gibt sich den Sinn, daß sie durch die Erzeugung ihrer Aufgabe und die echte Auswirkung ihrer eigensten Motive in der forschenden Aufhellung und Erledigung der »Aufgabe« erst zum ursprünglichen Verstehen ihrer selbst gelangt. Damit ist einmal angezeigt, daß die Phänomenologie mit einer *Paradoxie* unablässig *kämpft*, die wir als die Urparadoxie des Lebens an und für sich verstehen werden. Zum anderen aber ergibt sich aus der Idee der Urwissenschaft die Grundanweisung: jeden Versuch, sie selbst und die Weise ihrer Verlebendigung in abgezogen begrifflichen Konstruktionen *er-denken* oder in formalen Ordnungsbegriffen – Resultate objektivierend – sie stillstellen zu wollen – d.h. sich aus dem lebendigen Rückgang in den Ursprung und dem lebendigen Hervorgang aus ihm (bildliche Redeweise) herauszustellen – rücksichtslos zurückzuweisen. Mit anderen Worten: nur die *echte konkrete Verwirklichung* und der Vollzug (Befolgung) der in ihr selbst wirkenden »Tendenzen« führen zu ihr selbst und ihrem eigensten Problemgebiet, das anspricht nur, wenn es in die Grundtendenz der Phänomenologie selbst genommen ist. Sie muß sich echt *manifestieren*, um sich selbst als Manifestation manifestierend zu verstehen.

Die Idee der Ursprungs*wissenschaft* (II) zeichnet selbst vor die Weise ihrer konkret lebendigen Verwirklichung; nämlich: diese ist genommen in die Idee »Wissenschaft«. Erkenntnis – es gibt in ihr – und in ihr ursprünglich – so etwas wie Probleme – Methode. Was das heißt, hat sie selbst zum Verstehen zu bringen als Urwissenschaft. Als solche darf sie sich ihre urwissenschaftliche Problematik und Methodik nicht von außen her, von etwas ihr Fremdem, von Spezialwissenschaften aufdrängen lassen, sondern sie müssen dem Ursprung selbst, aus dem Ursprung in ursprünglicher Erzeugung und ständig zu erneuernder Bewährung und evidenter Tendenzerfüllung erwachsen. Das erstreckt sich sogar auf die Idee Wissenschaft – Erkenntnis – Ausdruck derselben – Evidenz – Beweis und Begründungsart selbst. Es ist nicht so, daß gleichsam zwar keine besondere Einzelwissenschaft als Idealtypus, wohl aber eine formalisierte oder sonstige Verallgemeinerung der Idee Wissenschaft zugrunde gelegt wird.

Die Wortbedeutungen alle sind noch ganz formal, *nichts präjudizierend*, lassen nur eine Direktion anklingen – ohne Festlegung auf sie –, vielleicht, daß sie nur dazu dient, auf ihrem Weg zurückzugehen zu ursprünglichsten Motiven des Lebens, die zwar nicht theoretisch-wissenschaftlich sind. Jede ihrer echten Methodenfragen ist ein in ihr selbst gelegenes *»sachliches«* Problem und führt echt verfolgt notwendig in den »Ursprung«.

Aber was bedeutet »Ursprung«, was heißt »Idee«? Wie ist zu verstehen: »unter eine Idee stellen«, »in eine Tendenz nehmen«? Was besagt überhaupt »Wissenschaft«, »Wissenschaft vom Leben des Geistes«? Was heißt: Leben »in Begriffe fassen«, »Begriffe«, »Bedeutungen klären«, »das Geklärte und die Klärung ausdrücken«, »in Worte bringen«, wo doch die Worte als volle Ausdrücke zugeschnitten sein sollen auf unsere Umwelt, auf den Raum, etwas Räumliches, räumliche Beziehungen mitmeinen – was Bergson vor 30 Jahren bereits unübertrefflich herausgestellt hat, was man aber heute als etwas unerhört Neues dem verbildeten europäischen Bürger in einem umfänglichen Buch[1] anpreisen darf, auf das man bei uns nun auch prompt – gleich fakultätsweise – hereingefallen ist. Um echte Probleme geht es, nicht um geistreiche, ein mit bewundernswertem Fleiß zusammengerafftes Material spektralistisch beleuchtende, sich aber auf jeder Seite selbst ins Gesicht schlagende Skeptizismen.

[1] O. Spengler, Der Untergang des Abendlandes. Erster Band: Gestalt und Wirklichkeit. Wien und Leipzig 1918.

b) Die Frage des Anfangs

Wo soll in der prinzipiellen Aufhellung der nur andeutungsweise berührten Fragen der Anfang gemacht werden? Was heißt »anfangen« in einer Wissenschaft und gar in der prätendierten Urwissenschaft? Und all das auf die Phänomenologie bezügliche Fragen soll selbst phänomenologisches sein und phänomenologisch erledigt werden. Wozu aber diese künstlichen Umwege, die an berüchtigte Praktiken der sogenannten Erkenntnistheorie erinnern, die ständig das Messer schleift, ohne je zum Schneiden zu kommen? Bringen wir in den Sinn von Anfang nicht das Bild eines Einsetzens an einem Punkt und Fortgangs *in einer Linie*? Da wir nun selbst in der Linie stehen, kann es nicht gelingen, von einem außerhalb ihrer an den ersten Punkt sich zu setzen. Schwierigkeiten nur aus der Objektivierung des Anfangs in der objektiven Zeit und an einem objektivierten gegenständlichen Was gelegen!

Reflektieren wir doch nicht über das Anfangen, sondern fangen faktisch an! Aber wie? Läßt sich eine echte wissenschaftliche Methode einfach aufgreifen, als etwas von dem Gegenstandscharakter der Wissenschaft Abgelöstes, als ein technisches Mittel, Handwerkszeug, das man sich aneignet, dessen Gebrauch man einübt und nun frisch drauflos Phänomenologie treibt?

c) Das Problem der Methode

Man beachtet auf phänomenologischer Seite – oder sagen wir: bei solchen, die sich so nennen – nicht, daß echte Methode immer nur – wie *Husserl* das eindringlich zum Bewußtsein gebracht hat – dem Grundcharakter eines bestimmten Gegenstandsgebietes und seiner Problematik entwächst. Aber – das ist doch nur die eine Seite? Was heißt: die Methode erwächst einer bestimmten Problematik einer Gegenstandsregion? Was heißt Problem? Liegen denn Probleme einfach nur in dem betreffenden Gegenstandsgebiet gleichsam am Wege, daß man sie aufgreift und nach ihnen die Methode gestaltet! Oder erwachsen die Probleme nicht selbst erst, und zwar in der Weise der Fragestellung, in der Methode, bezogen auf das betreffende Gegenstandsgebiet? Also stehen wir bei der genau umgekehrten Sachlage.

Die Methodik entwächst der Problematik und diese ist eine Methode der Grundfragestellung mit Bezug auf ein zu bearbeitendes Gegenstandsgebiet. Und dieses? Liegt das einfach schlicht da, so daß man nur Fragen in es hineinzusenden braucht? Ist es schlecht und recht gegeben, vorgegeben? Was heißt »gegeben«, *»Gegebenheit«* – dieses Zauberwort der Phänomenologie und der »Stein des Anstoßes« bei den anderen.

Es soll aber in der Phänomenologie nicht wuchern: die »Unmethode des Ahndens und der Begeisterung«, auch nicht »die Willkür des prophetischen Redens«[2], aber ebensowenig hausbackene Bürgerlichkeit und Allüren des wissenschaftlichen Tagelöhners, sondern echtes, ursprüngliches, lebendiges, sich ständig neu bis auf den Grund aufwühlendes, nie ruhendes Problembewußtsein – echte Wissenschaft, die unserer Zeit und dem 19. Jahrhundert verlorenging, die man nicht einer neu anbrechenden Zeit andemonstrieren kann, sondern die neu gelebt werden will. Eine Angelegenheit lebendigen, persönlichen *Seins und Schaffens* (→ Radikalismus).

In der Idee der Ursprungswissenschaft und ihres echten Vollzugs ist gelegen die Forderung des absoluten Radikalismus des Fragens und der Kritik. Gerade das echte historische Verstehen, das der Phänomenologie erwächst und ihr eine neue Schätzung und Auswertung der Geistesgeschichte, ein neues Sehen ihrer ermöglicht, muß sie rücksichtslos machen gegen deren Leistungen, in dem Sinne, daß sie sich nichts unvermittelt und ungeprüft aus ihr vorgeben (suggerieren) läßt. Das gilt noch mehr von der Philosophie der jeweilig »zufälligen« Gegenwart.

[2] G.W.F. Hegel, Phänomenologie des Geistes. Hg. J. Schulze. In: Werke. Vollständige Ausgabe durch einen Verein von Freunden des Verewigten. Bd. 2. Berlin 1832, S. 38.

Am radikalsten hat sich aber der Radikalismus der Phänomenologie auszuwirken *gegen sie selbst und alles*, was als phänomenologische Erkenntnis sich äußert.

Es gibt kein iurare in verba magistri innerhalb der wissenschaftlichen Forschung, und das Wesen einer *echten* Forschergeneration und Generationsfolge liegt darin, daß sie sich nicht an die Randbezirke der Spezialfragen verliert, sondern neu und echt auf die Urquellen der Probleme zurückgeht und sie tiefer leitet.

Damit ist zugleich angedeutet, daß die Stetigkeit phänomenologisch-philosophischer Forschung einen eigenen Charakter hat und nichts zu tun hat mit der Nachahmung der Fortschrittsformen der Einzelwissenschaften, z. B. der mathematischen Naturwissenschaft. Husserls Aufsatz: »Philosophie als strenge Wissenschaft«[3] wird meist in diesem Sinne mißverstanden; das um so leichter, als Husserl selbst gern und häufig an der mathematischen Naturwissenschaft exemplifiziert.

§ 2. Standpunkte, Richtungen, Systeme der gegenwärtigen Philosophie

Gerade weil es die Absicht dieser Vorlesung ist, nur an ganz wichtigen Stellen in kritische, die Problematik selbst befruchtende Auseinandersetzungen einzutreten, soll ihr eine umschauhaltende, lediglich historisch feststellende Vorbetrachtung gegeben werden, dergestalt allerdings, daß sie exoterischerweise die esoterische Disposition des phänomenologischen Problembewußtseins anklingen läßt.

Die Überschau soll betrachten: die Philosophie der Gegenwart im Ganzen. Das alles jedoch nur in der vorläufigen Gestalt des rohen und handgreiflich Charakteristischen, ohne Einge-

[3] E. Husserl, Philosophie als strenge Wissenschaft. In: Logos. Intern. Zeitschrift für Philosophie der Kultur. Bd. 1 (1910/11), S. 289–341.

hen auf den bestimmten Inhalt der Lehren, also mehr ein Hinweis auf ihr überhaupt charakteristisches Vorhandensein und Wirken im geistig philosophischen Leben der Gegenwart. [Wenn ich also das »System« irgendeines Philosophieprofessors oder Privatdozenten nicht namhaft machen sollte, dann müssen Sie das allerdings nicht nur der Kürze der Zeit zugute halten. Ebensowenig werde ich auf ganz »linkische« Formen der Phänomenologie eingehen.] Im besonderen dann sehen wir zu, was sich heute unter der Bezeichnung »Phänomenologie« gibt, wo echte Ansätze und Motive lebendig sind und wo es lediglich so aussieht »als ob«.

Eine unter der Leitidee wissenschaftlich philosophischer Forschung ins Werk gesetzte Orientierung innerhalb der gegenwärtigen Philosophie gibt folgendes Bild der Standpunkte, Richtungen und Systeme:

Zunächst ist zu beachten der immer noch steigende Einfluß der platten Unphilosophie des kritischen Realismus, der sich – um ihn mit der Phrase am besten zu charakterisieren – »allseitiger Beliebtheit erfreut«, und das zwar vor allem bei den Vertretern der Einzelwissenschaften (Natur- und Geisteswissenschaften), die in ihm eine willkommene und beruhigende philosophische Bestätigung ihres eigenen Tuns begrüßen. Es ist der Standpunkt des mißdeuteten Aristoteles, die Philosophie des gesunden Menschenverstandes, die vielbegehrte Vorspanndienste leistet der heute gänzlich verlotterten systematischen Theologie *beider* Konfessionen. Es ist die Philosophie, für die alle Fragen irgendwie sich herleiten aus der oder zurücklaufen in die Frage, ob die Außenwelt nun wirklich existiert oder nicht, und die dem beunruhigten Bürger immer neue wissenschaftliche Beweise liefert, daß die Welt »in Tat und Wahrheit« existiert. Also eine, wie man sagt, »erkenntnistheoretische« Richtung – neben anderen. Damit ist angezeigt, daß *erkenntnistheoretische* Fragestellungen die heutige Philosophie charakterisieren. Das hängt zusammen mit der Art und Weise, in der die Neubelebung der Philosophie im letzten Drittel des 19. Jahrhunderts motiviert ist im »Zurück zu Kant«, in der Erneuerung der Kantischen Philosophie (Neukantianismus – eine heute nicht mehr ganz auf dieselben Richtungen zutreffende Bezeichnung). Die beiden Hauptrichtungen des Neukantianismus sind charakterisiert in der Marburger Schule (Cohen, Natorp, Cassirer) und in der Wertphilosophischen (Windelband, Rickert, Lask). Beide Richtungen sind seit Jahren in einer Umbildung begriffen, die historisch sich kennzeichnen läßt als ein Zurückgehen auf Fichte und vor allem auf Hegel. Unter den jüngeren Vertretern der beiden Schulen bereitet sich unverkennlich ein Neuhegelianismus vor. Die Motive hierzu sind nicht überall die gleichen. Bei den Marburgern sind es vorwiegend Versuche der Fortführung und radikalen Begründung der Logik; in der Wertphilosophie ist es das Problem der *Geschichte* und *Religion*.

In beiden Richtungen sind echte Motive lebendig und es wird – von Ausnahmen abgesehen – philosophische Arbeit geleistet, die die Phänomenologie doch nicht ganz übersehen darf, so scharf sie andererseits diesen Typus von Philosophie bekämpft. Neukantianismus, Neuhegelianismus sind in gewissem Betracht »Standpunktsphilosophien«, insofern und solange sie diese historischen Standpunkte selbst nicht radikal auflockern und zum Problem machen, statt dessen dabei als einem Letzten stehenbleiben, sie zum Leitfaden nehmen und an ihm fortgehend die Philosophie weiterzubringen suchen. Gewisse Sätze und Thesen werden übernommen, ohne die Begründungsweise des Rechts dieser Übernahme selbst zu prüfen, ohne daß sie weder zur letzten Evidenz gebracht sind noch über diese Evidenz und ihre absolute Notwendigkeit und methodische Tragweite selbst radikale Rechenschaft gegeben wird. Dabei geschieht es – wie das bei jeder echten geistigen Arbeit zutrifft –, daß halbklare Erkenntnisse durchscheinen und den Standpunkt selbst für halbklare und unradikale Evidenzansprüche gesichert erscheinen lassen.

Beim Fehlen dieser strengwissenschaftlichen, forschenden Problematik (bei Natorp ist sie zum Teil lebendig) und bei dem

Hereinspielen nichtwissenschaftlicher Tendenzen auf Weltanschauung ist es eine weitere verständliche Eigenart dieser Richtungen, daß sie überschnell nach systematischem Abschluß, nach Systemen der Philosophie streben und noch mehr: aus solchen Systemtendenzen sich ihre philosophische Arbeit begrenzen und alterieren lassen. (Es wird verwechselt: Systematik der streng methodischen Forschung und Systematik des konstruktiven auf letzte Begriffe Bringen, welche letzten Begriffe selbst absolut ungeklärt bleiben, sonst sie nicht diese billige Funktion übernehmen könnten.)

Ganz vereinzelt, seiner geistigen Herkunft nach – jeder wissenschaftliche Forscher hat eine solche – im deutschen Idealismus verwurzelt, zwar nicht in dessen toten Begriffen, sondern lebendigen Tendenzen – vor allem Schleiermacher und Hegel –, wirkte *Wilhelm Dilthey* (gest. 1911). Er hat kein System geschaffen, wirkt aber umso lebendiger auf die philosophische Forschung und wird wirken in den nächsten Jahrzehnten. Dilthey eröffnete, sowenig er noch bis zum Ursprung vordrang, einen neuen Aspekt der Geistesgeschichte, schuf überhaupt ihre echte Idee.[1] (Die laute Gespreiztheit also, mit der heute gerade Spengler in seinem »europäischen« Buche gerade in den prinzipiellen Punkten auftritt, wirkt für den, der die Dinge wirklich kennt, einfach lächerlich.)

Seine Grundhaltung philosophischen Sehens aufnehmend, durch die neukantischen Richtungen in seiner Systematik wesentlich geklärt, von Bergson und zuletzt noch von der Phänomenologie stark und wesentlich bestimmt, hat *Simmel* der neuen Art des Sehens des lebendigen Geistes und seiner Produktionen Eingang verschafft, in einer Weise, die allerdings von den vielen heute geschäftigen kleinen »Simmels« gehandhabt leicht zur geistreichelnden Begriffsspielerei wird, von der Simmel selbst nicht frei war. Sein Denken und Vorstellen ist stark formalistisch, an fest hingesetzten Begriffsgruppen immer neu

[1] Diltheys Idee einer beschreibenden Psychologie.

auf- und abkletternd – aber, was das Wertvolle an seiner Leistung ist, immer wieder durchbrochen und genährt von echten Intuitionen; in seiner letzten Schaffensperiode immer drängender nach einer Grundanschauung suchend, die mit Bergson wesentlich zusammentrifft und in ihrem Kern ein wertvolles Ferment der philosophischen Problematik darstellt. (Sein Anklopfen an und Flüssigmachen der verschiedensten Lebensgebiete – Gefahr des Formalismus.)

Rationalistische Velleitäten dürfen auch nicht die z. T. geniale Intuition *Bergsons* herabsetzen wollen, so sehr er auch von Schelling und Schopenhauer beeinflußt erscheint. Ich rede hier allerdings nicht von der notwendig hohen Einschätzung des Bergsons der Mode, sondern jenes Bergson, den die wenigsten kennen und verstehen, der aber gerade wegen seiner Bedeutung auf das schärfste bekämpft werden muß – in positiver, forschender Kritik.

Dasselbe gilt von einem anderen ausländischen Denker: *W. James*.

Bei den *Marburgern* die Idee der Wissenschaft – kulminiert im Bewußtsein: etwas wird objektiviert im Subjekt; »logische Grundlage der Wissenschaften« – Grundproblem der Objektivierung überhaupt.

In der *Wertphilosophie* letzte Werte, ein System ihrer die letzte Basis der Deutung des Lebens – der Natur und Kulturgebiete.

Dilthey: Geschichte des Geistes – die Gestalten und morphologischen Typen seiner Ausprägung in seiner Geschichte – Formen und Wege seines Verstehens.

Simmel, Bergson, James: Lebensanschauung – »schöpferische Entwicklung« – Pragmatismus. Motive verschiedenster Art, von verschiedenen Situationen der Betrachtung verweisen in verschiedene Horizonte; ein irgendwie aus einer allerdings verdeckten Grundquelle drängendes Suchen, Motive aufnehmend aus dem deutschen Idealismus, sie aber doch bearbeitend in einer unechten, halbklaren und oft sich verlaufenden vorschnellen Weise. Wenn phänomenologisch so geurteilt wird und eigens – was sich herausstellen soll – mit absolut gegründetem und ausgewiesenem Recht, dann muß sich in der Phänomenologie eine radikale Basis des Sehens und der echten Horizontgebung eröffnen.

§ 3. Historische und systematische Aspekte der Verwendung des Wortes »Phänomenologie«

Die echten, den vorgenannten »Richtungen« philosophischen Denkens meist selbst verdeckten Motive der wissenschaftlichen Problematik werden im Fortgang der phänomenologischen Forschung an ihrer genuinen »Stelle« (Fügungstendenz) zum Ausdruck kommen. Freilich nicht, insofern etwa die Phänomenologie aus den »Richtungen« entstanden wäre oder gar eine zusammenfassende Verallgemeinerung ihrer aller darstellte, sondern weil sie den Radikalismus der philosophischen Fragestellung anstrebt und in neuer strenger Methodik in den Ursprung zurückgeht und sie – freilich in einem anderen Sinne als Hegel –, zuvor zur Echtheit gebracht, in sich aufhebt.

In diesem Rückgang untersteht sie selbst immer wieder phänomenologischer Prüfung und erneuter Fundierung. Im Sinne der methodischen Freilegung solcher letzten Motive und *des echten Verfolgs* der erwachsenden Tendenzen ist vorläufig jetzt die Überprüfung dessen anzustellen, was sich als Phänomenologie selbst gibt und was von anderen als solche gedeutet wird. (Dabei müssen wir uns in methodischer Hinsicht klar sein, daß es sich hier um zufälliges Einsetzen und Ansatzpunkte der Problematik handelt.)

Bekannt ist das Wort »Phänomenologie« durch den Titel des Grundwerkes von Hegel: »Phänomenologie des Geistes« (1807). Es hat das Motto: Ψυχῆς ἐστι λόγος ἑαυτὸν αὔξων. »Des Geistes Sinn ist es, sich selbst zu steigern«. Hegel spricht einmal von dem »von Aussen nichts hereinnehmenden Gange«[1] der Selbstbewegung »des Geistes«. Auf die Frage, was die andere Phänomenologie mit der Hegelschen zu tun und gemeinsam habe, ist zu antworten: sehr viel und sehr wenig, je nachdem man sie versteht. (Ich glaube allerdings, daß man die letzten Tendenzen dieses Werkes erst von der modernen Phänomenologie aus versteht.)

Das Wort findet dann verstreute Verwendung (eine exakte Nachforschung darüber gibt es nicht) in der protestantischen Theologie, und zwar begegnet es da in den achtziger Jahren in der Bedeutung einer *Beschreibung* der immanenten *und* transzendent-historischen Entwicklung des religiösen Bewußtseins. Der Nachdruck ruht aber schon sichtlich auf der Funktion des »Beschreibens«, die in dem Wort mitgemeint ist. Es kommt gleichzeitig vor in Verbindung mit *Psychologie* des religiösen Bewußtseins (vgl. Max Reischle[2]) – »Beschreibung der religiösen Phänomene«.

1900 gebraucht *Pfänder* (kommt her aus der Psychologie von *Th. Lipps*) das Wort im Titel seiner Habilitationsschrift »Phänomenologie des Wollens«[3]. Das Wort soll in dem Gegensatz gegen die erklärende, hypothetisch psychische Vorgänge substruierende Psychologie verstanden werden im Sinne der deskriptiven Psychologie (vorausgegangen bereits *Dilthey*: Ideen zu einer beschreibenden und zergliedernden Psychologie[4]). Pfänder gibt in seiner Schrift selbst keine ausdrückliche »Erklärung« des Wortes, aber aus der »Einleitung« ergeben sich die Gesichtspunkte seiner Einstellung ganz klar. Es kommt ihm

[1] G. W. F. Hegel, Wissenschaft der Logik. Erster Band: Die objective Logik. Nürnberg 1812, S. XX.

[2] M. Reischle, Die Frage nach dem Wesen der Religion. Grundlegung zu einer Methodologie der Religionsphilosophie. Freiburg 1889.

[3] A. Pfänder, Phänomenologie des Wollens. Eine psychologische Analyse. Leipzig 1900.

[4] W. Dilthey, Ideen über eine beschreibende und zergliedernde Psychologie. In: Sitzungsberichte der Kgl. Preuß. Akademie der Wissenschaften zu Berlin. Jg. 1894/2. Halbbd., S. 1309–1407.

darauf an, »das Wollen in seiner thatsächlichen Beschaffenheit festzustellen«[5]. Ferngehalten soll werden jede vorgefaßte Theorie über das Wesen des Psychischen. Dieses soll nicht aus vorgefaßten Methoden heraus in letzte Elemente »zerlegt« werden (z. B. in Empfindungsdaten). Es soll nichts darüber ausgemacht werden, wo und wie überall das Wollen sonst noch im Psychischen vorkommt, auch nicht entschieden werden, ob es die »Grundfunktion« des Psychischen sei, sondern es soll erst einmal lediglich beschrieben werden. Die Methode ist die subjektive, introspektive, die nicht Objekte, physiologische Vorgänge, Gehirnbahnen und ähnliches zum Gegenstand hat, sondern das Subjekt, das Selbst. In derselben Bedeutung – Beschreibung der psychischen »Vorkommnisse«, nicht Erklärung der und durch »Vorgänge« – gebraucht dann auch *Lipps* das Wort ›phänomenologisch‹ und ›Phänomenologie‹.

Fast gleichzeitig mit Pfänder gebraucht *Husserl* das Wort im Untertitel des II. Bandes seiner »Logischen Untersuchungen« (1901): »Untersuchungen zur Phänomenologie und Theorie der Erkenntnis«[6]. Dasselbe Wort, aber eine verschiedene Sache, obwohl der erste Augenschein und sogar gerade Husserls eigene Deutung der Phänomenologie (in der Einleitung des II. Bandes) dazu verführen, in keiner Weise einen Unterschied zu finden und Phänomenologie und phänomenologische Methode als deskriptive Psychologie und beschreibende psychologische Methode zu verstehen.

Dieses Werk, das in der neueren ernsthaften philosophisch wissenschaftlichen Literatur gewirkt hat wie kaum ein anderes, war ein erster »Durchbruch« und hat als solcher in der ersten Vehemenz gleichsam noch Reste alter Denkgewohnheiten mitgerissen, die nicht klar zur Abscheidung kamen. So konnte es

[5] A. Pfänder, Phänomenologie des Wollens. A. a. O., S. 3.

[6] Husserl gebrauchte das Wort schon in den 90er Jahren in seinen Vorlesungen – »Phänomenologie« ein Abschnitt in Brentanos Metaphysik – (Klärung von Grundbegriffen) [persönliche Mitteilung Husserls, 8. X. 19].

geschehen, daß Husserl selbst unmittelbar nach der Publikation dieses Grundbuches aller künftigen wissenschaftlichen Philosophie selbst über seine eigenen Entdeckungen, d.i. ihren vollen Sinn und ihre ganze Tragweite, nicht völlig reflektiv klar war. Es ist eines, eine neue echte Forschungsmethode unmittelbar schaffend zu realisieren, sich in ihr voll lebendig bewegen, ein anderes, selbst über sie zur letzten reflektiven Klarheit kommen, die treibenden Motive in ihrer Tendenz klar herauszuarbeiten. So geschah es, daß Husserl in der Einleitung zum Band II die phänomenologische Methode kennzeichnete als deskriptive und zwar *deskriptive Psychologie* gegenüber der genetisch-erklärenden. Dabei stehen oft auf derselben Seite Sätze, die in eine ganz andere Richtung weisen, die nichts mit deskriptiver Psychologie zu tun haben.

Es soll ein deskriptives Verständnis der psychischen Erlebnisse gewonnen werden. »Die Phänomenologie [...] hat also den Zweck, uns ein so weitreichendes deskriptives (nicht etwa ein genetisch-psychologisches) Verständnis dieser psychischen Erlebnisse zu verschaffen, als nötig ist, *um allen logischen Fundamentalbegriffen feste Bedeutungen zu geben*«[7]. »Die eben erörterten Motive der phänomenologischen Analyse, sind [...] *nicht wesentlich* von denjenigen verschieden, welche aus den *erkenntnistheoretischen Grundfragen* entspringen.«[8] Wir sehen die Tatsache, daß Gegenstände sich geben in einer Mannigfaltigkeit von Umwelterlebnissen. Diese Tatsache regt immer wieder die Frage auf, wie denn das ›an sich‹ der Objektivität zur Vorstellung kommen, also gewissermaßen doch wieder subjektiv werden mag; »was das heißt, der Gegenstand sei ›an sich‹ und in der Erkenntnis ›gegeben‹«[9]. *Bemerkenswert:* die Einsicht in die nicht wesentliche Verschiedenheit des deskriptiven (quellen-

[7] E. Husserl, Logische Untersuchungen. Zweiter Theil: Untersuchungen zur Phänomenologie und Theorie der Erkenntnis. Halle 1901, S. 8.

[8] Ebd.

[9] Ebd.

gebundenen) Motivs und des Erkenntnistheoretischen; ferner: die Deskription steht im Dienste von systematisch-logischen Zielen *(philosophische)*; letzeres ist die eigentliche Ausprägung der Tendenz, in die die Problematik genommen wird – das Transzendentale, die Fruchtbarkeit und eigentlich bewegende Funktion der *Tendenzen* für die wissenschaftliche Problematik. Der Nachdruck ruht auf dem Gegenständlichen der Objektivität – nicht so: wie im Kleinkram sich ein Objektives gestalte –, *im Prinzip* desselben.

Aber vor allem sind die *faktisch* durchgeführten Untersuchungen des II. Bandes schließlich das Entscheidende und zeigen, daß die Kennzeichnung, die Husserl von seiner eigenen Methode in der hinterher geschriebenen Einleitung gab, ganz ungenügend war. Husserl wurde auch kurz darauf über die falsche Kennzeichnung klar und hat sie schon 1903 klargestellt.[10]

Trotzdem knüpften sich an das Werk in der Folgezeit eine ganze Reihe schwerer Mißverständnisse und auch heute werden seine echten Tendenzen kaum verstanden, was meist daher kommt, daß man phänomenologische Untersuchungen eben »liest« wie man Spengler »liest«, aber nicht wissenschaftlich-methodisch durcharbeitet und den letzten Motiven nachgeht.

Die Lippssche Schule faßte auch gleich die »Logischen Untersuchungen« in ihrem Sinne als Untersuchungen zur deskriptiven Psychologie auf und übersah völlig das eigentlich stimulierende transzendentale Motiv und arbeitete sie mit der ihr eigenen Energie durch, was eine Annäherung an die Phänomenologie bewirkte, freilich so, daß die eigentlichen Tendenzen nicht aufgenommen wurden und man kann sagen: bis heute nicht.

Der übrigen, empiristisch-psychologistischen wie der idealistischen zeitgenössischen Philosophie blieb die Idee der Phäno-

10 E. Husserl, Bericht über deutsche Schriften zur Logik in den Jahren 1895–98. In: Archiv für Philosophie. II. Abt.: Archiv für systematische Philosophie. Neue Folge IX. Band (1903).

menologie ein Buch mit sieben und noch mehr Siegeln. Meist las man nur den ersten Band, die radikale Kritik des Psychologismus, übersah auch hier das Positive – die Idee der mathesis universalis (der einzige, der diese Dinge verstanden und ihre volle Tragweite gesehen hat, war Lask) –, und war begeistert über diese Widerlegung, merkte aber nicht, daß die Kritik nicht Selbstzweck war, *sondern das Problem fast bis zur Überspannung allererst stellte* und stellen konnte nur aus den Perspektiven und in der Methode, mit der der II. Band arbeitete. Wäre das gesehen worden, dann hätten die Untersuchungen des II. Bandes eine ganz andere Auffassung und Beachtung erfahren müssen. Diesen »las« man entweder oder überhaupt nicht oder verkehrt. Man tat ihn ab mit der Bemerkung, der glänzende Kritiker des Psychologismus verfalle selbst wieder in ihn zurück. Die Psychologen sahen darin nur Psychologie und zwar nicht einmal die echte, sondern eine scholastische, spintisierende. Für Kantianer war der II. Band erst recht Psychologie, war da doch ständig von Erlebnissen, Akten, Intentionalität die Rede. [So habe ich bei anderer Gelegenheit gezeigt (Vorlesung S.S. 1919, »Phänomenologie und transzendentale Wertphilosophie«)[11], daß auf Rickert der I. Band stark wirkte, Phänomenologie aber gleichzeitig für ihn gleichbedeutend ist mit Psychologie, und daß in seinem Begriff »Transzendentalpsychologie« – »hölzernes Eisen« – prinzipielle Verwirrungen liegen.]

1910 publizierte Husserl seinen Aufsatz: »Philosophie als strenge Wissenschaft«[12], eine prinzipielle Darlegung der eigentlichen und letzten Tendenzen der phänomenologischen Philosophie, so zwar, daß aus ihnen nun rückwärts all die verstreuten methodischen Ansätze, die scheinbar bruchstückhaften Einzeluntersuchungen ausdrücklich in eine einheitlich wissenschaftlich systematische Einheit zusammenrücken mußten.

[11] Jetzt in: Gesamtausgabe. Bd. 56/57. Hg. B. Heimbüchel. Frankfurt a. M. 1987.

[12] Husserl, Philosophie als strenge Wissenschaft. A. a. O.

Seit 1913 hat sich die Phänomenologie noch enger zu einer Forschergemeinschaft zusammengeschlossen im »Jahrbuch für Philosophie und phänomenologische Forschung«. Das Jahrbuch ist eröffnet mit Husserls Untersuchung »Ideen zu einer reinen Phänomenologie und phänomenologischen Philosophie«. Was Husserl in seinem Logosaufsatz nur angedeutet hat, wird hier in strengen Untersuchungen begründet. Es ist typisch, daß man in den Kreisen der Münchner Phänomenologie die »Ideen« lediglich für eine »Spezialuntersuchung«[13] hält. Diese »Spannung« innerhalb der Phänomenologie – wie sie Husserl dieser Tage[14] genannt hat – ist doch prinzipieller und ihre Lösung so oder so für die ganze künftige Entwicklung der Problematik schwerer ins Gewicht fallend als Husserl selbst glauben möchte. Sie ist aber innerhalb einer Forschergemeinschaft das denkbar Wertvollste – das echte Angreifen von wirklichem wissenschaftlichen Leben, das unechte Nivellierungen und Verwaschungen verschmäht.

Die Untersuchungen sind so schwierig, daß man sie wohl »las« – aber nicht studierte. Sie sind unbequem – man schiebt sie ab und sieht zu, daß man sein philosophisches System, das ja heute jeder halbwegs anständige Philosoph der Welt hinterlassen muß, unter Dach und Fach bringt. Auf dem Niveau des halbwissenschaftlichen Arbeitens bewegen sich dann auch die Auseinandersetzungen, auf die ich nicht eingehe. Vielmehr sollen nur charakterisiert sein: die typischen Verunstaltungen der Idee der Phänomenologie, wie sie heute im Umlauf sind.

Vielleicht ist es nicht unwichtig zu bemerken, daß es nicht so etwas gibt wie eine orthodoxe Phänomenologie oder Schulzwang: entscheidend ist die echte *forschende*, nichtdilettierende Arbeit.

13 Ausspruch Pfänders, September 1919.

14 Einleitung zum Seminar »Transzendentale Aesthetik und transzendentaler Idealismus«.

§ 4. Verunstaltungen der Idee der Phänomenologie

Die Verunstaltungen der *Idee* der Phänomenologie sind zweifacher Art: einmal im Sinne einer Verengung und Verdunkelung der Motive, dann im Sinne der unkritisch modischen, weltanschaulichen Überspannung.

Zur ersten Art gehören Reden wie: die Phänomenologie ist lediglich eine »Erklärung von Wortbedeutungen« und bewegt sich im Grunde in lauter Tautologien. Anfang und Schluß all ihrer Weisheiten heißt: a = a. Etwas entgegenkommender ist die Meinung: Phänomenologie ist eine sehr brauchbare Vorwissenschaft der Philosophie, zwar nicht eigentliche Philosophie, aber sie tut sehr begrüßenswerte Dienste in der schärferen Bestimmung und Umgrenzung der philosophischen Grundbegriffe. Sie ist ein guter Ersatz für die experimentelle Psychologie. Oder man erreicht das Niveau und glaubt damit schon sehr weit im Verständnis gekommen zu sein, daß man sie faßt als eine neue Erkenntnistheorie, sei es in der Richtung einer etwas verbesserten Neuauflage des Problems transzendentaler Konstitution (was ein echter Kern der Phänomenologie ist, aber nicht das Ursprünglichste, Letzte), sei es in der Weise einer Ausbeutung ihrer mißverstandenen Resultate für naiv-realistische Aspirationen (realistische Phänomenologie!).

Die hier zum Ausdruck kommenden Verengungen der Idee haben die Gestalt, daß sie die Phänomenologie an irgendwelche der landläufig und zufällig vorgegebenen Disziplinen der Philosophie anheften, sie irgendwie in der historisch gegebenen Philosophie unterzubringen suchen, statt radikal den Aufbau der wissenschaftlichen Philosophie sich vollziehen zu lassen (denn wo steht verbrieft, daß Zahl und Gliederung der philosophischen Disziplinen, wie sie von der Geschichte überliefert sind, wirklich einer radikalen Kritik standhalten?).[1]

Diese Verengungen der Idee hemmen zwar eine gedeihliche

[1] Vgl. später [II. Abschn., 1. Kap.].

letzte Auswirkung der systematischen Problemmotive, die immer zurückwirken bis in jedes Einzelproblem und seine Auffassung, sind aber für den Fortgang der Forschung nicht besonders gefährlich. Das muß aber gesagt werden von den Verunstaltungen der zweiten Art: die unkritischen Überspannungen, die eine grundverkehrte, überhaupt unwissenschaftliche und widerwissenschaftliche Disposition erzeugen und da, wo sie eindringen, die Forschung durch und durch verderben.

Es ist in der Phänomenologie die Rede von Intuition, Schau, Wesensschau – die willkommensten Schlagworte, die man sich denken kann, um in der intuitions- und sensationshungrigen Zeit philosophischen und phänomenologischen Unfug zu treiben. So gibt es Phänomenologen, die ihre Mitmenschen mit Wesensschauungen förmlich überschütten – wo es am Ende nicht mehr sind als übertriebene Verabsolutierungen von Lesefrüchten und Aperçus – und mit ihrem unwissenschaftlichen Dogmatismus die echten Tendenzen und die Methode der Phänomenologie diskreditieren. Man propagiert und begünstigt in rohen Mißverständnissen die Meinung, man brauche sich nur intuitiv einstellen, dann komme alles und alle Evidenzen zugeflogen. Kommt's nicht, dann ist man enttäuscht und verspottet Phänomenologie als mystische Illusion.

Übereilte Geschäftigkeit geht schon so weit, die Phänomenologie veralteten und gänzlich verworrenen metaphysischen Interessen vorzuspannen. Man nennt in einem Atemzuge: Mystik und Phänomenologie, die sowenig und soviel miteinander zu tun haben wie Phänomenologie und Botanik, Musik und Phänomenologie, bürgerliches Recht und Phänomenologie. Gegen solche theosophischen Velleitäten und weltanschaulichen Ausuferungen kann man höchstens protestieren, eine Widerlegung sind sie nicht wert und als Äußerungen eines unwissenschaftlichen Geistes einer solchen überhaupt nicht zugänglich.

Die Idee der Phänomenologie als absolute Ursprungswissenschaft des Geistes überhaupt schließt alles andere ein als die überschwängliche Meinung, es lasse sich in ihr und durch sie alles und jedes (Erlebbare) streng wissenschaftlich erkennen, d. h. das genuine Erleben durch theoretisches Erkennen aufbessern, vertiefen oder gar er-setzen [als könnte man z. B. durch Phänomenologie eine höhere Stufe und Lebendigkeit von Religiosität erreichen u. ä.]. Die Phänomenologie bekämpft gerade den absoluten Rationalismus, den Rationalismus überhaupt in jeder Gestalt. Sie bekämpft auch jedes verworrene Stammeln mit irrationalistischen »Urworten« in der Philosophie. Sie läßt überhaupt die Scheidung von Rationalismus und Irrationalismus, in der man heute beliebterweise alles unterbringt, als eine grundverkehrte verstehen. Sie bewegt sich aber nicht etwa auf einem mittleren Weg – eine Art »Vermittlungsphilosophie« –, sondern radikal in einer ganz ursprünglichen Richtung, die diesem beliebten Gegensatz überhaupt nicht begegnet. Eine weite Hilflosigkeit liegt über allem heutigen Leben, weil es sich entfernt hat von den echten Urquellen seiner selbst und lediglich an der eigenen Peripherie abläuft. Typisch: die Schreibereien über den Sinn der Kultur und die Kulturprobleme – wie man sich's denkt aus einer Froschperspektive, wie man es machen sollte, wenn man spintisiert über Kulturprobleme, statt aktiv und schöpferisch eine neue Kultur zu *schaffen.* Das gilt auch von den Wissenschaften. Ihrem Bankrott kann man nicht so aufhelfen, daß man prophetisch redet und sich als ihr »Feind« in Pose setzt und sie durch Religion er-setzt, sondern nur so, daß die verschüttete Idee selbst wieder ans Licht gebracht und Wissenschaft wieder wird eine Lebensform, nicht ein Handwerk und Geschäft.

Wir sind heute so sehr durch eine unechte Begrifflichkeit mißleitet und verdorben, daß man nicht einmal mehr die Möglichkeit sieht, aus dieser bis an die Wurzeln greifenden wissenschaftlichen Verdorbenheit herauszukommen. Es ist aber gerade notwendig für die Phänomenologie und diejenigen, die [...]* daran mitarbeiten, sich klar in die Aufgabe einzustellen,

* [unleserliches Wort]

weshalb eine gewisse Breite und Umständlichkeit einleitend nicht vermieden werden soll. Falsche Erwartungen, mit denen man eventuell an die Phänomenologie herankommt, müssen gleich anfangs entwurzelt werden. (»Bilde Künstler, rede nicht!«)

Gewisse hemmende, aber versteckte, daher gefährlichere Motive, die sich immer wieder in den echten Zug der Problematik hereindrängen, müssen schon in den Anfängen als solche gekennzeichnet werden. Sie ergeben sich allerdings selbst erst, d. h. die Erkenntnis ihrer Unechtheit und die Notwendigkeit ihrer Vernichtung, aus und im Fortgang der phänomenologischen Forschung. Wieder der *»Zirkel«*, der den Laien irritiert.

Ein besonders verstecktes, die philosophischen Probleme aber wie selbstverständlich vor-bestimmendes Motiv ist die überlieferte, zuweilen nur leicht verschobene Einteilung, Anzahl und Ordnung der philosophischen Disziplinen. Man spricht vom Wahren, Guten, Schönen als den höchsten Werten, den letzten Ideen und ordnet ihnen zu die philosophischen Disziplinen Logik, Ethik, Aesthetik. Den Ideen entsprechen drei verschiedene Betätigungsweisen der Seele: Verstand, Wille, Gefühl. Die muß dann die Psychologie als Grund- oder Vorwissenschaft der erstgenannten studieren, und dann kommt das berühmte Einheitsbedürfnis der Vernunft hinterher, steckt alle in den einen Sack: die Religionsphilosophie oder Metaphysik – die Krone der philosophischen Disziplinen, wo dann erst recht »gewurstelt« wird. Will man ganz modern sein, dann bringt man noch Geschichtsphilosophie irgendwie unter, oder alles in ihr, oder man »fundiert« die Logik in der Ethik – oder ähnliche Variationen.

Je nachdem entwirft man dann von hier aus ein System der Wissenschaften überhaupt von der Art, wie wir fast jedes Jahr irgendeines vorgelegt bekommen, und der betreffende Philosoph ist dann plötzlich baß erstaunt, daß sich die Wissenschaften gar nicht um sein System kümmern, keine Lust verspüren, über Nacht in den von ihm erfundenen Rahmen sich einzufügen, sondern ihren eigenen Trott weiterlaufen. Bei diesen sogenannten Wissenschaftstheorien ist der ständig wiederkehrende und als selbstverständlich hingenommene »Ladenhüter« die Grundteilung ›Natur – Kultur, Naturwissenschaften – Kulturwissenschaften‹ oder ›Natur – Geist, Naturwissenschaften – Geisteswissenschaften‹. Da gibt es dann Grenzprobleme: wo denn die Biologie hingehöre; einmal ist sie Naturwissenschaft, aber dann wieder Geisteswissenschaft oder doch in näherer Beziehung zu ihr.

Aber die echten Probleme, die allenfalls hier liegen, werden nicht so gelöst, daß man ein System erfindet, an die tatsächlichen, vorhandenen Wissenschaften allgemeine Begriffe anheftet, sondern indem man sie selbst in ihrer Tatsächlichkeit problematisch werden läßt – aber auf das *Wie* kommt es an – und dann radikale Ursprungsprobleme stellt. Von diesem Problemaspekt und den daraus gestellten Forschungsaufgaben aus sind dann die Erwartungen bezüglich der tatsächlichen, konkreten Umbildung der vorhandenen Einzelwissenschaften auch anders gerichtete. Unsere technisierte, auch im geistigen Leben technisierte Zeit hat entsprechende Erwartungsformen: man braucht nur die Hebel anders zu stellen, dann schaltet sich die Weiche um und der Zug springt auf das andere Geleise. Tut er das nicht, dann erfindet man ein neues ›Schaltwerk‹. Man kommt nicht dahinter, daß es mit Hebeln und Schaltwerk, d. h. erdachten Begriffen und Wissenschaftssystemen überhaupt nicht geht, daß das geistige Leben überhaupt organisch sich zurückfinden muß in die Urquellen und uns aus neuen echten Grundsituationen des Lebens sich *in Generationen* neu entfalten muß. Es bedeutet nur Rückfall in das radikal zu Zerstörende, wenn man jetzt – auch unter Phänomenologen besteht die Gefahr – die Konjunktur ausnutzt, sich eine phänomenologische Weltanschauung *erdenkt* und verkündet, die im gegebenen Fall mit tödlicher Sicherheit versagt. Irregeleitetes Leben, in jeder seiner Manifestationsformen, auch in der Philosophie und Wissenschaft, kann nur wieder durch *echtes* Leben und seinen radikalen treuen Vollzug erneuert werden, nicht durch Programme und Systeme.

Weil dies aus dem 19. Jahrhundert und vielleicht aus der ganzen sogenannten Neuzeit mitgebrachte Erbstück der geistig konstruktiven Voreiligkeit und der Allüren modischen Philosophierens uns allen oft noch versteckterweise anhängt und immer wieder lockt, bedarf es gerade in der phänomenologischen Forschergeneration rücksichtsloser gegenseitiger Kritik, die auf der echten Bahn erhält.

Dasselbe gilt bezüglich eines vielleicht noch tiefer und versteckter wuchernden Vorurteils, das die Geistesgeschichte, und zwar die europäische, seit ihrer Prägung durch das Griechentum mit sich schleppt und die Auswirkung echter Motive hemmt und mißleitet: die unkritische Verabsolutierung der Idee der Wissenschaft und die Art ihres Sichauswirkens in den einzelnen Lebensgebieten. Wir werden dieser Verkehrtheit beim Problem des Theoretischen und beim Verstehen seiner als Explikationsform radikal zu Leibe rücken. Ich gebe nur den einen Hinweis auf die Gefahr, die auch die Entwicklung der Phänomenologie bedroht: die Einschränkung der transzendentalen Probleme auf die Konstitutionsform »Wissenschaft« und das Sehen aller Lebensgebiete durch dieses Transparent. Ständig gefördert ist diese gefährliche Art des Sehens durch das Nachwirken Kants und des deutschen Idealismus. Hier sind seine großen Grenzen, die man gerade in der neuerlich einsetzenden Renaissance gänzlich übersieht.

Dagegen stößt von innen heraus die Phänomenologie, weil sie nicht ein Typus von Philosophie ist, die Nietzsche, sich selbst darüber unklar, bekämpfte – eine Philosophie und Wissenschaft, die nicht Liebe zur Weisheit, zum Leben ist, sondern versteckter, neidischer Haß, der demonstriert durch die erdachten Fesseln rationaler Formen –, sondern weil sie die Grundhaltung hat des lebendigen Mitgehens mit dem echten Sinn des Lebens, des verstehenden Sicheinfügens, des Überwindens des Zwistes im Sinne seines Steigerns durch die humilitas animi.

Das liegt, von der lebendigen Einstellung des Forschers aus gesehen, in der Idee der Ursprungswissenschaft, des Sicheinstellens in die lebendigen Motivationen und Tendenzen des Geistes – der élan vital, aber in einem anderen als dem mystizistisch verworrenen Sinne Bergsons. Aber hier entscheidet – bezüglich der Art und Weise und Grenze wirklich lebendiger Auswirkung – innere Berufung und Selbstprüfung. Darum muß das Gesagte, vielleicht schon zu laut Gesagte genügen. Die Form, in der dieses Schweigen allein gebrochen werden darf, ist wirkliche, unentwegte Arbeit »an den Sachen«.

ERSTER ABSCHNITT

DAS LEBEN ALS URSPRUNGSGEBIET DER PHÄNOMENOLOGIE

ERSTES KAPITEL

Aufweis des Lebens als Problemsphäre der Phänomenologie

§ 5. Die phänomenologische Grundhaltung als Sicheinstellen in die wissenschaftlich forschende Haltung und Kritik

Die entschlossene Abweisung aller Konstruktions- und Weltanschauungsaspirationen ist aber nicht gleichbedeutend mit Rückfall in engbrüstige Spezialistik, die sich an isolierten, zufällig gefundenen kleinen Problemen auslebt, sondern besagt: Sicheinstellen in die wissenschaftlich forschende Haltung und Kritik. Jede echte Forschung kommt in Gang, erhält sich lebendig und läßt aus sich entwachsen echte Probleme und Horizonte der Bearbeitung aus letzten Ideen, leitenden Tendenzen, die ihr selbst sich ergeben.

In der Phänomenologie ist die Einstellung auf sie, die ständig nachprüfende und revidierende, nicht nur deshalb notwendig, weil sie jetzt gerade in den Anfängen steht, sondern die letzte Tendenzgebung und die ständig zu erneuernde gehört zu ihr selbst als Ursprungswissenschaft. (Diese Vorlesung selbst hat die Systematik der Forschung: »*Grundproblem*«.)

Dieser Primat der wissenschaftlich *forschenden* Tendenz ist in ihr selbst ein Offen-Lassen der Perspektive und des ständig Neu-Ansetzens. Alle »*Erledigung*« ist relativ, d. h. absolut nur, wenn gesehen in einer bestimmten echten, aber mit anderen »ursprünglich« verwachsenen Problemtendenz.

Es gibt in der Phänomenologie als Ursprungswissenschaft keine Spezialprobleme – d. h. nicht, daß in ihr sogenannte allgemeine und allgemeinste Probleme im Sinne eines unklaren allgemeinen Raisonnements und üblichen Philosophierens gepflegt werden, sondern es gibt in ihr keine Spezialprobleme, weil und solange es in ihr *konkrete* Probleme gibt. Beides ist nicht dasselbe. Die Phänomenologie gibt erst zu sehen, daß anstelle des Nebulösen, in dem sich die übliche Philosophie bewegt, das Konkrete, das letzte Konkrete phänomenologisch faßbar gemacht werden muß und kann, daß allerdings diese Konkretisierung solcher »abstrakter« Probleme erst in und durch die phänomenologische Methode sich vollzieht. Die Fugen und Fügungstendenzen, Schichten, Horizonte – diese Reden deuten auf einen ganz bestimmten Aspekt.

Der ›Ursprung‹ ist nicht ein letzter einfacher Satz, ein Axiom, aus dem alles abzuleiten wäre, sondern ein ganz Anderes; nichts Mystisches, Mythisches, sondern etwas, dem wir in immer strenger werdender Betrachtung, die sich auf diesem Wege immer zugleich selbst erhält, nahezukommen suchen und zwar auf verschiedenen Zugängen – und zwar näherkommen in einer wissenschaftlichen, urwissenschaftlichen Methode *und nur in ihr.* Nicht etwas, das man sonst noch in anderer Weise erleben, erlebnismäßig in das Leben einfügen und ihm da eine Funktion verleihen könnte. Der Ursprung und das Ursprungsgebiet haben eine ganz ursprüngliche Weise des erlebenden Erfassens zum Korrelat. Jetzt stehen wir ihm noch »fern«. Was diese *»Ferne«* zum Gegenstand der Phänomenologie heißt und was *»Nahebringen«, »Näherkommen«* heißt, sollen wir verstehen lernen. Wir stehen dem Gegenstand der Phänomenologie sogar *so fern*, daß wir noch gar nicht wissen, wo er liegt – eine räumliche Redeweise, ihr Sinn aber ist jetzt schon roh verständlich.

Die berühmten und »berüchtigten« »unmittelbaren Gegebenheiten« der Phänomenologie und phänomenologischen Wissenschaft sind »zunächst« »bekanntermaßen« nie und nirgends gegeben, wir mögen das Leben in seiner aktuellen Strömungsrichtung nach allen Dimensionen durchsuchen. Vielleicht ist das Ursprungsgebiet uns jetzt noch nicht gegeben – aber wenn die Phänomenologie weiter ist? Auch dann nicht – und nie. Ja, wäre sie absolut vollendet, sie wäre dem aktuellen strömenden Leben an sich doch völlig verborgen.

1. Ursprungsgebiet nicht im Leben an sich (dessen *Grundaspekt »Selbstgenügsamkeit«*, der es zugleich fraglich macht, ob überhaupt ein Ursprungsgebiet des Lebens zugänglich wird).

2. Ursprungsgebiet nur radikaler wissenschaftlicher Methode zugänglich, überhaupt gegenständlich nicht in anderer Weise erlebnismäßigen Erfassens.[1]

§ 6. Zum Problem der Gegebenheit des Ursprungsgebietes

Das Gegenstandsgebiet der wissenschaftlichen Philosophie muß also immer wieder neu gesucht, die Zugänge immer neu geöffnet werden. Das liegt nicht in einem zufällig, historisch vielleicht unvollkommenen Zustand der Philosophie, *sondern in ihr selbst* – und das aus mehrfachen Gründen, die zugleich die Kompliziertheit der philosophischen Methodik bestimmen.

Die Problemsphäre der Phänomenologie ist also nicht unmittelbar schlicht vorgegeben; sie muß vermittelt werden. Was heißt nun: etwas ist *schlicht vorgegeben*? In welchem Sinne ist so etwas überhaupt möglich? Und was besagt: etwas muß vermittelt, allererst zur Gegebenheit *»gebracht«* werden? Und was heißt dann: die phänomenologische Problematik ist dem ›Leben an sich‹ nicht vorgegeben, sondern erst zu geben in einem aus dem Leben selbst irgendwie motivierten Prozeß? Und zwar haben wir bei diesem Prozeß zu unterscheiden: a) die *erstmalige* (im Sinne des überhaupt) radikale und reine Vorgabe des

[1] Vgl. dazu Anhang B/I., Ergänzung 1, S. 203.

Problemgebietes, d. h. zugleich der phänomenologische Aufschluß über den Sinn dieser radikalen Vorgabe selbst und ihrer Möglichkeiten und innerhalb des überhaupt Gegebenen die prinzipiell notwendigen Stufen des Fortgangs der Gebung; b) die Ausformungen der verschiedenen Möglichkeiten der Vorgabe und des darin beschlossenen vielartigen Ein- und Ansetzens.

Bei solchen prinzipiellen Problemen, wo es darauf ankommt, Forschungsgebiete freizulegen, ist jeder Schematismus von Einteilungen und gar voreilige Zuteilung von Problembereichen in bereitgehaltenen Disziplinen zu vermeiden. Diese scheinbare systematische, aber verfrühte Ordnung, die Problemlösungen vortäuscht, wird ersetzt durch den beunruhigenden, stets stimulierenden Charakter echter Problemperspektiven.

In den einleitenden, historisch umschauhaltenden Vorbetrachtungen wurde scheinbar vielerlei berührt, das sich aber doch auf weniges zusammendrängt. Es war die Rede von logischen Grundlagen der Wissenschaften, von einem Wertsystem und letzten Werten als Normen der Deutung des Lebens und der Kultur, von der Geschichte des Geistes und seinen Gestalten, von der Entwicklung des Lebens und seiner unendlichen Strömung – irgendwie verschieden gerichtete letzte Fragen, die das Leben als solches zu fassen suchen, sogenannte Weltanschauungsfragen, die wir jedoch von vornherein scharf ablehnten in einem bestimmten Sinne, so zwar, daß der allgemeine Bereich doch bleiben sollte, aber als solcher einer strengen Wissenschaft.

Dann war bei der Betrachtung der »phänomenologischen Strömungen« von Verengung die Rede, Verkehrtheit der Einschränkung auf Psychologie, seelische Erlebnisse. Diese sollen doch eine Rolle spielen nur in einem weiteren und vielleicht prinzipiell anderen Ausmaß. Es wurden abgewiesen wiederum weltanschauliche Verstiegenheiten, die strenge Einhaltung der forschend-wissenschaftlichen Einstellung zum Prinzip erhoben.

Leben – Geistesgeschichte – Erlebnisse – Wissenschaft, davon sogar Urwissenschaft – –? Und doch wieder: das Ursprungsgebiet soll nicht gegeben sein; es sei erst zu gewinnen.

Das alles ergab sich uns in einer unstrengen, naiven, vorwissenschaftlichen, ›bittweisen‹ Betrachtung. Zugleich wurde vorgedeutet auf die Merkwürdigkeit, daß das eigentliche Gegenstandsgebiet der wissenschaftlichen Philosophie als Phänomenologie im Leben an sich gar nicht anzutreffen sei. Was heißt das: das Gegenstandsgebiet der Philosophie ist nicht vorgegeben? Warum nicht? Woran liegt es? Welche Aufgaben entspringen hieraus? Zunächst muß vor jeder weiteren Überlegung über die Frage, wie das Urspungsgebiet überhaupt vorgegeben sein soll, und weiter, was »vorgeben« und »geben« überhaupt heißen (im Sinne des radikalen phänomenologischen Idealismus), erst einmal die Sphäre studiert werden, in der anscheinend die Notwendigkeit einer ausdrücklichen methodischen Gebung des Gegenstandsgebietes der Philosophie begründet liegt.

§ 7. Vorläufige Umgrenzung des Begriffes des Lebens an sich

Was ist denn nun dieses ›Leben an sich‹, was ist mit dieser Wortverbindung gemeint – das gilt es vorläufig zu umgrenzen. [Eines sei gleich bemerkt: Nicht handelt es sich um das Aufspüren einer Urkraft des Lebens, um das Beiziehen naturwissenschaftlicher oder gar im üblichen Sinne naturphilosophischer Fragen, sondern um etwas ganz Anderes.] Etwas, was uns so nahe liegt, daß wir uns meist gar nicht ausdrücklich darum kümmern; Etwas, zu dem wir so gar keine Distanz haben, um es selbst in seinem »überhaupt« zu sehen; und die Distanz *zu* ihm fehlt, weil wir es selbst sind, und wir uns selbst nur vom Leben aus selbst, das wir sind, das uns (accusativ) ist, in seinen eigenen Richtungen sehen. [Das Fehlen der *absoluten* Distanz des Lebens an sich und zu sich selbst.]

a) Selbstgenügsamkeit als Erfüllungsform des Lebens

Das Leben – mein Leben, Dein Leben, Ihr Leben, unser Leben wollen wir in seiner allgemeinsten Typik kennenlernen und zwar so, daß wir in ihm verbleiben, in ihm selbst *in seiner Weise* uns umsehen, mit der Abzweckung zugleich, daß wir ihm, diesem Leben, immer deutlicher ansehen, daß es innerhalb seiner und in seinem lebendigen Zuge und *seinen* Richtungen und Schicksalen, in dem, was es immer und überall und da jeweils verschieden bewegt und in Atem hält, nicht so etwas anzutreffen gibt wie »Ursprung«, »Ursprungsgebiet«. Daß es einen Grundaspekt hat, dieses Leben, den wir als seine *»Selbstgenügsamkeit«* (charakterisiert in einer Hinsicht das »an sich«[1]) bezeichnen werden, ein Charakter, der verschiedene Typen zuläßt, so verschiedenartige, daß man manche für das gerade Gegenteil der Selbstgenügsamkeit des Lebens halten möchte. Wie denn überhaupt die Rede von der Selbstgenügsamkeit des Lebens stutzig machen könnte, spricht man doch davon (Schopenhauer): das Leben sei ein Geschäft, das seine Kosten nicht deckt; das Leben sei unvollkommen. Simmel variiert die Tatsache des Grenzcharakters unseres Lebens, der ›Festgelegtheit‹, also Ungenügsamkeit, *Ungenügendheit* unserer Existenz in seiner Art durch alle Möglichkeiten. Was soll also die Selbstgenügsamkeit besagen? Das entscheiden wir nicht so, daß wir zuerst einen Begriff erdenken und nun nachsehen, ob er in ein Gebiet paßt, sondern umgekehrt, wir sehen uns das ›Leben an sich‹ an und sehen zu, ob wir einen bestimmten Charakter an ihm selbst antreffen, der sachlich eine eindeutige begriffliche, bedeutungsmäßige Umgrenzung verlangt und nur in dieser von den Sachen herkommenden und hergenommenen Bedeutungsbestimmtheit künftig im Zusammenhang der wissenschaftlichen Problematik gebraucht werden soll.

[1] Vgl. später S. 110f. und vorher.

Selbst-genügsam – die Erfüllungsform – ihre intentionale Struktur Grundgerichtetheit jeweils und immer in eine Welt (auch die Selbstwelt) – auf Transzendentes (das auch das faktisch Immanente umfaßt); diese »Form« ist die Weise der eigenen Richtung des Lebens, die es gerade auch da nimmt, wo es sich erfüllen und vergnügen will. Es braucht strukturmäßig aus sich nicht heraus *(sich nicht aus sich selbst herausdrehen)*, um seine genuinen Tendenzen zur Erfüllung zu bringen. Es selbst spricht sich immer nur in seiner eigenen »Sprache« an. Es selbst stellt sich Aufgaben und an sich Anforderungen, die immer nur in seinem eigenen Umkreis verbleiben, so daß es seine Begrenztheiten, seine Unvollkommenheiten zu überwinden, die in ihm sich ergebenden Perspektiven auszufüllen sucht, immer wieder und nur »in« dem Grundcharakter, der durch seine eigenste Selbstgenügsamkeit und seine Formen und daraus abgeleiteten Mittel vorgezeichnet wird: daß man gar nicht sieht, in ihm selbst bleibend, daß es selbst überhaupt noch anders angesprochen werden kann. Selbstgenügsamkeit ist eine charakterisierte Motivationsrichtung des Lebens an sich und zwar *die*, daß es seine Motivation aus seinem faktischen Ablauf selbst hat.

Wir wissen nichts von Philosophie und von Theorien der Welterklärung oder ähnlichem. Die Betrachtung ist jetzt so, daß wir lauter Selbstverständlichkeiten sagen (das ist heute einmal insofern nicht so ganz leicht, als man ängstlich vermeidet, Selbstverständliches zu sagen; man geht ihm geflissentlich sogar aus dem Wege), das erzählen, was jedem begegnet oder begegnen kann (die Einsicht in die Zufälligkeit gerade dieser folgenden so und so geordneten Aspektgebung erhöht gerade das Verstehen, was sie erzwingen will); und zwar ist die Tendenz lebendig, diese Selbstverständlichkeit zu steigern, sie ganz nahezubringen und zugleich damit das Milieu, in dem so etwas wie das Phänomen der Selbstgenügsamkeit des Lebens an sich antreffbar wird.

b) Mannigfaltigkeit der Lebenstendenzen

Du, er, sie, wir leben immer in einer *Richtung* (meist so, daß die Richtung uns gar nicht ausdrücklich bewußt ist; ich kann mich ausdrücklich in sie hineinstellen; sie kann mich aber auch überfallen oder sich einschleichen oder schlicht da sein, aber so, daß ab und zu eine Richtung *ausdrücklich* uns in Anspruch nimmt, uns anspricht) – momentan in *der*: die Vorlesung zu »hören«; ich selbst: sie zu halten. Ich gehe ins Kolleg z. B. morgens, nachmittags arbeite ich zu Hause. Der eine beschäftigt sich mit dieser, der andere mit jener Wissenschaft. Der arbeitet intensiv, selbständig, jener anfängerhaft, rezeptiv mit ständigen Hemmungen. Ich setze mich zu Tisch; spüre Müdigkeit, brauche etwas, das mich aufkratzt; gehe ins Konzert, höre Bach; ein andermal sehe ich mir Bilder an, lese Gedichte; ich *gehöre* in eine religiöse Gemeinschaft – das »ich gehöre« *(latente und doch wache Tendenz)* –, an bestimmten Tagen und Stunden bin ich dann besonders lebendig in ihr lebend; betätige mich in einer akademischen Vereinigung; ich treibe Sport, gehe zum Wählen, bin politisch tätig – »ich halte« mich immer »irgendwo« »auf«. Ich habe einen bestimmten, wenn auch variablen, sich inhaltlich bald weitenden, bald sich verengenden *Umkreis* von »Sachen«, die mein Leben zu einer bestimmten Zeit so »in Anspruch nehmen«, zu anderen Zeiten anders, die *»in«* der Richtung meines Lebens liegen (wirklich »drin« sind). Ich wachse in einen *Beruf* hinein, es kommt eine gewisse *Stabilität* ins Leben – auch nur ein bestimmter Typus von Tendenz. Mein Verkehr mit anderen Menschen erfährt eine bestimmte Selektion, durch Brauch und andere Tendenzen bestimmt.

Man hat bestimmte *Überzeugungen* und *Ideen* über und von dem, was mir im Leben begegnet, eine gewisse Anschauung des Lebens. Es kommt durch besondere Erfahrungen *Neues* ins Leben. Man wird von *Gegensätzen* hin- und hergeworfen. Einmal ist dieses Leben in den verschiedenen Richtungen und Wirkungsbereichen oder in allen besonders intensiv, impulsiv. Man geht in etwas auf, ist gefangen in etwas (oder be-fangen). Dann wieder geht alles nur so vorbei, man ist dabei nicht eigentlich beteiligt. Oder wieder: man freut sich am Leben, lebt in großen Hoffnungen, gibt sich aus an andere. Es ist eine Lust zu leben. Dann ist's wieder eine Qual. Man leidet am Leben und seinen Unvollkommenheiten; man wird erdrückt von dem, was es täglich »bringt«. Es kommen Stunden der Verzweiflung; man ist zurückgestoßen von allem, was sich aufdrängt. Auf jenes muß man verzichten, anderes fällt einem in den Schoß. Menschen, denen man nahe stand, mit denen man in einer gemeinsamen Richtung lebte, werden einem fremd; andere treten in den engeren Bezirk des eigenen Lebens. Man spricht sich ihnen gegenüber aus, befreundet, liebt sich. Man wächst selbst in der Gemeinschaft mit anderen. *Und in all diesem Leben ist man selbst zuweilen für sich selbst da.* Man überdenkt sein Tun und Lassen, macht Pläne, »richtet (!) sich ein«; ist mit sich nicht zufrieden bezüglich einer Leistung; man beachtet sich selbst, korrigiert und leitet »sich«, sucht sich vorwärts zu bringen; sieht sich selbst in einer Gesellschaft; oder läßt sich einfach gehen, wie's gerade der Augenblick bringt.

c) Der Weltcharakter des Lebens

Das Vielartige also, was im Umkreis und in dem im fortströmenden Leben stets mitgehenden Umkreis von jedem von uns liegt: unsere *Umwelt* – Landschaften, Gegenden, Städte und Wüsten; unsere *Mitwelt* – Eltern, Geschwister, Bekannte, Vorgesetzte, Lehrer, Schüler, Beamte, Fremde, der Mann da mit der Krücke, die Dame drüben mit dem eleganten Hut, das kleine Mädchen hier mit der Puppe; unsere *Selbstwelt* – sofern das gerade mir so und so begegnet und meinem Leben gerade diese meine personale Rhythmik verleiht. In dieser Um-, Mit-, Selbst- (allgemein Um-)Welt leben wir. Unser Leben ist unsere Welt – und selten so, daß wir zusehen, sondern immer, wenn auch ganz unauffällig, versteckt, »dabei sind«: »gefesselt«, »abgestoßen«, »genießend«, »entsagend«. »Wir begegnen immer irgendwie«. Unser Leben ist die Welt, in der wir leben, in die hinein und je innerhalb welcher die Lebenstendenzen laufen. Und unser Leben ist nur *als Leben*, insofern es in einer Welt lebt.

Das Leben begegnet in jedem Moment seines Ablaufs einem anderen Weltstück oder »ist es«. Das Leben ist etwas, das nicht erst noch etwas zu suchen brauchte – daß es zuvor leer wäre und dann erst eine Welt suchen müßte, sich mit ihr zu erfüllen –, sondern es lebt immer irgendwie *in* seiner Welt. So ist das Leben, wie wir es aus ihm selbst und in ihm selbst stehend erfahren, »erjagen«. Das ist für jeden verständlich – in verschiedenem Ausmaß. Der wilde Indianer, der von einer erfolgreichen Jagd heimkehrt und seinen Stammesgenossen erzählt, wird von ihnen verstanden. *Jeder Mensch trägt in sich einen Fonds von Verständlichkeiten und unmittelbaren Zugänglichkeiten.* Es gibt für bestimmte Gruppen von Menschen gewisse jedem in gleicher Weise zugängliche Weltstücke: die Gebrauchsgegenstände des täglichen Lebens, Verkehrsmittel, »öffentliche« Einrichtungen (die »Öffentlichkeit« – »der Markt« des Lebens), gewisse jedem zugängliche Zweckzusammenhänge: Schule, Parlament usf. So lebt jeder in seiner lebendigen Gegenwart. So lebten die Menschen früher – das lassen wir uns erzählen von der Geschichte. Es gab früher vielleicht andere Berufe, die Menschen dachten ganz anders. Dieses Leben ist nun einmal so. Das Leben – so unvollkommen es ist, so gewiß es nie voll befriedigt, fragmentarisch bleibt und nach Vollendung ausschaut; auch dieses Suchen und Letzte-Erfüllung-finden-wollen, das »Entwerfen« von Welt- und Lebensanschauungen (das Zusammenschauen in ein Ganzes und Einziges), die das Leben deuten sollen, sind Schöpfungen des Lebens, des Lebens eines bedeutenden Menschen – Propheten –, der lebt in der besonderen Tendenz, eine Gesamtschau über das Leben zu bekommen und sie anderen zu verkünden – Anschauungen, die selbst vielgestaltig sind und als Überzeugungen in das Leben vieler anderer eingehen. Dasselbe gilt von der Kunst – die Werke zeitgenössischer Künstler und die von früheren sind uns zugänglich, wir können in ihnen leben, ebenso wie wir aufgehen können in einer historisch überlieferten Religion. Das Leben erfährt gewisse bestimmte Ausprägungen und Charakterisierungen und Stellungen seiner zu ihm selbst. Kunstwerke, Wissenschaften, Maschinen, religiöse Gegenstände – sie alle sind im Leben.

Es gibt auch *Wissenschaften* von diesem Leben. Menschen, die in der Tendenz leben, das vergangene Leben in all seiner Vielgestaltigkeit seines Gewordenseins zu erforschen – die Geschichtswissenschaft. Es gibt Wissenschaften, die bestimmte Seiten unserer Umwelt, in der wir leben, spazieren gehen, die wir in unsere Dienste stellen, (Luft, Licht, Wärme, Wasserfälle, das Holz der Wälder, Kohlen, Pflanzen, Tiere, uns selbst usf.) systematisch erforschen als Naturwissenschaften, Wissenschaften vom wirtschaftlichen Leben. In all diesen Wissenschaften leben die Menschen und zwar systematisch erkennend: das, was naiv-praktisch erlebt wird, *in einer bestimmten Hinsicht auf eine höhere Stufe heben.*[2] Sogar vom Menschen selbst, der das Leben lebt, gibt es und will es eine Wissenschaft geben: vom *Psychischen.* Das Leben wird gelebt, insofern die Lebenden in ihm aufgehen in irgendeiner Richtung.

Das Leben genügt sich selbst auch dort, wo es in Unvollkommenheiten, in Ungenügendheiten *leben* muß. Es lebt in sich und seinen antreffbaren Möglichkeiten. *Es dreht sich nie aus sich selbst heraus* und *was* es lebt und was ihm auf seinen verschiedenen Wegen begegnet, hat Lebenscharakter, ist im Leben selbst da: mein Schreibtisch, Sie als Hörer, die Bibliothek, Sätze der Physik, geschichtliche Urkunden, Texte, Preisverhältnisse, wirtschaftliche Konjunkturen, politische Konstellationen, Kunstwerke, Kirchen, religiöse Veranstaltungen, Gott. So ist nun einmal das Leben, so gibt es sich. Es wirkt sich aus in seiner jeweiligen Welt – das ›*Leben an sich*‹.

2 *Ausformungen der Religiosität*

d) Die Selbstverständlichkeit des Lebens als radikales Problem einer Ursprungswissenschaft vom Leben[3]

Vielleicht ist das alles sehr verworren, verschwommen, unscharf gezeichnet; nur weniges berührt, worin sich das Leben ausleben kann. Aber was immer im ständigen jahrelangen Fortgang solchen Erzählens in seinem immer mehr ins Einzelne, Momentane Gehen bekannt würde – immer wieder dieses ganz *Selbstverständliche*: Alles Leben lebt in einer Welt. *Was überhaupt an Welten und Weltstücken begegnet, begegnet im lebendigen Strom und Zug des Lebens.*

Aber wozu das alles – eine Trivialität neben die andere stellen und dazu noch ganz trocken referierend? Wozu sich das sagen lassen? Zu dem Zweck, daß diese Trivialitäten immer trivialer werden? Wir müssen uns, ohne je wissenschaftliche Aspirationen, ohne irgendwelche Theorie oder Erklärung oder Hypothese im Hintergrund des Denkens zu halten, in diese Trivialitäten hineinhören, sie ganz auskosten, so intensiv, *bis diese trivialsten Trivialitäten absolut problematisch werden.* Aber wie sollten sie das? Was kann an diesem aufgezeigten Charakter des ›Lebens an sich‹ problematisch werden? Sehr vieles und alles und immer wieder in seiner – des Lebens – Weise. Fraglichkeiten überall, die selbst wieder überwunden werden: Problem der Geschichte, Kunstgeschichte, technische, wirtschaftliche Fraglichkeiten, Fraglichkeiten der reinen Lebensführung und -haltung bis zu dem der Weltanschauung. Aber gewinnen wir mit all diesen Fraglichkeiten etwas Neues? Die liegen im Leben selbst und werden von ihm in seiner Weise überwunden. – Problematisch, fraglich *wofür* und inwiefern? Was heißt problematisch im Sinne einer phänomenologischen Ursprungsfrage? Problematisch im Sinne eines echten radikalen Problems der Ursprungswissenschaft vom Leben. Denn wir sehen: auch religiöse Glaubensinhalte, weltanschauliche, welt- und lebendeu-

[3] Vgl. Anhang A/II., Beilage 1, S. 169.

tende Überzeugungen, die sich auf das Leben und seine Fülle erstrecken, geben nur bestimmte und verwirrende Gesamtanschauungen des Lebens. Im Glauben an einen persönlichen Gott, in pantheistischen, biologistischen, weltanschaulichen Überzeugungen, in einer ästhetischen Weltanschauung sehe ich das Leben in seiner Fülle, das Leben in einer bestimmten Rhythmik und Färbung. Ich lebe entsprechend in ihm als religiöser Mensch, künstlerischer Mensch, als Mensch mit der und der mir angeeigneten Weltanschauung – *auch hier das Leben in einer Welt.* Auch dann, wenn ich Ursprünge prüfe für dieses Leben, gerade dann wird mir ja die ganze Belanglosigkeit und Unmöglichkeit einer Ursprungswissenschaft klar.

Im religiösen Glauben habe ich die religiöse Evidenz der Abhängigkeit von Gott, von dem alles Leben ausgeht, zu dem es zurückkehrt. Oder in einer Weltanschauung habe ich die Überzeugung von der bestimmten Qualität des Weltgrundes und des Lebens. Vielleicht läßt sich all das nicht strengwissenschaftlich beweisen, aber annähernd. Und vielleicht ist wissenschaftliche Einsicht gar nicht die höchste, und wenn ich wissenschaftliche Erkenntnis erstrebe, dann doch echte kritische, die ihre eigenen Grenzen immer hält und echt bleibt; und es besteht überhaupt keine einsichtige Notwendigkeit dafür, daß die Wissenschaft oder eine Urwissenschaft das letzte Wort haben soll.

Ich kann mich doch auch mit naturwissenschaftlichen Hypothesen begnügen bezüglich der Entstehung und des Ursprungs des Lebens. Wozu eine gewagte Philosophie? Und gar noch eine solche, die ein Ursprungsgebiet für das Leben an sich und seine Welten behauptet, wo doch auch die Ursprünge für das Leben Weltcharakter haben müssen, etwas sind, dem ich im Leben weltanschaulich oder religiös oder künstlerisch begegnen kann. Urgründe und Irrealitäten, aus denen ich in einer bestimmten Weise das faktische Leben an sich ableite.

Wozu also dieses hoffnungslose Aufzählen von Trivialitäten, wo ich doch nie aus dem Leben herauskomme? *Wie in dieser ständig flutenden Fülle von Leben und Welten eine strenge Wissenschaft etablieren wollen?* Was soll Ursprungsgebiet des Lebens da besagen und wie soll es in strengwissenschaftlicher Forschung aufgebrochen werden? Wie soll es etwas sein, das *nur so* überhaupt zugänglich wird?

§ 8. Erneuter Anlauf: der Reliefcharakter des Lebens an sich

Die Betrachtung auf diesen Seiten (33–38) ist nicht sauber und in den einzelnen Motiven gesondert und geklärt. Es ist daher vom Folgenden aus zurückzusehen, das Vorstehende noch einmal neu darzustellen – naiv erzählend.

Wir sehen das Leben an sich in den mannigfaltigsten Gestalten seiner Tendenzen. Wir trafen eine Reihe von Überdekkungs- und Verschlingungs- und Durchdringungsvariationen der aktuellen oder habituellen Lebensrichtungen und ihrer jeweiligen Typen des Vollzugs. Die Charakterisierung als »unübersehbare Mannigfaltigkeit« ist ganz formal, schon gesehen von der Tendenz einer ebenso konstruktiven Auffassung der »Begriffsbildung« und theoretischen Bearbeitung der ganzen Wirklichkeit durch die Wissenschaft. Zudem wird durch die besagte formale Charakterisierung jede Ansatzmöglichkeit für ein echtes Verstehen der Struktur des Umwelterlebens verbaut, ja sogar die falsche Meinung begünstigt, als läge das Charakteristische im vielartigen Wechsel der sich aufdrängenden Inhalte als solcher. Es ist also nicht so sehr die inhaltliche Fülle und die in ihr als solcher möglichen Wechselfälle neuer sachlicher, sachlich anders gruppierter Lebensgestalten als der *Variationsreichtum des Richtungsstils.*

In diesem allgemeinsten Aspekt beachten wir etwas, was ich den selbst auf- und abschwankenden *Reliefcharakter des vollen Lebens an sich* nenne. Gewisse Herausgehobenheiten, die innerhalb des Lebens verbleiben, in seinem Verlauf funktional mitgehen.

Als solche reliefartigen Momente im Aspekt des Lebens an sich finden wir:

1. Die Umgebungs-, Umkreis-, Umweltcharaktere, die sich, wenn auch meist nicht und gerade nicht ausdrücklich, in einer gewissen Abgehobenheit geben, denen man im Leben begegnet als in einer – paradox zu reden – zurückgesetzten, nicht weiter in Acht genommenen Ausgezeichnetheit. Dahin gehören die nächste Umwelt, die nächste Mitwelt, die nächste Selbstwelt. Sie machen aus ein gewisses, in seinem Ausmaß labiles Besitztum, einen Fonds von Verständlichkeiten und unmittelbaren Zugänglichkeiten.

2. Das Leben in dieser Umwelt, das in ihr sein, die umweltliche Existenz, diese labile Zuständlichkeit bestimmt sich aus einem merkwürdigen *Sichdurchdringen* der Um-, Mit- und Selbstwelt, nicht aus ihrer bloßen Summe, so zwar, daß die *Bezüge* des Sichdurchdringens schlechthin nichttheoretischer, *emotionaler* Art sind. Ich bin nicht der Zuschauer und am allerwenigsten gar der theoretisierend Wissende meiner selbst und meines Lebens in der Welt.

3. Ferner treffen wir an das Moment der *Stabilisierung*, nicht im Sinne der *Stillstellung* der Lebenstendenzen, sondern ihres *Festgespanntwerdens* in mehr oder minder scharfer Weise in sich durchhaltende eindeutige Tendenzen.

Die bisher beachteten reliefartigen Ausformungen des Lebens an sich haben das Eigentümliche, daß diese Ausformungen im Fließen des Ablaufs nie recht zu ausdrücklichen Abgehobenheiten werden – eine neutrale Art des Mitgehens und Mitgenommenwerdens –, sondern dem Leben seine neutrale, graue, unauffällige Färbung geben und gerade die »Alltäglichkeit« bestimmen.

4. Diesen meist unauffällig mitschwimmenden Abgehobenheiten gegenüber gibt es solche, die eine gewisse Zähigkeit, Vehemenz, ein Hintreiben zur Tyrannis und radikalen Ausformung zeigen: wissenschaftliches, künstlerisches, religiöses, politisch-wirtschaftliches Leben. Sie drängen nach Reinheit

ihrer Ausprägung und nach Abstoßung des ihnen Fremdweltlichen, aber zugleich zu einer Ausdehnung ihres Herrschaftsbereiches über das ganze Leben – das in aktuellen Erfahrungen aber zugleich in theoretisierend weltanschaulichen Betrachtungen.

ZWEITES KAPITEL

Das faktische Leben als Mannigfaltigkeit sich ineinanderschiebender Bekundungsschichten

§ 9. Zum Phänomen der Selbstgenügsamkeit

Man spricht von religiösen, künstlerischen, naturwissenschaftlichen Zeitaltern. Die Ausformungstendenz des Lebens selbst steigert sich in besonderer Weise und zeigt besondere Typen des Übergreifens über alle Lebensgebiete in dem, was wir heute ›Weltanschauung‹ nennen.

Diese Reliefcharaktere des Lebens sind dann, aus seinem Tendenzcharakter her gesehen, bestimmte abgehobene Weisen der Erfüllung der Tendenz, Formen der typischen Verläufe des Sich-ins-Ziel-bringens der Lebenstendenzen.

Die Erfüllung ist nie endgültig. Der Fraglichkeitscharakter allen Lebens, der mit seinem Tendenzcharakter im Innersten verwachsen ist [phänomenologisches Grundproblem], löst immer neue Zielansetzungen, davon in Wirkung gebrachte Motiv- und Motivationsmannigfaltigkeiten aus.

Das prinzipielle Wie der Motivierung neuer Tendenzen und das prinzipielle Wie ihrer Verlaufs- und Erfüllungsformen ist das, was als »Selbstgenügsamkeit« des Lebens an sich terminologisch umgrenzt werden soll. Das Phänomen der »Selbstgenügsamkeit« selbst kann innerhalb des Lebens an sich, im Verbleiben innerhalb seiner, nicht gesehen werden. Es muß aber jetzt schon auf es vorgedeutet werden.

Die Motivierung der Tendenzen und neuer Tendenzen kommt immer aus dem gelebten Leben selbst, und die Tendenzen erfüllen sich wiederum innerhalb des Lebens in und durch seine typischen Verlaufsformen. Nicht, welche bestimmte Religiosität und

Religionsform, nicht, welche bestimmte Weltanschauung, nicht, welches bestimmte künstlerische Erleben gerade in dieser oder jener (zufällig) historisch motivierten Gestalt Erfüllung gerade diesem historisch morphologisch motivierten Sinn gibt, sondern daß die Erfüllung überhaupt eine solche, überhaupt etwas ist, das sich im Leben *aus seinen eigenen Formen* heraus vollzieht, daß das Leben immer in seiner eigenen Sprache sich anspricht und sich antwortet, daß strukturmäßig das Leben sich nicht aus sich selbst herauszudrehen braucht, um sich selbst seinem Sinne nach zu erhalten, daß seine Struktur ihm selbst genügt, sogar seine Unvollkommenheiten, seine Ungenügendheiten immer wieder irgendwie zu überwinden, in allen möglichen Gestalten und Zufälligkeiten und Bedingtheiten – das meint der Sinn von »Selbstgenügsamkeit«. Er trifft einen *Strukturcharakter* des Lebens, der es auf sich selbst stellt: *daß es sich selbst ein »an sich« ist.* Es trägt in sich selbst strukturhaft (das alles inhaltliche Wie und Was im Innersten durchherrscht) die von ihm selbst benötigten Verfügbarkeiten als Möglichkeiten der Erfüllung der ihm selbst entwachsenden Tendenzen.

Jede Fraglichkeit also (nicht nur theoretisch-wissenschaftliche) erhält ihre Antwort *in* der Strukturform des Lebens an sich.[1] Auch jedes Ursprungsgebiet wird sich im Leben selbst und von seiner Grundstruktur durchherrscht geben müssen, sofern es überhaupt so etwas gibt, was doch jetzt sehr fraglich geworden ist. Denn in der Religion, in der Weltanschauung sind doch die letzten Fraglichkeiten lebendig und in irgendeiner Weise zur Beantwortung gebracht. Bessere Weltanschauungen, lebendigere Religion ändern prinzipiell nichts. Sie stellen das Leben als Ganzes in Frage und geben ihm einen letzten Sinn – und gerade weil das letzte Fragen sind eben nur in religiöser Antwort, in weltanschaulicher Deutung, nicht aber etwa streng wissenschaftlich. Was soll da die Rede vom Ursprungsgebiet des Lebens an sich, das in strenger Methode zugänglich werden und aufgehellt wer-

[1] Vgl. S. 36f.

den soll? In welchem strengwissenschaftlichen Sinne soll das Leben an sich überhaupt fraglich werden können?

§ 10. Bekundungsgestalten von Selbstwelt, Mitwelt, Umwelt

Bevor wir jedoch diesen Problemen wirksam nachgehen können, bedarf es einer *erneuten* Betrachtung des Lebens an sich. Was heißt das? Eine erneute Betrachtung, ein nochmaliges Erzählen, Konstatieren des bereits Beachteten oder eine speziellere, noch konkretere Einzelheiten beibringende? Das würde uns, wo offenbar das Absehen auf Prinzipielles geht, nicht weiterbringen.

Wenn wir also das Leben an sich, so, wie es sich unmittelbar in seiner Selbstverständlichkeit gibt, erneut durchlaufen, so geschieht das in einer neuen Absicht. Wir sehen es ab auf anderes – daß wir so etwas bezüglich des Lebens an sich überhaupt durchführen können, bezeugt nur erneut das, was wir im folgenden zu vorläufigem Verstehen bringen wollen –, an ihm aber Schlichtantreffbares, worüber wir uns nicht weiter Gedanken machen, was aber, sobald das Absehen ausdrücklich darauf gelenkt wird, einleuchtet.

Bei der vorstehenden Betrachtung bemerkten wir den Reichtum an Tendenzen, ihrer Modifikationen und Durchdringungsgestalten. Zugleich damit war die Rede von einer gewissen Stabilität des Lebensstils, seiner Ausformungen, der Herausbildung eines Umkreises von Verständlichkeiten.

Es ist die Rede von Ihrem letzten Semester. Man unterhält sich lebhaft darüber. Dabei denken Sie nicht an jede einzelne Sekunde der drei Monate, an das, was in jeder geschah. Sie erinnern sich vielleicht nicht mehr an alles, haben aber bestimmte Begebnisse, Eindrücke, Vorlesungen, Diskussionsabende, Wanderfahrten, Menschen gegenwärtig. Aber kein einzelnes dieser Begebnisse ist das Münchner Semester z. B., aber es steht in Ihrem Leben in einer ganz bestimmten, wenn auch verschwommenen Charakterisierung. Wenn Sie sich erinnern und mit anderen darüber sprechen, das drückt Ihnen das Semester aus. Es selbst ist ja nicht mehr wirklich.

Die Vorlesung bei Max Weber: es waren eine ganze Reihe; einmal kam er in diesem Anzug, dann in jenem; einmal sprach er sehr lebhaft, dann weniger; einmal unverständlich, dann leichter; einmal saßen Sie an diesem Platz, dann an jenem; einmal kamen Sie zu spät, das andere Mal mußten Sie früher weg; einmal war das Kolleg zum Brechen voll, dann wieder mäßig besucht. »Die Vorlesung von Max Weber Sommersemester 1919 in München« – die verschiedenartigsten Begebenheiten, in denen sich *ausdrückt*: *»die Vorlesung«*.

Oder Sie wollen Kants »Kritik der reinen Vernunft« sich anschaffen, kommen zu einem, nehmen wir mal an, ganz vorzüglichen Buchhändler. Er legt Ihnen vor: den Band aus der Ausgabe der Berliner Akademie, den aus der von Cassirer, dann die Hartensteinsche Ausgabe, die von der grünen Philosophischen Bibliothek, die Erdmannsche, die Reclam-Ausgabe oder gar eine Erstausgabe von 1781: jede verschieden nach Format, Umfang, Papier, Satzbild, Lettern; immer dasselbe, die »Kritik der reinen Vernunft«. Dasselbe ist eben dabei das, was drinnen steht. Das ist verständlich.

Angenommen, Sie haben das Exemplar gekauft im 2. Semester. Sie setzen sich nun eifrig dahinter. Nach ein paar Wochen erlahmt das Interesse. Sie werden einmal gefragt, was da drin steht, und sagen so, wie Sie's auffassen. Nach zehnsemestrigem Studium der Philosophie werden Sie wieder gefragt, was drin steht. Was Sie sagen, wird ein anderes Bild geben; der Inhalt wird sich in neuen, vielleicht besseren Gestalten bekunden.

Sie kommen mit einem bedeutenden Philosophen ins Gespräch, der sich über die »Kritik« äußert und merken: der faßt manches wieder anders auf; was darin steht, stellt sich anders dar.

Was in den verschiedensten Ausgaben drinsteht oder was in einer mit der Schreibmaschine hergestellten Abschrift drin steht, ist einmal ein einheitliches, verständlich Gemeintes, dann wieder ist das Gemeinte wieder so aufgefaßt, dann so; es drückt sich in verschiedener Weise aus, stellt sich dar. In einer Mannigfaltigkeit von Begebenheiten bekundet sich die Vorlesung Max Webers, »Kants Kritik der reinen Vernunft«, das Münchner Semester. Alles, dem wir im lebendigen Leben begegneten, *bekundet* sich in einem Zusammenhang von Begebenheiten. Die Tendenzen und Tendenzerfüllungen drücken sich immer irgendwie aus. Dabei interessiert uns nicht oder meist nicht, wie sich alles und jedes gerade darstellt [oder wenn, dann nur in der selbstgenügsamen Weise des Lebens an sich].

Umspringen des Bekundungszentrums, Schichtwechsel – eigenartige Phänomene. Auch wenn ich auf *das* eingestellt bin, *worin* sich mir in der betreffenden Situation etwas bekundet, zeigt sich, wie dieses Darstellende selbst nur wieder in Bekundungen sich gibt. Auf den Einband selbst eingestellt, sehe ich ihn in verschiedenen Beleuchtungen, von verschiedenen Seiten, in verschiedenen Stimmungen, und das gilt wieder von den einzelnen Färbungen, Verzierungen und Aufdrucken.

Auch die Mitwelt gibt sich in der Weise, daß die betreffenden Menschen mit mir zusammenleben, insofern sie sich in einzelnen Handlungen, in ihrem Verhalten, Art des Redens, des Schweigens, Kleidung, Launen, Geschmack sich mir darstellen. Sie bekunden ihr Selbst in solchen Erscheinungen – Bekundungsgestalten, die bei näherer Betrachtung selbst wieder sich in irgendeiner Weise ausdrücken. Das gilt nicht nur von den einzelnen Menschen, sondern von Gruppen solcher als Gruppen: eine Familie gibt sich durch bestimmte Bräuche, durch das gegenseitige Verhalten der Glieder zueinander, vielleicht sogar gerade durch die Gegensätzlichkeit der Grundanschauungen von Eltern und Kindern, durch deren verschiedene Interessen innerhalb der Familiengemeinschaft selbst; dasselbe von Clubs, Vereinen, wissenschaftlichen Gesellschaften bis zu den großen sozialen Verbänden (vgl. religiöse Gemeinschaften und Sekten).

Die Umwelt, Mitwelt begegnet in solchen Bekundungen. Aber auch die Selbstwelt steht und lebt so in meinem Selbstleben. Das Gestern, Vorgestern, der letzte Sonntag, die letzten Ferien, die Zeit am Gymnasium – meine damalige Selbstwelt und sogar mein eigentliches Selbst drücken sich in bestimmten, mir widerfahrenen Begebnissen aus, und zwar sind diese Begebnisse meist in ganz bestimmter Weise mit meiner aktuellen Selbstwelt in Zusammenhang; nie so, daß sie lediglich meine Erlebnisse waren, sondern nur so, daß ich selbst eine bestimmte Zuständlichkeit hatte, in einer solchen Ich-selbst war. Dieser damalige Zuständlichkeitscharakter hält in irgendeiner Ausdrucksform die Vergangenheit mit der aktuellen Gegenwart im Zusammenhang, so daß ich durch jene Zuständlichkeit in bestimmter Weise motiviert auch in bestimmter Weise zur Vergangenheit zurückgehen kann.[1]

§ 11. Wissenschaft als Ausdruckszusammenhang des faktischen Lebens

a) Der Aufbau der historischen Wissenschaften

Diese neue merkwürdige Struktur des lebendigen Lebens an sich, daß sich in ihm alles irgendwie ausdrückt, *gilt auch für die besonderen Ausformungen seiner Tendenzen*, z. B. für die Wissenschaft. Diese nimmt ihren Ausgang in der Umwelt. Das ist ihr nächster Boden, auf den sie immer wieder in bestimmter Weise zurückgreift.

Die Umwelt[1], die sich immer neu darstellt und sich in neuen Seiten, aber immer als mehr oder minder die eine und selbige gibt, kann, muß nicht Ausgangsboden verschiedener Wissenschaften werden *(»Erfahrungsboden«)*. Umweltliche Dinge werden in eine neue Tendenz genommen; selbst sich so und so darstellend werden sie zu einem Bekundenden: z. B. beim Graben anläßlich eines Baues einer Wasserleitung stoßen die Arbeiter auf Steine – regelmäßige Anordnung; einer findet metallene Dinge, runde Plättchen mit Zeichnungen – »altes Geld«, wird

[1] Vgl. – auch zum Folgenden – Anhang A/II., Beilage 2, S. 170.
[1] Später, S. 54ff.

er sagen; der »Sach*verständige*« wird gerufen: es sind römische Münzen, Reste eines römischen Kastells. Eine längst versunkene Welt »erscheint« in dem Erdstollen – unmittelbare Vorfindlichkeiten unserer Umwelt deuten auf ein Vergangenes. Wir reden von Überresten, Quellen der Geschichte.

(Merkwürdig beschriebene Pergamentfetzen auf der Innenseite eines schweinsledernen Einbandes von irgendeinem alten Kodex: die längst gesuchte Papsturkunde.[2])

Umweltliches, was wir in einer gewissen gleichgültigen Uninteressiertheit antreffen und ›liegen‹ lassen, kann »Überrest«, »Quelle« sein, in der sich eine vergangene Welt bekundet. »Quellen sind *Resultate* menschlicher Betätigungen, welche zur Erkenntnis und zum *Nachweis* geschichtlicher Tatsachen entweder ursprünglich bestimmt oder doch vermöge ihrer Existenz, Entstehung und sonstiger Verhältnisse vorzugsweise geeignet sind.«[3] Alles auf echte Motive zurückzuleiten. »Was im einzelnen Falle als Quelle anzusehen ist [Quellencharakter selbst nicht mehr Problem!!], hängt von dem jeweiligen Forschungsobjekt, also von der Thema- oder Fragestellung ab.«[4]

Quellenmaterial: A. Überreste; B. Tradition

ad A) a. Überreste im engeren Sinne
b. Denkmäler (Inschriften, Monumente, Urkunden)

ad B)	a. bildliche	b. mündliche	c. schriftliche Tradition
	|	|	|
	historische Gemälde	mündliche Erzählung	Annalen
	historische Skulpturen	Sage	Chroniken
		Anekdote	Biographien
		Sprichwörter	Romane

[2] Vgl. Anhang B/I., Ergänzung 2, S. 203f.

[3] E. Bernheim, Lehrbuch der historischen Methode und der Geschichtsphilosophie, 5. u. 6., neu bearb. u. vermehrte Aufl. Leipzig 1908, S. 252 [Hervorhebungen von Heidegger].

[4] A. a. O., S. 253.

Ganz ungeklärte Klassifikationen, nicht etwa nur fließend, wie Bernheim meint[5].

Ebenso kann sich aus *mitweltlich Erfahrenem* – Erzählungen, Berichten, Überlieferungen – Quellenartiges ausformen: Tradition. Wie sich aus diesen Umweltvorfindlichkeiten überhaupt eine nicht anschaulich aktuell antreffbare und prinzipiell nicht antreffbare Welt aufbaut, das hat seine großen Rätsel, die entfernt noch nicht auch nur überhaupt als solche erfaßt sind.

Aus Umweltvorfindlichkeiten, aus Mitweltvorfindlichkeiten schneiden sich typische Verläufe heraus, die irgendwie einen Rückgang ermöglichen. Wozu? Zur Vergangenheit. Wie ist diese selbst da? Doch auch nur in Bekundungen. Umweltvorfindlichkeiten, Mitweltvorfindlichkeiten sind immer solche einer aktuellen Gegenwart, geben sich in dem spezifischen Kreis von zugänglicher Verständlichkeit der betreffenden Gegenwart. Entsprechend vollzieht sich im Medium der jeweiligen Verständlichkeitsstufe der in die Vergangenheit zurücksehenden Gegenwart die Ausdeutungen von Vorfindlichkeiten als Quellen »für« eine Vergangenheit und ihre historische Erkenntnis. Diese Vergangenheit schwebt selbst schon, wenn auch dunkel, fast mythisch, aber in irgendeiner von irgendwoher überlieferten Bildgestalt vor und findet nun neuen Ausdruck durch die Quellen. Dieser neue Deutungszusammenhang aber ist, sofern er einer Gegenwart entwächst, selbst wieder ein solcher in einem bestimmten, gegenwartsbestimmten Aspekt und kann zugleich mit der dargestellten Vergangenheit selbst in eine neue Vergangenheitssituation rücken und selbst den neuen, von der später kommenden Gegenwart aus gesehenen Deutungen und Ausformungen unterliegen.

Die ganz selbständigen und eigenartigen funktionalen Ausdruckszusammenhänge bedürfen einer systematischen Erforschung, für die noch nicht einmal die primitivsten Grundbegriffe geklärt sind.

[5] A. a. O., S. 258 f. – Vgl. Zettel »Quelle« [im Nachlaß nicht auffindbar].

[Wer diese Zusammenhänge auch nur aus der fernsten Ferne roh gesehen hat, für den wirkt der historizistische Skeptizismus, der ständig sich selbst ins Gesicht schlagend nichtgeschichtlich grundobsolet redet, einfach komisch. Diese weltgeschichtliche Komik, die sich in dem »europäischen« Buch »›Untergang‹ des Abendlandes« ausprägt, wird aber gleich zur Posse, wenn die geistigen Wichtigtuer damit spielen und ganze Jugendbewegungen daran krank werden. Aber vielleicht ist diese radikale Durchseuchung mit diesem Gift notwendig, damit wir oder kommende Geschlechter überhaupt wieder hören auf das, was sie im Innersten trifft.]

Die bestimmten Ausformungstendenzen des Lebens bewegen sich in eigenen Welten, die selbst wiederum wissenschaftlicher Betrachtung zugänglich werden. Im Gebiete der bildenden Kunst und der Kunst überhaupt begegnen wir wiederum anderen Ausdrucks- und Bekundungszusammenhängen und -schichten, die sich dann, sofern sie noch gar Gegenstand der kunstgeschichtlichen Erforschung werden, im höchsten Maße komplizieren (Literatur – Literaturwissenschaft; Musik – Musikwissenschaft). Trotzdem begegnet man heute bei den beliebt gewordenen methodologischen Erörterungen den ungeheuerlichsten Naivitäten. Dasselbe gilt vom Religiösen; man spricht in diesem Gebiet ganz ausdrücklich von Symbolik – eine bestimmte Weise der Bekundung: religiöse Kulte, Riten usf., Gebete, Kultstätten, Kultgemeinschaften. [Man kann heute das dickste Buch über das Gebet schreiben, ohne auch nur *ein* ernsthaftes Problem zu sehen; aber man hat die Chancen, ein »großer« Religionshistoriker zu werden, denn die Wissenschaft wird nur noch bemessen nach dem Quantum der aufgezählten Literatur.]

Wir sahen bisher: Bekundungszusammenhänge in der Um-, Mit- und Selbstwelt. Das, was das Leben angeht, worin es aufgeht, stellt sich immer dar, *gibt sich »irgendwie«*. Diese Bekundungszusammenhänge werden komplizierter, sobald sich auf den Vorfindlichkeiten des Lebens Wissenschaften aufbauen – bestimmte Weisen der Ausformung. Wir beachteten bisher historische Disziplinen, die ihren Gegenstand *als vergangenen* gegenständlich haben oder ihn sich gegenständlich machen. Das ist aber nur *eine* Komplizierung der Ausdruckszusammenhänge, die wissenschaftliche Einstellung auf die Welt mit sich bringt.

Daß sich irgendetwas, etwas Erlebtes, immer *irgendwie* gibt (was mir begegnet – ich selbst, der ich mir verschiedenartig begegne), können wir auch so formulieren, daß es *erscheint, Phänomen* ist. Mehr darf vorläufig nicht in den Ausdruck hineingedeutet werden, und es dürfen sich darin auch nicht versteckterweise festsetzen Bedeutungen, die aus irgendwelchen Philosophien oder philosophisch erkenntnistheoretischen Standpunkten bekannt sind, sondern Phänomen meint jetzt lediglich den noch ganz vagen, aber aus der Anschauung geschöpften Bekundungscharakter, den alles, dem wir lebend begegnen, zeigt.[6]

b) Der Bekundungszusammenhang der Naturwissenschaften

Denken wir an die biologischen Disziplinen, die heute unter dem allgemeinen Namen beschreibende Naturwissenschaften bekannt sind und sehen nicht auf das Faktum und die faktisch jeweils ausgesprochenen Einstellungstendenzen, sondern achten wir auf die Grundmotive, irgendwie den primitiven und früher gebildeten Lebensgestalten nahezukommen, so ergeben sich mit dieser Tendenz neue Gestalten von Bekundung und Ausdruck, die aus sich selbst heraus verstanden werden müssen, die man nicht erklären darf durch Beistellung von mehr oder minder gewagten Analogien mit den mathematischen Naturwissenschaften.[7]

[6] Nochmals beachten: Vorfindlichkeiten können treten in die Funktion von »Quellen für« – Indikatoren. Es sind noch andere möglich.

[7] Schief! und unscharf! Zusammenhang mit dem Vorhergehenden und Folgenden nicht klar. Organismus (Leben); Historische Bekundungsform – »Quellen« des Rückganges – der Einfühlung!! (Vgl. Kroner, Das Historische und die Biologie!) [= Hinweis auf Kroner, Das Problem der historischen Biologie. Berlin 1919.]

Aber auch da begegnen wir und zwar einem ganz besonderen Bekundungszusammenhang, einem solchen, den man auch heute noch gern, trotz seiner beschränkten Eigentümlichkeit, zum Prototyp von Bekundung machen möchte. Man spricht gerade in diesem engen Bezirk wissenschaftlicher Einstellung, der in einem bestimmen Sinne seinem Gegenstandsgebiet nach allerdings die ganze Welt umfaßt, was immer wieder und ganz versteckterweise zu verkehrten Verabsolutierungen und unechten Rangordnungen führt – gerade in der mathematischen Naturwissenschaft ist die Rede von Phänomen, Erscheinung. Der Ausdruck hat *hier eine ganz bestimmte Nuancierung* erfahren, z. T. unter der Nachwirkung bestimmter erkenntnistheoretischer Gesichtspunkte.

Man bezeichnet die Naturwissenschaft (und denkt dabei vor allem an die mathematische Physik) als Wissenschaft nicht von den Körpern, sondern von den physischen Phänomenen, in denen sich die Natur bekundet, erscheint. Der Naturwissenschaftler, sagt man, geht aus von den gegebenen Dingen, ihren Eigenschaften, Zusammenhängen, den farbigen, tönenden, warmen usf. Dingen, so, wie sie in der »unmittelbaren äußeren Erfahrung« gegeben sind. Diese Welt, die sich in der sinnlichen Anschauung gibt, ist für den Physiker die phänomenale Welt, sofern sich in ihr die Natur als Gegenstand seiner Wissenschaft darstellt. Zwar kehrt der Physiker immer wieder auf diese Welt der gegebenen Phänomene zurück, nimmt von ihnen den Ausgang, sie ist aber subjektiv, *bloße* Erscheinung, aber so, daß der anschauliche Gehalt als wirklich aufgefaßt wird. Es ruht auf ihm gleichsam der Glaube, das anschaulich Gegebene und das sich in ihm Gebende ist real.

»Die Phänomene des Lichtes, des Schalles, der Wärme, des Ortes und der örtlichen Bewegung, von welchen er handelt, sind nicht Dinge, die wahrhaft und wirklich bestehen. Sie sind Zeichen von etwas *Wirklichem* [...] An und für sich tritt das, *was wahrhaft ist*, nicht in die Erscheinung, und das, was erscheint, ist nicht wahrhaft. Die Wahrheit der physischen Phänomene ist, wie man sich ausdrückt, eine bloss relative Wahrheit«.[8]

Diese *Realitäts*thesis bezüglich der Dinge bleibt für den Physiker erhalten, auch wenn das Beschaffensein der Dinge, so, wie es anschaulich sich darbietet, subjektiv wird, bloße Erscheinung. Das Beschaffensein wird und soll von der Physik gerade objektiv bestimmt werden in bestimmten Begriffen und Urteilen. Realität ist hier Korrelat normaler, nicht in Widerstreit geratender Erfahrung. Was den Charakter des vermutlich oder gar nichtigen Scheins trägt, so sehr es sinnlich anschaulich sich geben mag, ist kein echter Erfahrungsboden der Naturwissenschaft.[9]

Was kommt in dem Gesagten zum Ausdruck? Das Wort »Phänomen« hat hier seine ganz einzigartige, bestimmt beschränkte, in besonderer Richtung *»indizierte«* Bedeutung, die es jetzt noch schärfer zu fassen gilt.

Phänomen besagt: sinnlich anschaulicher Gehalt, der echte Naturwirklichkeit bekundet. Phänomenbegriff hat hier seine Stelle im Zusammenhang theoretischer Objekterkenntnis und näherhin solcher, in der Objekt ist die *physische Natur*. Phänomen erhält seine spezifische Bedeutung aus der methodisch wissenschaftlichen Tendenz der Physik, wie sie Galilei entdeckte. In dieser Tendenz, auf objektive Naturerkenntnis gehend, gibt sich die Umwelt als eine farbige, tönende, warme, kalte Dingwelt. *Diese Dingwelt* ist aber schon nicht mehr die Umwelt, sondern diese in theoretisierende und zwar physikalisch theoretisierende Tendenz genommen.

Dasselbe gilt bezüglich der Charakterisierung des Phänomens als ›*bloßen* Phänomens‹. Diese Rede hat nur Sinn im Zusammenhang mit der Idee der echten Objektivität der Physik,

[8] F. Brentano, Psychologie vom empirischen Standpunkte. Bd. 1. Leipzig 1874, S. 24 [Hervorhebungen von Heidegger]. – Auch hier tritt die besondere theoretische Tendenz *nicht* heraus.

[9] In welcher Tendenz gesehen!?

die sich in der sinnlichen Anschaulichkeit lediglich bekundet, nicht aber auf dem Boden, d. h., wie wir später sagen werden, aus der Situation des umweltlichen Ich heraus; da »gibt es« so etwas nicht *als zur Struktur gehörig*!

Wir haben also hier einen ganz eigenartigen, aus dem Sinn naturwissenschaftlicher Objektivierung entspringenden Bekundungszusammenhang, den man nicht in andere Wissenschaften und noch weniger auf die verschiedenen Lebensgebiete und Welten übertragen darf.

So wäre es grundverkehrt zu meinen, ein Buch so, wie ich es sehe und daran mich freue, bekunde in seiner Farbe, Umfang und ähnlichem sein echtes Sein, das, was darinnen steht. Und doch liegt auch hier ein Bekundungszusammenhang vor, ein solcher selbständiger Art. Wieder andere Zusammenhänge in der Malerei, Plastik, Dichtung und zwar verschieden wieder in der schöpferischen Gestaltung und im aesthetischen Genuß. Wieder anders in der Religion und wieder anders und hochkompliziert in möglichen Wissenschaften von solchen Lebensgebieten.

[Der Phänomenbegriff der Naturwissenschaft kann noch eine bestimmte Ausweitung erfahren: zunächst umfaßt er den sinnlich anschaulichen Gehalt und zwar solcher in der Wirklichkeitsthesis stehender. Diese kann nun fehlen, und Phänomen besagt: sinnlich anschaulicher Gehalt der echten wie der Trugwahrnehmung. Und über diese hinaus kann Phänomen besagen: anschaulicher Gehalt auch der Erinnerungsphantasie, Bilderscheinung. Es kündet sich hier ein ganz bestimmter Leitfaden an, an dem die Erweiterung des Begriffs Phänomen entlang läuft, so daß eine bestimmte Verwandtschaft all das umfaßt, was in den Begriff Phänomen eingeht.]

§ 12. Rückkehr zum Ausgangspunkt der Betrachtung: das faktische Leben in seinen Bekundungsschichten

Wir verfolgen diese Richtung zunächst nicht weiter und kehren zum Ausgang unserer Betrachtung zurück: das faktische Leben, in dem wir Bekundungszusammenhänge antreffen – *sich ineinanderschiebende Bekundungsschichten*, wobei ›Bekundung‹ höchst mannigfacher Gestalt sein kann.

Alles im Leben Begegnende begegnet *»irgendwie«*. Dieses Irgendwie ist meist nicht selbst das, dem das Leben begegnet im Fluß seiner Tendenzen, sondern es begegnet *im* »Irgendwie«. Und wo das faktische Leben einem ›Irgendwie‹ selbst als einer Gestalt des Lebens begegnet, es selbst als Ziel einer Tendenz zu erreichen sucht, da geschieht es wiederum. Hier zeigt sich wieder der Grundcharakter der Selbstgenügsamkeit in den faktischen Formen und Gestalten des Lebens selbst. (So gibt es Menschen, die eine starke Empfänglichkeit für das Komische haben, die da, wo andere Alltäglichkeiten antreffen und sich langweilen, eminent komische Situationen sehen. Sie sehen die Um- und Mitwelt im Irgendwie des Komischen, so zwar, daß sie dieses Komische selbst als gegebenen und sich irgendwie gebenden Um- und Mitweltcharakter genießen, sich daran »amüsieren«.)

Umweltvorfindlichkeiten also, irgendwie umgrenzte Bezirke solcher geben den Boden für Wissenschaften[1], in denen sich die selbst sich schon irgendwie bekundenden Umweltvorfindlichkeiten in neuen Ausdruckszusammenhängen darstellen. Diese sind *als* wissenschaftliche selbst wiederum verschieden, sofern bestimmt ausgeformte Tendenzen aktuellen Lebens und die damit einigen Lebenswelten in ihrer spezifischen Ausgeformtheit den Gegenstand von Wissenschaften bestimmen. Den genuinen weltmäßigen Ausdruckszusammenhängen entsprechen die *zugeordneten* (d. h. von da verschieden motivierten) Explikationsformen des theoretischen Wissens, Erkennens.

[1] und das schon, nämlich das Wie des Boden Gebens und Bereitens, ist verschieden.

Der Ausdruckszusammenhang, den der Titel »Wissenschaft« umspannt[2], scheint sich also doch irgendwie aller Lebens- und Weltbezirke zu bemächtigen. Er schneidet gleichsam bestimmte Bezirke heraus, die in der Wissenschaft wissenschaftlich sich ausdrücken. Das volle Leben in seinen Vergangenheiten bekundet sich als solches in der Geschichtswissenschaft: Geistesgeschichte (Literatur-, Kunst-, Religions-, Wirtschafts-, Staatengeschichte); Natur: Naturwissenschaft, Naturgeschichte (Paläontologie). Und trotzdem ist »Wissenschaft« nur *ein* Bekundungszusammenhang unter anderen, und es wurde schon gewarnt, ihn zu verabsolutieren; und besonders in dem jetzigen Stadium unserer Betrachtung erscheint es wenig angebracht, gerade bezüglich dieses Bekundungszusammenhangs sich in Einzelheiten einzulassen, wo es überhaupt darauf ankommt, überhaupt *den* Aspekt des Lebens, daß sich in ihm alles und jedes immer irgendwie bekundet, ausdrückt, manifestiert, näherzubringen.

Trotzdem muß sich schon roh ankündigen, warum wir, bei aller klaren Einsicht in die Einzelheit des Bekundungszusammenhangs ›Wissenschaft‹, gerade, und zwar in methodischer Absicht, bei ihm verweilen. Wir sehen faktisch vergangenes Leben – Welten, in denen das faktische Leben lebt. Was ihm begegnet, wird Gegenstand der Wissenschaft. Es ist bei unserer Betrachtung doch auch das Absehen lebendig auf Wissenschaft vom Leben und zwar Ursprungswissenschaft. So kann also diese Bekundungsgestalt mindestens dienlich sein, unsere Problemstellung zu verschärfen. So ist es nicht unwichtig, im Hinblick auf den früher gegebenen Aspekt des faktischen Lebens und seine Ausformungen die Möglichkeiten des Eingehens des Lebens in den Ausdruckszusammenhang »Wissenschaft« bis zu einer gewissen Vollständigkeit zu betrachten und zuzuspitzen.

2 Seine Betrachtung hier aus mehrfachen Gründen wichtig. *Erstens: Wissenschaft überhaupt*, weil unsere Tendenz auf Ursprungs*wissenschaft* geht; *zweitens: historische Wissenschaft*, weil Ursprungswissenschaft letztlich die *hermeneutische* ist.

In den Umkreis der verständlichen Vorfindlichkeiten gehört nicht nur die Umwelt, sondern auch die *Mitwelt* – Mitmenschen, die *»mit«* mir, »mit denen ich« selbst lebe; »Mitwelt« als einen nächst vorfindlichen, erfahrbaren Ausschnitt, eine Gestalt der Bekundung der menschlichen *Gesellschaft.* Also Wissenschaft von den Mitweltgestalten und -bildungen, ihrer geschichtlichen Entwicklungen: Kirchen-, Sekten-, Staaten-, Stadt-, Dorfgeschichte, Geschichte der Universitäten, Zunft-, Sippen-, Familiengeschichte.

Aber all das sind ja bereits wieder verfestigte, stabilisierte Tendenzen und Ausformungen des mitmenschlichen Lebens, das noch viel »ursprünglichere« und mannigfaltigere schlichtere Zusammenhänge zeigt: ich führe jemanden in der jetzigen Dunkelheit nach Hause; esse mit ihm zu Mittag; ich leihe ihm ein seltenes Buch; ich schreibe Briefe, telephoniere; ich trage dieses Kleid für den Anderen, für eine Abendgesellschaft, für »ins Theater«.

Mitwelt, Umwelt leben in einem merkwürdigen Durchdringungszusammenhang mit meiner Selbstwelt, deren Zuständlichkeit geradezu in diesem Zusammenhang als einem lebendigen und fließenden aufgeht, so, daß man schon gemeint hat, die Mitwelt und Gesellschaft überhaupt sei nichts Wirkliches, sondern bestehe nur in der Summe und Zusammennahme von Einzelnem. So kann also auch die Selbstwelt eines Menschen als solche ausgeformt und Gegenstand der Wissenschaft werden.

§ 13. Ausdrucksformen der Selbstbesinnung

a) Selbstbiographie

Die Selbstbesinnung in mehr oder minder rohen Formen, das Leben in inneren Erfahrungen ist so alt wie die Menschheit – es ist Selbstbesinnung in der besonderen Gestalt der religiösen Nachdenklichkeit über Schicksal und die wirkenden, hemmenden und fördernden, strafenden und beglückenden Mächte des Lebens. Sie vollzieht sich immer in Formen von Weisheitslehren, Lehrsprüchen, »Sentenzen«. Die labile Zuständlichkeit verlegt ausdrücklich und nachdrücklich das Schwergewicht in das Selbst. Die inneren Erfahrungen stellen sich dar und gestalten sich und kommen auf einen Ausdruck. Die momentanen Antriebe dazu mögen verschiedenartig sein und zufällig: Eitelkeit, Ruhmsucht, Fabulierlust, Rechtfertigungstendenz, Bekenntnisdrang.[1] Das sinnmäßige Motiv liegt allerdings nicht in diesen akzessorischen Antrieben, sondern in der Merkwürdigkeit, daß das faktische Leben in der Selbstwelt in besonders betonter Weise zentrieren »kann«. Die Gestaltungs- und Ausdrucksformen solcher inneren Erfahrungen faßt man zusammen unter dem Titel *»Selbstbiographie«*. Ihrer Struktur nach können sie ganz verschieden sein: Selbstgespräche, Tatenberichte, fingierte Gerichtsreden, rhetorische Deklamationen, literarische Portraits, Memoiren, Tagebücher.[2]

Sie sind aber keine wissenschaftlichen Ausdrucksformen der Selbstwelt. Eine solche Objektivität zu beanspruchen, liegt gar nicht in ihrem Sinn. Sie nehmen die Ausdrucksmittel oft und meist aus dem eigenen Leben und seinen Erfahrungen selbst. Sie sind daher gerade ein weites geeignetes Feld für Selbsttäuschungen. Sie entwachsen der eigenen labilen Zuständlichkeit des Selbst, das seine Geschichte in dem Aspekt, wie es sie selbst gerade sieht, wiedergibt und vollebendig ausdrückt.

b) Biographische Forschung

Selbstbiographien können als solche selbst wieder vorfindlich und zugänglich werden und haben einen selbständigen *Wert* (Augustin, Confessiones). Sie können auch in die *Funktion der Quelle* treten – Quelle für die biographische Forschung im be-

[1] Vgl. G. Misch, Geschichte der Autobiographie. Bd. I., Einleitung. Leipzig und Berlin 1907, S. 3–9.
[2] Vgl. a. a. O., S. 3.

sonderen oder für die Geschichte im weiteren Sinne. Sie unterstehen dabei aber als Selbstbiographie gerade einer ganz eigentümlichen »*Kritik*«.

In der biographischen Geschichtsforschung dagegen soll eine Selbstwelt zum *wissenschaftlich objektiven Ausdruck* gebracht werden, allerdings in der spezifischen Ausdrucksform der historischen Wissenschaft: Heiligengeschichte (Hagiographie), Künstlergeschichte (Vasari). Die moderne biographische Forschung: Leben Jesu, Leben Luthers, Leben Goethes, Schleiermachers, Napoleons. Diese biographische Forschung hat selbst schon wieder ihre Geschichte: Geschichte der Leben-Jesu-Forschung, der Luther-Forschung usf., woraus sich ersehen läßt, daß auch die objektiv wissenschaftliche Darstellung von Selbstwelten immer jeweils *eine* Bekundungsform unter anderen darstellt.[3]

Auf die Kunst als eine Ausdrucksform der Selbstwelt und als Organ des Lebensverständnisses sei nur hingewiesen, desgleichen auf den merkwürdigen Zusammenhang von Lebenserfahrung und Kunst des Verstehens und der Darstellung in der wissenschaftlichen Geschichtsschreibung, der entfernt (noch) nicht aufgehellt ist.[4]

Zunächst haben wir lediglich die im faktischen Leben antreffbare Tatsache festgestellt: einmal, daß das faktische Leben in einem Selbstleben und in einer Selbstwelt wie in der Um- und Mitwelt in einer *ausgeprägten, abgehobenen* Weise sich vollziehen und kundgeben kann und daß ein solches Selbstleben und solche Selbstwelten einmal autobiographisch und dann auch eigentliches *Objekt* historisch wissenschaftlichen Verstehens und entsprechender Darstellung werden können.

In den großen Konfessionen einer Selbstwelt ist die Ausformung und Gestaltung der inneren Selbsterfahrung des eigen-

[3] Vgl. Anhang B/I., Ergänzung 3, S. 205.

[4] Vgl. Dilthey, Beiträge zum Studium der Individualität. In: Sitzungsberichte der Kgl. Preuß. Akademie der Wissenschaften Berlin Jg. 1896/I. Halbbd., S. 295–335.

sten Lebens *selbst Ausdruck dieses Lebens*, nicht so, als stünde der Ausdruck als fremdes Behältnis außerhalb dieses Lebens und erwartete eine Erfüllung (die durch jedes andere gleicherweise möglich wäre). In solchen Konfessionen kommt zum Ausdruck in eins mit der Geschichte des Selbst seine immer und lebendig damit einige Stellung zu seiner jeweilig angestammten Lebenswelt, so zwar, daß der Charakter dieser Lebenswelt aus der besonderen Verfassung und Strömungsrichtung des betreffenden individuellen Selbstlebens sich ergibt. Selbstwelt und Lebenswelt – in der Lebenswelt der Widerhall der Rhythmik jener. In der Darstellung des Selbstlebens bekundet sich zugleich die Lebenswelt und deren spezifische, aus dem Selbst herkommende und von da vorgezeichnete Rhythmik und umgekehrt.

Denselben lebendigen Zusammenhang, daß sich im Selbstleben eine Lebenswelt und ein eigenstes Weltbild erbaut, eine bestimmte, vielleicht einzigartige Typik des Daseins – Lebenstotalität –, diesen Zusammenhang sucht auch alle ernsthafte biographische Forschung höherer Stufe verstehend heraus- und darzustellen.

§ 14. Die Zugespitztheit des faktischen Lebens auf die Selbstwelt[1]

a) Die funktionale Betontheit der Selbstwelt

Dieser historisch verstehenden Darstellungsart eines Selbstlebens in der biographischen Forschung liegt zum Grunde die Überzeugung, daß das faktische Leben und seine Welt irgendwie im Selbstleben zentrieren kann, so sehr die Selbstwelt sich zunächst als labile Zuständlichkeit gibt. Es zeigt sich, *daß das faktische Leben in einer merkwürdigen Zugespitztheit auf die Selbstwelt gelebt, erfahren und dementsprechend auch historisch verstanden werden kann.*

[1] Vgl. Anhang A/II., Beilage 3, S. 171.

Das ist selbst eine Weise der Bekundung des faktischen Lebens, auch in der Umwelt schon antreffbar, so daß eine labile Zuständlichkeit sich besonders ausprägt und verfestigt, woraus dann ein unmittelbar erfahrbarer, *von der Selbstwelt her betonter* Charakter der Um- und Mitwelt sich ergibt. (Und all das spielt sich ab meist in der für die Umwelt typischen Unabgehobenheit, aber es ist faktisch da und wirkt sich aus.) Diese Betontheit der Selbstwelt ist nicht etwa eine solche lediglich der Betrachtung, der besonderen Beachtung, sondern des aktuellen Lebens, der faktischen Einstellung in besondere Tendenzen und des besonders betonten *aktuellen Vollzugs* ihrer und Verlaufs.

Diese Betontheit der Selbstwelt, die *Indizierung der Tendenzen und Weltcharaktere* von ihr aus, braucht aber nicht abgehoben zu sein, sondern sie ist und sogar meist unabgehoben lebendig, so sehr, daß sich das Leben so geben kann, als ob alle Selbstwelt von der Umwelt bestimmt und gelenkt sei. Die Zugespitztheit auf die Selbstwelt ist immer da im faktischen Leben, so zwar, daß gerade hieraus die Charaktere verständlicher werden, die wir bisher im faktischen Leben angetroffen haben: Selbstgenügsamkeit des Lebens an sich und sein Bekundungscharakter (desgleichen die besonderen Phänomengruppen, auf die wir schon aufmerksam wurden).

Es kommt nun darauf an, daß wir vor-läufig dem lebendigen Zuge der Zusammenhänge zwischen diesen Charakteren und zwar im besonderen der »Zugespitztheit auf die Selbstwelt« mit dem Charakter der Selbstgenügsamkeit und dem Charakter der Bekundung *verstehenderweise* nachgehen. Zu diesem Ende setzten wir die Betrachtung wieder da ein, wo uns das Phänomen der Zugespitztheit, der funktionalen Betontheit der Selbstwelt, gleichsam ›in die Augen sprang‹.[2]

[2] Die ganze Seite nicht scharf gegliedert. Es soll heraustreten:

1. Das faktische Leben *kann* sich besonders auf die Selbstwelt zuspitzen.
2. Diese funktionale Betontheit nicht eine solche, die entspringt einer besonderen und ständigen Beachtung, sondern faktisch aktuellem, weltwärts gerichtetem Vollzug des Lebens.

b) Das Christentum als historisches Paradigma für die Verlegung des Schwerpunktes des faktischen Lebens in die Selbstwelt

Das tiefste historische Paradigma für den merkwürdigen Prozeß der Verlegung des Schwerpunktes des faktischen Lebens und der Lebenswelt in die Selbstwelt und die Welt der inneren Erfahrungen gibt sich uns in der Entstehung des Christentums. Die Selbstwelt als solche tritt ins Leben und wird als solche gelebt. Was im Leben der christlichen Urgemeinden vorliegt, bedeutet eine radikale Umstellung der Tendenzrichtungen des Lebens, dabei ist meist gedacht an Weltverneinung und Askese (*der Reich-Gottes-Gedanke, Paulus* (vgl. zu allem Ritschl[3])). Hier liegen die Motive für die Ausbildung ganz neuer Ausdruckszusammenhänge, die sich das Leben schafft, sogar bis zu dem, was wir heute *Geschichte* nennen.

Die große Revolution gegen die antike Wissenschaft, vor allem Aristoteles, der aber gerade für das kommende Jahrtausend wiederum obsiegen, ja zu dem Philosophen des offiziellen Christentums werden sollte – in der Weise, daß die inneren Erfahrungen und die neue Lebensstellung in die Ausdrucksformen der antiken Wissenschaft gespannt wurden. Ein Prozeß, heute noch tief und verwirrend nachwirkend, von dem loszukommen und radikal loszukommen *eine* der innersten Tendenzen der Phänomenologie ist. (Auch die christliche Symbolik wirkt z. T. in dieser die Naturwirklichkeit der Antike ständig zum Leitfaden machenden, die Erlebniswelt verwirrenden Weise.) – Ein verwickelter Prozeß, der immer wieder von Ansprüchen der echt urchristlichen Grundstellung unterbrochen wird, bald ele-

3. Ein schärferes Zusehen ergibt, daß diese Zugespitztheit, wenn auch unabgehoben, immer da ist.

Also ein ganz *besonders ausgezeichneter Bekundungscharakter*. Wie und inwiefern ausgezeichnet, ist noch dunkel.

[3] A. Ritschl, Die christliche Lehre von der Rechtfertigung und Versöhnung. 3 Bde. 3. verbess. Aufl. Bonn 1888–89.

mentar umfassend wie ein Augustin, bald *vereinzelt* in der Stille und der praktischen Lebensführung (mittelalterliche Mystik: Bernhard von Clairvaux, Bonaventura, Eckhard, Tauler, Luther). Nur diesen neu aufbrechenden Grundmotiven einer neuen Stellung der Selbstwelt wird es verständlich, warum uns bei Augustinus so etwas begegnet wie seine *»Confessiones«* und *»De civitate Dei«*. Crede, ut intelligas: lebe lebendig dein Selbst – und erst auf diesem Erfahrungsgrunde, deiner letzten und vollsten Selbsterfahrung, baut sich Erkennen auf. Augustinus sah im »inquietum cor nostrum« die große unaufhörliche Unruhe des Lebens. Er gewann einen ganz ursprünglichen Aspekt, nicht etwa nur theoretisch, sondern er lebte in ihm und brachte ihn zum Ausdruck.[4]

c) Der Situationscharakter der Selbstwelt

Eine neue und eigentliche Stellung des Selbst zu seiner Welt – Was bedeutet die Zugespitztheit? Sie »gesehen«, gelebt und lebend auf einer Grundsituation. Das Selbst lebt in immer neuen und neu sich durchdringenden, für alle folgenden unverlierbaren Situationen. Und die *Lebenswelt*, die Umwelt, Mit- und Selbstwelt ist gelebt in einer Situation des Selbst. Die Begegnisse der Lebenswelt begegnen immer einer Situation des Selbst. Die Lebenswelt bekundet sich in den und den Weisen in und für eine jeweilige Situation der Selbstwelt. Diese labile, fließende Zuständlichkeit der Selbstwelt bestimmt als Situationscharakter immer das »Irgendwie« der Lebenswelt.

Ein rätselhafter lebendiger Wechselbezug zwischen den Bekundungsgestalten der Lebensbegegnisse und der lebendigen Selbstwelt und der Zusammenhang zwischen dem Bekundungscharakter des faktischen Lebens und der Zugespitztheit seiner (der ausdrücklichen oder unbetonten) auf den Situationscharakter der Selbstwelt. Selbstwelt (vgl. S. 31) – daß das faktische

[4] Vgl. Anhang B/I., Ergänzung 4, S. 205 f.

Leben an sich immer in seiner eigenen Welt lebt; die Tendenzen kommen aus einer faktischen Lebenswelt und erfüllen sich *in* einer solchen und *für* eine solche. Sie ist für das faktische Leben selbst ein »immer wieder antreffbares Faktum«.[5]

d) Selbstgenügsamkeit als Grundcharakter der Selbstwelt

In demselben lebendigen Zusammenhang muß nun auch der andere Grundcharakter des faktischen Lebens gesehen werden: die *Selbstgenügsamkeit*. Sie erfährt dadurch eine neue Erhellung. Das Leben als faktisches zentriert in gewisser Weise jeweilig in einer Selbstwelt. Dieser entwachsen die Tendenzen. Aus der eigenen Geschichte der Selbst*welt* selbst erwachen die Motivierungen zu neuen Tendenzen, und die Erfüllungen dieser laufen als solche immer zurück in die *Selbst*welt und ihre jeweiligen erfüllungsbereiten Situationen, die faktische des faktischen Lebens sind. Die Unruhe des Lebens selbst sucht und findet Ruhe nur, insofern die Selbstwelt selbst sich stellt in ein lebendiges Verhältnis der Ruhefindung. (Vordeutung auf die absolute Geschichte des Lebens an und für sich.) Das gilt für alle Weisen und Gestalten der Erfüllung und Erfüllungsmöglichkeiten der faktischen Tendenzen des Lebens.

Der lebendige Bezug von ›Bekundung‹ und Selbstwelt und der lebendige Bezug von Selbstgenügsamkeit und Selbstwelt deutet nun auch schon vor auf einen lebendigen *Bezug* zwischen ›Bekundung‹ und ›Selbstgenügsamkeit‹, der in bestimmter Weise durch ursprüngliche Prozesse des Lebens an und für sich »vermittelt« ist. Der Bezug darf nicht lediglich erschlossen werden, sondern ist nur bestehender in der Selbstausweisung.

In dieser überall vorfindlichen Zugespitztheit des faktischen Lebens auf die Selbstwelt und ihre sich drängenden und immerfort im Drang sich durchdringenden Situationen zeigt sich – gleichsam von innen gesehen – die Zugekehrtheit aller Le-

[5] Vgl. Anhang A/II., Beilage 4, S. 172.

bensbegegnisse und ihrer qualitativen Gestalten und Gehalte zur Selbstwelt.

e) Rückbesinnung auf die Grundrichtung der Betrachtung

Wir sind an eine exponierte Stelle in unseren Betrachtungen gelangt, was notwendig macht, uns auf ihre methodische Grundrichtung zurückzubesinnen (vgl. S. 25 ff.). Wir setzten ein mit der Aufgabe, Grundcharaktere des faktischen Lebens uns vordeutend näher zu bringen: *Tendenzcharakter* – das immer irgendwie (ob ausdrücklich oder unausdrücklich) *Gerichtetsein*; »Selbstgenügsamkeit«; Bekundungszusammenhänge; *Reliefcharakter* überhaupt; labile Zuständlichkeit; besondere Ausformungsmöglichkeiten; Stabilisierung und zwar genuine, selegierende und zur Herrschaft strebende Tendenzen; Fraglichkeit und Erfüllung und Erfüllungsmöglichkeiten. Unter den Bekundungszusammenhängen beachten wir *einen* ganz besonders: den Ausdruckszusammenhang ›*Wissenschaft*‹, in den faktische Lebenswelten und Bezirke eingehen: Umwelt, Mitwelt und sogar *Selbstwelt*. Die letztere Betrachtung drängte ein merkwürdiges Phänomen in den Vordergrund: die Zugespitztheit des faktischen Lebens auf die Selbstwelt und ihre Situation.

Die Aufgabe einer rohen Aspektgewinnung vom faktischen Leben, die die berührten Phänomene beistellte, war ihrerseits bestimmt durch die prinzipiellere Frage, in welcher Weise eine strengwissenschaftliche Ursprungsbetrachtung des Lebens an sich möglich sei, wie sich in ihm ein Ursprungsgebiet freilegen lasse als Gegenstand der absoluten Ursprungswissenschaft, der Phänomenologie.[6]

[6] Vgl. Anhang A/II., Beilage 5, S. 172 f.

ZWEITER ABSCHNITT

PHÄNOMENOLOGIE ALS URSPRUNGSWISSENSCHAFT DES FAKTISCHEN LEBENS AN SICH

ERSTES KAPITEL

Wissenschaft als Bekundungszusammenhang eines Lebensgebietes

§ 15. Stufen und Momente der apriorischen Genesis des Ausdruckszusammenhangs Wissenschaft

a) Das Entwachsen der Wissenschaft aus der faktischen Lebenswelt

Lediglich faktisch feststellend haben wir zu vorläufiger Beachtung gebracht: Wissenschaften sind Ausdruckszusammenhänge, in denen sich bestimmte Bezirke des im faktischen Leben Begegnenden herausheben und in einer eigentümlichen Weise sich darstellen, erscheinen.

Eine blumenübersäte Wiese, an der wir auf einer Maiwanderung entlanggehen – dieser Ausschnitt von unmittelbaren Lebensbegegnissen im Ausdruckszusammenhang botanisch-wissenschaftlicher Abhandlungen über diese Pflanzen. Oder der Rembrandtsaal im Berliner Kaiser-Friedrich-Museum, sein Reichtum begegnend in einer Stunde reinen künstlerischen Genusses – und derselbe Ausschnitt von Lebensbegegnissen in einer kunsthistorischen Monographie über Rembrandt. Oder eine schlichte Choralmesse in der benediktinischen Liturgie im Kloster Beuron – und ein theologisch-wissenschaftlicher Traktat über das Meßopfer.

Faktisches – in seiner eigenen Richtung und in seinem eigenen Stil, in seiner eigenen Rhythmik – *lebensweltwärts* verlaufendes Leben ist in die Tendenz wissenschaftlichen Erkanntwerdens genommen. Das besagt von den Wissenschaften her gesehen: Sie lassen sich für den Ansatz, Einsatz und den Vollzug und die Weise des Vollzugs ihres methodisch-erkennenden Verhaltens und Leistens *einen gewissen Boden vorgeben*; sie entwachsen einer faktischen Lebenswelt und der lebendigen Mannigfaltigkeit des in ihr dem faktischen Leben Begegnenden.

Ein konkreter Erfahrungsboden, der dem faktischen Leben ständig zuwächst, ist da. »Ist da«, d. h. das faktische Leben konstatiert nicht erst das Dasein, sondern es selbst ist und lebt erfahrend in einer Welt. Gewisse Weltausschnitte oder ganz vereinzelte Momente können Motiv werden dafür, die betreffende Lebenswelt in bestimmter Weise zu bearbeiten, in eine neue Gestalt zu bringen [heißt zugleich: in eine neue Weise des Zugänglichwerdens für das Leben] – bearbeiten mit bestimmten wissenschaftlichen, begrifflich-methodischen Mitteln, so daß man sagen kann: *Die Wissenschaft ist die konkrete Logik ihres einem bestimmten Erfahrungsboden in bestimmter Weise und Stufung entwachsenden Sachgebietes. Sachgebiet* – das ihr selbst vorgegeben in Reinheit zunächst aus der bestimmten Formung einer im faktischen Leben begegnenden und in ihren eigenen Gestaltformen sich vielleicht abhebenden Lebenswelt.

Es sind jetzt – in der Rede über Wissenschaften – neue Begriffe eingeflossen: »Erfahrungsboden«, »Sachgebiet«, »konkrete Logik«. Es gilt, ein *Vor*verständnis ihres Bedeutungsgehaltes zu gewinnen. Indem wir solches zu erreichen suchen, machen wir zugleich klarer, was heißt: Wissenschaft ist ein Bekundungszusammenhang eines faktischen Lebensgebietes.

Ein Bekundungszusammenhang bekundet »in« seinem eigenen Gehalt *etwas*. In jeder Wissenschaft kommt etwas, ein bestimmtes Gebiet, zur Bearbeitung und Darstellung. Das, was die Wissenschaft ausdrücken soll, dem muß sie als einem noch nicht wissenschaftlich Ausgedrückten in irgendeiner Weise begegnen können. (Bedeutsam für die Ursprungswissenschaft.) Es muß ihr gegenübertreten, muß für sie faßbar werden und zwar *als* etwas, das die Möglichkeit, in einen wissenschaftlichen Bekundungszusammenhang einzugehen, selbst in sich trägt. Es muß ihr in nicht wissenschaftlicher Weise im faktischen Leben begegnen.

b) Erfahrung in ihren verschiedenen Modifikationen

Die Tatsache nun, daß wir – jeder in seinem faktischen Leben dem und dem begegnet oder daß ihm das und das Begegnen »zustößt«, daß er das und das kennenlernt, das ihm Eindruck macht, ihn umwirft, daß er »einem anderen Menschen verfällt«, bezeichnen wir als »er-fahren«, auf der Fahrt des Lebens erringen, antreffen, und das in verschiedenen Modifikationen desjenigen, *in dessen faktischen Verlauf* sich eine Welt, die Umwelt und jede Lebenswelt aufbaut. Das Erfahren oder die *Erfahrung* – die substantivische Bezeichnung meint meist noch etwas anderes mit, nicht nur das faktische Begegnen als solches, sondern auch das ist mitgemeint, *dem* begegnet wird. Religiöse Erfahrung, praktische Erfahrung, politische Erfahrung – letzteres z. B. und auch die anderen Bezeichnungen besagen nicht nur: es ist mir Politik, politisches Leben irgendwo und -wann begegnet, ich habe es zur Kenntnis genommen, sondern: das und gerade *das, was* ich da bei jener Gelegenheit erfahren habe, das als so und so Erfahrene ist irgendwie in mein Selbstleben eingegangen – diese *Erfahrung* (was meiner Selbstwelt eingeht, wovon ich weiß, was mir verfügbar ist, worauf ich zurückgreifen, was ich verwenden kann).

Wir wollen diesem Wort die Doppelheit der Bedeutung absichtlich belassen. Alle Auswirkung faktischen Lebens, d. h. der Tendenzen, in denen dem Leben selbst *etwas* begegnet, und alle faktischen Weisen der Erfüllung solcher können wir bezeichnen als *erfahrene*. Man spricht geradezu von Lebenserfahrung. (Meist allerdings in einem bestimmt betonten Sinne, den wir nicht mitverstehen wollen; wenn ja, dann sprechen wir von spezifisch *praktischer* Lebenserfahrung.) Er-fahrung als Eingehen, Aneignen; Erfahrenes ist solches im Charakter der Verfügbarkeit, des ausdrücklichen, spontanen, nicht lediglich konstatierend festgestellten, frei ins Werk gesetzten, oder des passiven, des mir wieder Begegnenkönnens, das passive sich zur Verfügung geben. (Merkwürdiger phänomenaler Zusammenhang von Motivationen.) Man spricht dann auch von Erfahrung in einem gesteigerten Sinne – religiöse Erfahrung: Betroffen- und Getroffensein im innersten Selbst. Das Erfahrene ist dann nicht nur verfügbar, das Selbst »ist« es geradezu selbst.

Im faktischen Leben sind die Erfahrungen mannigfaltig durcheinanderlaufend, bald aus jener Lebenswelt herkommend, bald aus dieser, sich verschlingend, umbildend, verwachsend – unter den Verfügbarkeiten hin und her und darüber hinweg zu anderem laufende Motivationen, in einen Zusammenhang tretend, der bestimmt wird durch den faktischen Ablauf jedes einzelnen faktischen Lebens oder, in der Zugespitztheit gesehen, im Durchdringungs- und Motivationszusammenhang der Selbstwelt und ihres historischen Ablaufes.

Das, was Sie erfahrend jetzt in dieser Vorlesung hören, den Bericht von einem Raubmord in Berlin, den Sie nachher vielleicht in der Lesehalle zeitunglesend erfahren, das Abendbrot, das Sie, erfahrend, zu sich nehmen, worüber Sie vielleicht erfahrenderweise sehr befriedigt sind: all dies Erfahrene als solches nach seinem jeweiligen Was-Charakter steht außer inhaltlichem Zusammenhang und doch in einem Zusammenhang, insofern es Erfahrungen sind im einheitlichen Zuge Ihres faktischen Lebens.

Erfahrungszusammenhang – Verfügbarkeiten: jede für die andere, und das wieder in verschiedenen Weisen; daraus besondere betont, bevorzugt. *Habitus* – Weise des Re-agierens von passiv (nicht spontan) wirkenden Tendenzen, die aus den Verfügbarkeiten entwachsen, so oder so. Der Zusammenhang des so Erfahrenen ist, *als bestimmt* von besonderen Motivationsverläufen eines Selbstlebens, ein Durcheinanderstreben und Wiederkehren von Tendenzen. Das Erfahrene hat einen merkwürdigen Charakter des Gemischten, des Vielerlei, des Gesprenkelten, doch nicht unter einem mehr oder minder scharfen Hervortreten eines Musters – [ich möchte diesen Aspekt bezeichnen mit der Aufschrift, die Stefan George, der so stark unmittelbar sehen kann, einem seiner Gedichtbände gegeben hat: Der »Teppich« des Lebens].

c) Der Erfahrungsboden der Wissenschaft

Das ist aber noch nicht das, was wir *Erfahrungsboden* nennen (faktischer Erfahrungszusammenhang eines faktischen Lebens). Um diesen zu erreichen in seiner nackten Gleichartigkeit, muß gleichsam – um im Bilde zu bleiben – der Teppich weggezogen werden, d. h. es muß sich bereiten ein Zusammenhang, der sich bestimmt aus einer inhaltlichen Zusammengehörigkeit des Erfahrenen als solchen, so daß sich aus diesem Erfahrungsboden ein einheitlicher Sachcharakter herausheben kann, durch den sich ein Sachgebiet für eine Wissenschaft bestimmen läßt. Dieser Prozeß der Bereitung des sacheinheitlichen Erfahrungsbodens ist sehr verwickelt und er ist bei jeder Wissenschaft und im Ausgang von jedem faktischen Lebensgebiet von anderer Struktur und Stufenfolge der theoretischen Schritte.

Diese Bereitung des Erfahrungsbodens, der Prozeß der Beistellung eines möglichen Sachgebietes, kann sich selbst nur vollziehen *in* der Tendenz der zu etablierenden Wissenschaft selbst, und diese Tendenz ist in ihrem Was und Wie selbst wieder nur möglich als echt motiviert von der Lebenswelt her, aus der in ihrer eigenen Perspektive das reine Sachgebiet sich abhebt.

Verfügbarkeiten sind jetzt nicht mehr in der lebendigen innersten Tendenz des Habitus einer Selbstwelt. Es werden die persönlichen Beziehungen zu ihnen abgebrochen. Meine Selbstwelt und ihre reichen Bezugsmöglichkeiten rücken von ihnen ab, d. h. der Sinn von verfügbar verarmt und erweitert sich zugleich in

einer anderen Richtung selbst; als in abgebrochener Beziehung stehend sind sie dadurch in der Möglichkeit einer neuen Verfügbarkeit. Der Charakter der Verfügbarkeit überhaupt bleibt erhalten. (Das Abrücken als phänomenaler Erlebnis-[intentionaler]Charakter ist immer zugleich Sinngebung.) Es ist in diesem Phänomen ein ganz eigentümlicher und schwieriger Charakter. Worin gründet die Möglichkeit solcher? Daß die Verfügbarkeit nun hier allemal im Erleben verhaftet ist.
Erfahrungsboden besagt: die Verfügbarkeiten in ihrer der Selbstweltbezüge entblößten Bereitschaft zur Betreffbarkeit *von* neuen Tendenzen. Mit dem Einsatz dieser beginnt die Ausformung des Erfahrenen als eigentlichem *Sachgebiet* – gilt im eminenten Sinne für die Phänomenologie. Die unberührten Verfügbarkeiten der faktischen Lebenserfahrung tragen also gleichsam potentiell bei sich diese Bereitschaft. Diese kann in abgehobenen Stellen der Lebenserfahrung isoliert einmal durchbrechen und motivieren die Auslösung einer umfassenden Formungstendenz!![1]

Die Bereitung des Erfahrungsbodens für eine Wissenschaft muß nun noch von einer anderen Seite gesehen werden. Stellt man sich in die Tendenz einer Wissenschaft und ihrer Methodik, ein bestimmtes Lebensgebiet in ihren eigenen Ausdruckszusammenhang eingehen zu lassen, *es* zu bearbeiten, so *muß* diese Lebenswelt in irgendeiner Weise der Wissenschaft selbst *vorgegeben* sein. Wohl hebt sich allererst durch Ins-Werk-Treten des wissenschaftlichen Ausdrückens und begrifflichen Gestaltens der Erfahrungsboden ab, und es bereitet sich allererst, faktisch in oft langen und schwierigen Perioden der Entwicklung der Wissenschaften, die Schaffung des einen und echten Sachgebietes durch die Wissenschaft selbst vor. *Sie gibt sich selbst* in diesem Sinne den Erfahrungsboden und das Sachgebiet, und doch wird ihr all das letztlich *vorgegeben*. Denn die

[1] Vgl. Anhang B/I., Ergänzung 5, S. 206–210.

Wissenschaft gibt sich[2] nur die Charakterisierung *als* Erfahrungsboden, *als* Sachgebiet, welche Charakterisierung eine faktische Lebenswelt betrifft. Diese selbst kann sich die Wissenschaft als solche *nie geben*. Heißt? Sie muß ihr vorgegeben werden.

Es kündigen sich hier schon, von anderem wichtigen abgesehen, bereits zwei bedeutsame Bedeutungsunterschiede an, die das Wort Gegebenheit betreffen kann: »Gegebenheit« – »Vorgabe«. Problem der Gegebenheit: 1) eine Gegebenheit, die in bestimmtem Sinne der Leistung der Wissenschaft erwächst; 2) eine Gegebenheit, die dieser Leistung und ihrem möglichen Einsatz sinnotwendig *vorgegeben* ist. – (Rickerts Kategorie der »Gegebenheit«)

Was das heißt, wie so etwas möglich ist, in welchen notwendigen Prozessen welchen Verhaltens es sich vollzieht, welchen Charakter das Resultat solcher Prozesse hat, das sind große Probleme der phänomenologischen Forschung – und zugleich von der größten Tragweite sowohl für die künftige echte Entwicklung der Wissenschaften ebenso wie für eine echte geisteswissenschaftliche Erforschung der Geschichte der Wissenschaften.

Abgesehen von der in sich geschlossenen Bedeutung des Problems der Gegebenheit hat es in dem Zusammenhang unserer Betrachtungen eine entscheidende Bedeutung. Denn was hier für Wissenschaft überhaupt als ein besonderer, in sich und auf sich gestellter Bekundungszusammenhang gilt, gilt vielleicht auch für die Phänomenologie als Ursprungswissenschaft, nur daß hier das Problem der Vorgabe in ganz eigentümlicher Weise sich gestaltet, und es nicht angeht, die Problemlage der faktischen Einzelwissenschaft einfach zu übertragen. Aber es zeigt sich schon an, daß hier Fragen berührt sind (Erfahrungsboden), die über jede faktische Zufälligkeit hinausgreifen.[3]

[2] vollzieht sie *an*

[3] Nicht Deduktion – denn wir stehen noch bei faktischen Festsetzungen, auch wenn schon weiter: Deduktionsrecht nicht evident –, sondern Anweisung

§ 16. Wissenschaft als konkrete Logik eines Sachgebietes

Bevor wir dieses in Angriff nehmen, soll die Betrachtung der Wissenschaft als Bekundungszusammenhang zu Ende geführt werden. Wir sagten: Wissenschaft ist jeweils die *konkrete Logik* eines aus einem Erfahrungsboden herausgehobenen Sachgebiets. Es bedarf noch der ersten Aufhellung des Ausdrucks *»konkrete Logik«*. Eine erste, rohe Aufhellung, dann eine streng phänomenologische Klärung und der strenge Verfolg aller hier sich aufdrängenden Strukturen sind noch Aufgaben der Forschung, wozu in dieser Vorlesung nur ein verschwindender Beitrag geleistet werden soll.

»Logik« – zunächst eine kurze Anweisung darüber, was *nicht* gemeint ist mit dem Ausdruck. Logik – darunter wird gemeinhin verstanden: Lehre vom Denken; eine geordnete Zusammenstellung von Sätzen und Regeln des richtigen geordneten Denkverlaufs[1]; Anleitungen, wie man definieren soll, wie sich Schlußfolgerungen zu vollziehen haben, wie man die Sätze der Identität, des Widerspruchs, den Satz vom Grunde, vom ausgeschlossenen Dritten als Normgesetze des Denkens zu beachten hat –, also Logik eine praktische Disziplin, Disziplin von und über praktisches Denkverhalten – Kunstlehre des Denkens. Diese Auffassung der Logik ist eine sehr äußerliche und im Grunde unwissenschaftliche.

Warum soll denn so und so nach den und den Gesetzen gedacht werden? Was heißt denn Denken? Was heißt Gesetz des Denkens? Denkgesetze: für die einen *Tatsachengesetze*, gewonnen in der inneren psychologischen Erfahrung (Lipps in der 1. Periode), für die anderen *Normgesetze* (Windelband, Rickert). Was heißt Norm? Worin bestehen diese Normen? Mit welchem

aus dem Faktischen her, zur echten sachlichen Prüfung selbst. Vielleicht ist es auch anders.

[1] Praktische Kunstlehre des Denkens – erhebt die Frage nach den Denkgesetzen und ihrer Begründung (abgesehen von der praktischen Befolgung).

Recht geben sie sich als solche? Worauf gründen diese ›Sollensgesetze‹ wahren Denkens? Ich soll so denken, sagt man, weil die Wahrheit eine ›*Norm*‹ für mich ist, darnach ich mich zu richten habe, wenn ich zu haltbaren Erkenntnissen kommen soll. Und warum ist Wahrheit eine ›Norm‹ und nicht die Falschheit? Weil Wahrheit ein Wert ist. Und warum ist Wahrheit ein *Wert*? Die Philosophie von den Werten, die Wertphilosophie als Wissenschaft von den allgemeingültigen Werten gibt darauf keine Antwort, noch weniger darüber, was das heißt: »Wert« – *wie ich Werte erfahren und von ihnen wissen kann.* (Wie wird Werterfahren zu Wert*wissen*?) Trotzdem liegt ungesehen in der Tendenz der Wertphilosophie etwas Echtes.

Inwiefern soll aus dem *Wertcharakter* der Wahrheit folgen, daß der Satz vom Widerspruch befolgt werden muß? Das folgt nicht aus dem *Wert*charakter als solchem. Denn Schönheit soll ja auch ein *Wert* sein, und warum ist nicht unter dessen Normgesetzen der Satz des Widerspruchs? Das liegt nicht am Wert, sondern an dem Wert *Wahrheit*. Also ist das Entscheidende, zu erfahren, was Wahrheit bedeutet und ob mit ihrem Sinn die Forderung, wie sie im Satz des Widerspruchs formuliert werden kann, notwendig mitgegeben ist. Daß ich von *Werten rede*, ist ganz akzessorisch und hilft für die Aufklärung der eigentlichen Probleme nichts.

Was heißt nun Wahrheit? Wahrheit, sagt man, ist eine Bestimmung, die »Urteilen«, »Erkenntnissen«, »Sätzen« zukommt oder nicht. Ein Urteil ist wahr oder falsch, und es ist wahr, wenn es mit dem Gegenstand, nach dem es sich richtet, übereinstimmt. Was heißt: sich richten nach einem Gegenstand? Und was heißt: Gegenstand? Etwas überhaupt. Etwas ist Gott, etwas ist dieses Katheder, etwas ist eine Beethovensche Symphonie, etwas ist ein Taschenmesser, etwas ist ein mathematischer Satz, etwas ist der Universitätsdiener, etwas sind Schriftzeichen auf einem Papyrusfetzen, etwas ist der Tiefstand der Valuta. Ein Etwas, ein anderes Etwas; das Eine, das Andere; das Eine und das Andere – »und«; das Eine oder das Andere –

»oder«; weder das Eine noch das Andere – »weder noch«; das Eine und das Andere und das und das – »einige«, »mehrere«, »alle«. Was sind das für merkwürdige leere und doch so absolut klare Bestimmtheiten und Bestimmungszusammenhänge, in denen das Etwas überhaupt als solches stehen kann und notwendig steht? Logik – Wissenschaft von den Gegenstandsbestimmtheiten überhaupt und als solchen, aufgrund deren erst alle Rede von Gegenstandsdenken und -gesetzen des richtigen, sich richtenden Denkens Sinn hat. Logik des Gegenstandes überhaupt – die leere und doch so eminent reiche Logik – weiter Problem phänomenologisch-noetischer Betrachtung.

Und »Konkrete Logik«? Logik, insofern es sich handelt um Bestimmtheiten von Gegenständen, Gegenstands- und Sachverhalten – Sachverhaltszusammenhänge, die nun, als solche einer »konkreten« Logik, bestimmt sind durch die sachhaltige konkrete Fülle des durch den Erfahrungsboden vermittelten Sachgebietes.

Zur konkreten Logik gehört all das, was und wie es sich konkret und faktisch ansetzt an die Sachbereitschaft der erfahrenen Verfügbarkeiten – Strukturformen, die selbst wieder noch durchherrscht sind in eigener Weise von den formalen Strukturen.

Die Gegenstandsformen und Strukturen selbst sind konkrete, nur aus dem Sachgebiet selbst entwachsende, von ihm her motivierte, so sehr, daß auch die eigentliche Grundtendenz der Wissenschaften von einem Grundmotiv des betreffenden Sachgebiets sich herleitet. Die konkrete Logik eines Sachgebiets ist wissenschaftlich-theoretischer Ausdruck eines Erfahrungsbodens, als solcher sachlich gebunden. Die Weise und Struktur der Begriffsbildung ist vorgezeichnet durch den Sinn des Sachgebietes. Dieses selbst zeichnet auch vor die Weise des Begründens und Beweisens, die Gestalten, in denen überhaupt Sachverhalte des Gebietes sich ausweisen, erfaßbar werden – vorgezeichnet der Stil und Typus der konkreten Erfaßbarkeit als solcher.

Konkrete Logik – nicht Wissenschaft *von* den Strukturformen, sondern Wissenschaft, in der sich, durch die sich in bestimmten Weisen der Anmessung an Sachgebiete die Strukturformen erst konkretisieren, zu Gestalt kommen, ohne daß ihre Gestalthaftigkeit selbst beachtet zu werden braucht.[2]

Wissenschaft, konkrete Logik, schafft die Konkretion eines Sachgebietes in seiner theoretischen Struktur – eine merkwürdige Produktivität; nicht nur im Sinne einer Erschließung neuer Inhalte, sondern *Struktur*formen *erwachsen*:

1. Strukturformen der Sachverhalte;
2. Strukturformen der Begriffe;
3. Strukturformen des Begründungszusammenhangs;
4. Strukturformen der Ausweisung der Giltigkeit;
5. Strukturformen der typischen und letzten Erfaßbarkeit des so produktiv Herausgestellten.[3]

[»Quelle«, »Datum«, »historische Datierung«, »Echtheit«, »Erklärbarkeit des Traditionszusammenhangs« sind *Strukturformen des historischen Verstehens*.]

§ 17. Wissenschaft und ihr Bezug auf die Selbstweltsituationen als Tendenz der Entlebung der Lebenswelten

Mit der Beachtung der drei Momente: Bereitung des Erfahrungsbodens, Ausformung eines Sachgebietes, Ausbildung und Stabilisierung von echten Stücken konkreter Logik, gewinnen wir bereits einen konkreten Aspekt des Prozesses und seiner (rohesten) Etappen, durch den eine Lebenswelt oder ein Ausschnitt einer solchen in den Ausdruckszusammenhang »Wissenschaft« eingeht.

[2] *Schärfer noch scheiden:* 1. *formale Struktur*, 2. Strukturbetreffbarkeit der *selbstweltlichen* Verfügbarbeiten.

[3] *unklar!*
| 1. a) Gegenstandssphäre, b) noetisches Korrelat;
| 2. *Schicht* des Ausdrucks und Sinn des Apophantischen;
| 3. *Problem des Rechts*, der Ausweisung, der Zugänglichkeit überhaupt;

dann ins Genuine und von da originär geschöpft!!

Es gilt nun noch, *diese* Stufen und Momente der apriorischen Genesis des Ausdruckszusammenhangs »Wissenschaft« in bereits bestimmte Perspektiven zu stellen, in die sie – selbst Tendenzen faktischen, hier forschenden, wissen-schaffenden Lebens – vielleicht notwendig hineingehören. Wir beachten das Phänomen der Zugespitztheit faktischen Lebens auf die Selbstwelt zugleich mit der Möglichkeit, daß diese Zugespitztheit überall, auch da, wo sie nicht ausdrücklich beachtet ist, am Werke ist. *Mit jedem »Irgendwie« der Bekundung und des Bekundetseins ist mitgegeben eine Situation der oder einer Selbstwelt.* Das ist für uns eine Anweisung, faktisch hinzusehen, ob dieser merkwürdige Wechselbezug zwischen dem Irgendwie der Bekundung und einer Selbstweltsituation auch bei den Bekundungsgestalten und -stufen der »Wissenschaft« antreffbar ist.

Vergegenwärtigen wir uns die drei konkreten Beispiele:

1. die blumige Wiese am Maimorgen und botanisch-wissenschaftliche Abhandlungen *darüber*;

2. Rembrandtbilder, gegenwärtig im lebendigen aesthetischen Genuß und kunstgeschichtliche Untersuchung *darüber* (z. B. über ihr chronologisches Verhältnis);

3. eine Choralmesse, der wir beiwohnen, und ein theologisch-dogmatischer Traktat *darüber*.

In dem jeweiligen »darüber« kündigt sich an, daß auch in den wissenschaftlichen Ausdruckszusammenhang etwas von der nichtwissenschaftlich sich kundgebenden Lebenswelt eingeht. Dieses identische Etwas steht aber beidemal in einem anderen Bezug zur Selbstwelt und ihrer Situation. Wir stellen lediglich faktisch fest: Es ist mir in der nichtwissenschaftlich bekundeten Lebenswelt »anders zumute« als in dem ebendieselbe neu ausdrückenden Bekundungszusammenhang »Wissenschaft«. Ein verschiedenes Zumute-sein (es ist mir *anders* zumute) – verschiedene Situationen; in der Verschiedenheit der Situationen doch zugleich eine Gemeinsamkeit, insofern die Tendenzen, die von beiden auslaufen, solche sind, die in die faktische Welt hineintendieren. Die *Zugrichtung des faktischen*

Lebens bleibt in beiden Situationen identisch dieselbe. *Also dazwischen offenbar ein Prozeß der Situationsumbildung.* Also im Bezug zu den genannten Stufen: Bereitung des Erfahrungsbodens, Ausformung des Sachgebietes und damit Schaffung konkreter Logik – ein Wandel der Situation der Selbstwelt. Wie diesen Prozessen streng methodisch nahezukommen ist, was überhaupt in dem liegt, was wir »Situation« nennen, davon wissen wir noch nichts.

Faktisch begegnet uns nur bei der rohen Ansicht einer Selbst-Situation, die im Bezug steht zu einem wissenschaftlichen Ausdruckszusammenhang: daß da eigentlich von einem Zumutesein gar nicht mehr gesprochen werden kann, ja daß die Selbstwelt überhaupt keine Rolle mehr spielt. Denn im faktisch verstandenen Sinne eines wissenschaftlichen Ausdruckszusammenhangs liegt es, daß er »objektiv gilt«, d. h. situationsmäßig gesehen, daß jeder Bezug zu einer eigenen Selbstwelt nicht mehr besteht und bestehen darf. Wir sprechen davon, daß ein wissenschaftlicher Mensch unbedingte Sachlichkeit pflegen muß, die allerdings nicht ausschließt schärfste Kampfstellung und Kritik, wogegen alles Nivellieren und ironische Verwischen von Gegensätzen die Wissenschaften jedesmal auf den Hund bringt. Schärfste wissenschaftliche Gegnerschaft und echteste persönliche Hochschätzung können und müssen in einem wissenschaftlichen Selbstleben in eins lebendig sein. (Etwas, was seine tiefen Rätsel hat.)

All die reichen Bezüge zur Selbstwelt sind unterbrochen: im wissenschaftlichen Ausdruckszusammenhang ist das lebendige, fließende Leben »irgendwie« erstarrt [oder steht in einer ganz anderen Form des Lebens].

Faktische Lebenswelten und ihr Reichtum gehen in den wissenschaftlichen Bekundungszusammenhang ein, verlieren aber doch gerade das spezifisch Lebendige und treten aus den Möglichkeiten heraus, um- und selbstweltlich zugänglich zu werden. *Lebenswelten werden durch die Wissenschaft in eine Tendenz der Entlebung genommen* und damit das faktische Leben gerade der eigentlichen lebendigen Möglichkeit seines faktisch lebendigen Vollzugs beraubt. Was uns als das Drängende, Spannende, Fragwürdige und sich immer doch Erfüllende und von einem Reichtum in den anderen Überströmende und der Selbstwelt in unvergleichbarer Weise entspringend und auf sie einströmend ergab, all das ist ausgelöscht, nivelliert zu einem vielleicht noch vielgestaltigen Sachgebiet, aber ohne die Rhythmik und den Zusammenhangscharakter eines lebendigen Lebens.

Das Problem des wissenschaftlichen Zugangs zum Ursprungsgebiet des Lebens und überhaupt der Sinn von Wissenschaft als Ausdruckszusammenhang und der Aspekt des faktischen Lebens sind näher gebracht. Wir haben in faktischer Orientierung erfahren, im ungefähr allerdings nur und im Vorläufigen, wie Wissenschaft aussieht, in welchen Prozessen sie das faktische Leben in ihren eigenen Ausdruck nimmt.

§ 18. Schwierigkeiten mit der Idee der Phänomenologie als Ursprungswissenschaft vom Leben an sich

Bei der immer schärferen Fassung des Ausdruckszusammenhangs Wissenschaft und vor allem bei der Beachtung seines Bezugs auf Selbstweltsituationen hat sich aber zugleich die Fraglichkeit unseres Vorhabens gesteigert: ob denn Wissenschaft überhaupt Leben erfassen und ausdrücken kann, so daß Leben in seiner Lebendigkeit unangetastet und adaequat zum Ausdruck kommt, so daß man jetzt schon fragen könnte, ob nicht die Idee der Phänomenologie als Ursprungs*wissenschaft* vom Leben – als radikalste und strengste Wissenschaft – in sich selbst widersinnig ist, insofern doch radikalste und strengste Wissenschaft vom Leben am radikalsten das Leben in die Tendenz *objektivierender* wissenschaftlicher *Entlebung* nehmen muß, am radikalsten und rücksichtslosesten alle lebendigen Bezüge unterbinden muß, so daß die Frage besteht, was es überhaupt noch für einen möglichen Sinn hat, von einer Wissenschaft des Lebens zu sprechen. Aber selbst wenn die Idee der Phänomenologie als urwissenschaftlicher Bekundungszusammenhang des Lebens nicht von vornherein widersinnig wäre, so muß doch ihre Ausführung und Realisierung auf nicht zu beseitigende und prinzipiell nicht zu beseitigende Widerstände stoßen.

Wissenschaft entwächst selbst dem faktischen Leben und bedarf schon für den ersten Ansatz ihrer Bekundungs*aufgabe* einer Vorgabe faktischen Lebens. Wissenschaft tritt in notwendigen Bezug zur nichtwissenschaftlich zugänglichen Lebenswelt.

Phänomenologie soll sein Ursprungswissenschaft vom Leben an sich, also nicht von diesem oder jenem faktischen Ausschnitt einer Lebenswelt, sondern vom Leben an sich. Wie soll dafür der Erfahrungsboden bereitet werden, wo doch immer nur bestimmte Ausschnitte des faktischen Lebens, bestimmte Phasen seiner, und all das wiederum nur in bestimmten faktischen Aspekten, erfahrbar wird?

Also noch ganz abgesehen davon, *in welcher Weise* faktisches Leben für phänomenologische Problematik vorgegeben werden soll, was vorgebbar ist, ist immer nur ein begrenzter Ausschnitt des Lebens in einem vereinzelten Aspekt, und auch die reichste Anhäufung solcher Erfahrungen und die vollkommenste Beistellung von Aspekten wäre prinzipiell überschreitbar. Das faktische Leben ist in dem Moment, wo ich es in seinem ganzen Ablauf und in seinem ganzen Reichtum von Tendenzen habe, schon weiter, so daß sich das faktische Leben in seinen Erfahrungen nie einholt, daß es selbst sich erfahrend immer hinter sich herläuft. Für eine strenge Ursprungswissenschaft vom Leben, die doch einen echten Erfahrungsboden braucht, eine hoffnungslose Aussicht, abgesehen von der eigensten Widersinnigkeit ihrer Idee.

Also die Idee einer Wissenschaft vom Leben ein Widersinn – und zugleich Wissenschaft vom Leben an sich? Das Leben irgendwie als Ganzes faktisch nicht faßbar, einmal insofern es immer und notwendig sich gibt in diesem einen und nicht in jenem anderen, oder in jenem anderen, dann nicht in diesem einen Aspekt; und auch alle Aspekte, annahmeweise erfaßt, bleiben hinter dem Reichtum des bereits inzwischen weiter gestürmten Lebens zurück.

Zur Widersinnigkeit der Idee einer Wissenschaft vom Leben und zur faktischen Unausführbarkeit gesellt sich als Drittes die Überflüssigkeit einer solchen Wissenschaft, denn wir sehen ja gerade aus den bisherigen Betrachtungen – was mit die Absicht war zu zeigen, was aber bis jetzt nicht ausdrücklich betont wurde –, daß faktisch das ganze Leben und seine antreffbaren Lebenswelten und Tendenzen wissenschaftlicher Betrachtung unterliegen und sogar so, daß sich gerade aus der denkbar echtesten und verständnisvollsten Anschmiegung an die verschiedenen Lebenswelten ganz verschiedene Wissenschaften ergeben: *konkrete* Logiken – in den nicht zusammenbringbaren typischen Ausformungen wie mathematischer Physik etwa und Kunstgeschichte, Chemie und Religionswissenschaft.

Wozu also noch eine gleichsam indifferente, sich mehr und mehr entfernende Wissenschaft vom faktischen Leben an sich, behaftet mit allen prinzipiellen Fragwürdigkeiten und schließlich gezwungen, die Resultate der sachlichen Einzelwissenschaften aufzunehmen?

Idee der Ursprungswissenschaft vom Leben: 1. ihre vermeintliche Widersinnigkeit; 2. ihre faktische Unausführbarkeit; 3. ihre Überflüssigkeit – *Argumentation aus dem Faktischen*!!

Wissenschaft vom Leben – dieses also irgendwie vorgegeben, sofern die Ursprungswissenschaft überhaupt etwas und wissenschaftlich ausdrücken soll. Der nächste Gegenstand ist das faktische Leben selbst. Wie gewinnen wir aus ihm den Erfahrungsboden für die Ursprungswissenschaft? Erfahrungsboden ist solcher immer *»für«* eine Wissenschaft. Die Weise seiner Bereitung bestimmt sich aus deren Idee und diese ihrerseits soll doch motiviert sein aus dem Grundsinn des zu bearbeitenden

Gebietes. Nochmal zurückgreifen auf das Problem der Gegebenheit – die Möglichkeit der Bereitung des Erfahrungsbodens nur in der Tendenz einer Wissenschaft, ihrer *Idee*, die selbst wieder geschöpft sein muß aus dem nichtwissenschaftlich Erfahrbaren.[1]

§ 19. Ein Grundproblem der Phänomenologie: die Zugänglichkeit des Ursprungsgebietes vom faktischen Leben aus[1]

a) Die leitende Tendenz: das Verstehen des Lebens aus seinem Ursprung

Die Idee der Phänomenologie ist: Ursprungswissenschaft vom Leben. Das faktische Leben selbst und die unendliche Fülle der in ihm gelebten Welten soll nicht erforscht werden, sondern das Leben *als entspringend*, als aus einem Ursprung hervorgehend. Also leitend ist die Tendenz des Verstehens des Lebens *aus* seinem Ursprung, und diese Tendenz ist bestimmend für die Weise der Bereitung des Erfahrungsbodens und der Ausformung des evidenten Objekt- und Sachgebietes. Sofern also *nicht* das Ziel der Ursprungswissenschaft ist, lediglich das faktische Leben und seine Welten und Weltgehalte nach deren Wasbestimmtheiten und Zusammenhängen zu erfassen, in der faktischen Lebensrichtung stehend, in seinem Fluß mitgehend sich in seinen Welten wissenschaftlich erkennend zu bewegen, kommt die Ursprungswissenschaft nicht in Konflikt mit den Einzelwissenschaften, sie redet ihnen nicht ins Handwerk. Sofern sie also, die Ursprungswissenschaft, in einer *anderen* Tendenz dem Leben und seinen Lebenswelten gegenüber lebt als die Einzelwissenschaften, ist sie *nicht* überflüssig, keine bloße verbessernde

[1] Vgl. Anhang B/I., Ergänzung 6, S. 210.
[1] Vgl. Anhang A/II., Beilage 6, S. 173–180.

oder summierende und sammelnd verallgemeinernde Gesamtwissenschaft.

Sofern sie als Ursprungswissenschaft *nicht* auf das faktische Leben und seine Gehalte als solche eingestellt ist, sie also nicht wissenschaftlich ausdrücken will im Sinne einer genuinen theoretischen Darstellung, Objektivierung ihrer, kann der Erfahrungsboden und das Gegenstandsgebiet auch nicht *aus* dem faktischen Leben gewonnen *und in* seinen Charakterisierungen genommen werden.

Das faktische Leben braucht den Erfahrungsboden nicht zu bieten als aus ihm und seinen gelebten Weltgehalten bietbar, d. h. es entfällt damit die faktisch unausführbare Aufgabe, das faktische Leben in der Totalität seiner Gehalte erfahrungsmäßig verfügbar zu machen als Ansatzmöglichkeit für eine Erfahrungsbodenbereitung. Damit entfällt auch schon die zweitgenannte Schwierigkeit. Stattdessen erhebt sich eine neue, und es steigert sich zugleich die erste Schwierigkeit. Das Leben soll ursprungswissenschaftlich als aus dem Ursprung entspringend verstanden werden.

Um das Leben also überhaupt *›als‹* entspringend aus dem Ursprung sehen zu können und *für* diese wissenschaftliche Tendenz und *in* ihr das zu bearbeitende Gegenstandsfeld zu gewinnen und systematisch zu bereiten, muß der Ursprung selbst verfügbar sein, in irgendeiner Weise zugänglich sein – zugänglich und zwar vom faktischen Leben aus, das wir selbst sind und leben. Also wenn auch selbst nicht den Erfahrungsboden hergebend, spielt das faktische Leben doch eine Rolle beim Aufbau der Ursprungswissenschaft.

Problem ist: Zugänglichkeit des Ursprungsgebietes vom faktischen Leben aus. In diesem selbst müssen also motivierende Hinweise faktisch antreffbar sein, die vordeuten in den Ursprung. [Gibt es solche im faktischen Leben, dann ist die Idee der Phänomenologie, der Ursprungswissenschaft, und damit die leitende Tendenz nicht erdacht, willkürlich erfunden, sondern es öffnet sich die Möglichkeit einer strengen Ausweisung ihres eigenen Rechts und ihrer Notwendigkeit.]

b) Der spezifische Wiegehalt des faktischen Lebens

Wir sollen Erfahrungen im faktischen Leben begegnen, deren Gehalt einen hinweisenden Charakter auf etwas zeigt; nicht so, daß das, worauf hingewiesen wird, lediglich ein anderer Erfahrungsgehalt wäre, sondern eine Auszeichnung bekundet, eine Vorzugsstellung (nicht im Sinne einer Wertung). (Vorform des Ursprungsgebietes.)

Bei dieser Umschau im faktischen Leben müssen wir möglichst voraussetzunglos vorgehen, d. h. wir dürfen nicht mit bestimmten Theorien über das Leben an es herangehen. Wir müssen uns jeder wertenden Stellungnahme zu ihm enthalten. Ich habe vielleicht persönlich eine ganz bestimmte Weltanschauung, in der die verschiedensten Lebenswelten nach bestimmten Bewertungsgesichtspunkten in eine Rangordnung gebracht sind, so daß ich das Leben auffasse als gedeutet letztlich vom Aesthetischen oder vom Ethischen oder Religiösen her oder daß ich all das naturwissenschaftlich als Illusion betrachte. Ein anderer hat eine andere Weltanschauung und Überzeugungen vom Sinn der Welt und des Lebens, gewonnen aufgrund ganz persönlicher Erfahrungen und Schicksale. Kein Satz, der solche Überzeugungen explikativ ausdrückt, kommt jetzt in Frage, etwa als Fundament, worauf wir die folgenden Erkenntnisse bezüglich ihrer Geltung gründeten. Ebensowenig werden erkenntnistheoretische Ansichten vorausgesetzt – etwa, daß die Welt faktisch ganz anders ist, als sie uns allen erscheint oder dergleichen. Alle derartigen Meinungen und Überzeugungen dürfen jetzt nicht ins Spiel treten. Wir sind lediglich Zuschauer des faktischen Lebens. Sofern wir an bestimmten Erfahrungen persönlich besonders beteiligt, in Anspruch genommen sind, bleiben diese Bezüge unterbunden, denn wir sollen ja doch ein Gegenständliches antreffen, das aus sich selbst seinem Gehalt nach Motiv wird für reine theoretische Betrachtungen im Dienste der Konstituierung einer Wissenschaft oder gar der Ursprungswissenschaft.

Da treffen wir an religiöse Lebenswelt, künstlerische, wirtschaftliche, politische – bestimmt charakterisierbare Wasgehalte, die im Leben erfahrbar sind, die jener nicht erfährt, dieser besonders intensiv; dann aus diesen Welten ausgeformte Sachgebiete, Objekte verschiedener Wissenschaften, Objekte, nach ihrem Was grundverschieden: Pflanzen, Protozoen, Infusorien, Vögel, Mineralien, elektrische Vorgänge, Kunstwerke, Staatenbildungen, Religionsentwicklung. Jedes Objektgebiet ist anders als das andere. Als Wasgehalte in reiner Sachbetrachtung ist keines dem anderen vor- und übergeordnet. Keiner dieser Wasgehalte als solcher vermag sich also für uns sachliche Zuschauer vorzudrängen, eine besondere Rolle zu spielen. Er weist auf andere hin als verschieden von ihnen, sachlich verschieden, sachlich in den und den Zusammenhängen stehend. Also geben die Wasgehalte des faktischen Lebens kein Motiv und können keines geben für den Hinweis auf etwas, das in Vorzugsstellung steht, das gar den Charakter von so etwas hätte, woraus das Leben entspringt. Aber läßt sich das ohne weiteres von den Was- und Sachgehalten dekretieren?

Man wird einwenden: Auch wenn wir alle faktisch unsere persönlichen Bezüge ganz außer Spiel setzen, wird der eine die Sachen und Wasgehalte anders sehen als andere. Und vor allem: Wir leben doch faktisch *in einer bestimmten Periode der Geistesgeschichte*, wo wir auch in reiner Sachlichkeit die Weltgehalte anders sehen. So ist auch dieses vermeintliche Ausgehen von den Wasgehalten doch relativ, mit Voraussetzungen belastet. Ebenso wie wir faktisch die Gleichgeordnetheit der Wasgehalte und das Außerstandesein ihrer, in bestimmter Hinsicht zu motivieren, feststellten, ebenso läßt sich faktisch die Relativität auch unserer Sachbetrachtung dartun.

Aber dieser Einwand aus dem Faktischen gegen Faktisches ist sowenig geeignet, unser Vorhaben zunichte zu machen, als er vielmehr gerade das in die Hand gibt, wessen wir bedürfen und zwar bedürfen als eines Faktischen: daß sowohl die Lebensgehalte nichttheoretischen Lebens wie die Wasgehalte der Sachbetrachtung immer in gewisser Weise in einem ›*Wie*‹ sich darstellen und faktisch eine Zugespitztheit auf faktisches Selbstleben einzelner, vieler, ganzer Generationen im Leben antreffbar ist, ebenso faktisch wie die Wasverschiedenheit der Sachgebiete. Diese Zugespitztheit ist kein Wasgehalt, sondern ein Wiegehalt, in dem jeder noch so verschiedene Wasgehalt stehen kann. Dieser Wiegehalt ist nicht eine Erfindung oder theoretische Abstraktion, eine Erklärungsweise, sondern etwas, was als »Gehalt« nichttheoretisch erfahrbar wird, besonders ausgeprägt in der lebendigen Begegnung mit bedeutenden Menschen: Künstlern, Forschern, Heiligen, aber auch im Benehmen jedes einzelnen in der erfahrbaren Lebenswelt, in der Geschichte, in der literarischen künstlerischen Darstellung (Shakespeares Dramen, Dostojewski). Das Leben zeigt und gibt erfahrbare Gehalte, die wir als spezifische Wiegehalte bezeichnen, weil sie, wie die Zugespitztheit, nicht an einen bestimmten Wasgehalt gebunden sind, sondern dieser in jenem steht, in der Form des ›Wie‹ sich gibt, eine faktische *Weise*, in der Erfahrungen faktisch ablaufen, eine funktionale Rhythmik, die das faktische Leben selbst ausprägt, aus sich herausdrängt. So ist dieser Wiegehalt, daß in ihm selbst gehaltsmäßig liegt ein »*Hin*weisen auf«. Wir sprechen von »Zu«-(Hin)*gespitztheit* auf die faktischen Selbstwelten und *ihre faktische Verfassung* (Anlage, Begabung, Launenhaftigkeit usf.).

c) Erste Anzeige der Selbstwelt als das gesuchte Ursprungsgebiet

Hinweis auf *Selbstwelt* – diese spielt also eine besondere Rolle; aus ihr wird der jeweilige Aspekt der erfahrenen Wasgehalte, ihr Wie, irgendwie verständlich. *Selbstwelt* – in der das faktische Leben besonders zentriert, worauf es überall und von überall her jederzeit hindrängt.

Also folgen wir der Richtung dieses faktischen Drängens, nehmen wir die Selbstwelt, das »worauf die Spitze«, das »in Vorzugsstellung« in die Betrachtung und fragen, ob nicht die Selbstwelten als solche mögliches Gegenstandsgebiet einer

Wissenschaft sein können, d. h. methodisch, ob sich aus ihnen als Selbstwelten nicht ein Erfahrungsboden gewinnen und entsprechend ein Objektgebiet ausformen läßt unter und in der Schaffung einer konkreten Logik, so daß sich am Ende unversehens ergibt, daß wir im gesuchten und vom faktischen Leben herkommend gesuchten Ursprungsgebiet stehen. Wir haben doch schon kennengelernt vortheoretische Selbstwelterfahrungen, sogar Formen ihrer Bekundung, ja solche wissenschaftlicher, historisch-biographischer. Aber dabei handelt es sich doch immer um bestimmte einzelne Selbstwelten, nicht um diese in ihrem Selbst selbst. Also läßt sich aus den Selbsterfahrungen ein Erfahrungsboden gewinnen, so daß das daraus ausgeformte Sachgebiet Selbstweltbestimmtheiten und -charaktere umfaßt – zugänglich für wissenschaftliche Erkenntnis? Frage ist: Motivierung der Idee der absoluten Ursprungs*wissenschaft* vom Leben – und zwar aus dem faktischen Leben.

Motivierung der *Ursprungs*wissenschaft und zwar Motivierung der sinnmäßigen Notwendigkeit, denn faktisch könnte der Lebensablauf sein, ohne diese Wissenschaft je zu betreiben – also Frage nach: faktisch antreffbaren Charakteren des faktischen Lebens, die in sich selbst tragen einen Hinweis auf Ursprungsgegebenheit, die die Fragestellung ermöglicht, und zwar so, daß in dem *Worauf* das faktische Leben sich zusammendrängt, irgendwie zentriert, von dort her irgendwie abhängig ist, vielleicht entspringt. Motiv muß ein solches sein, daß es in das Ursprungsgebiet selbst führt, wegweisend, so daß das Leben als aus ihm entspringend vertieft werden kann, was schließlich nur so möglich ist, daß es selbst in seiner ganzen Faktizität *in den Ursprung zurückgenommen wird.* (Ausdruckscharakter ⟷ Zugespitztheit)

›Selbstwelten‹ – diese, jene: die ganze Mitwelt ist ein bestimmt gegliederter und in bestimmter Weise erfahrbarer Zusammenhang von Selbstwelten. Ich erfahre sie, »weiß« *um* sie. Ich selbst eine Selbstwelt – Frage: Ist die Selbstwelt wissenschaftlich erfaßbar und zwar nicht als diese oder jene, sondern hinsichtlich ihrer allgemeinen Bestimmungen, hinsichtlich der

Gesetzlichkeiten der Selbstwelt. Die Idee ist solche einer *absoluten* Wissenschaft vom Leben, nicht von diesem oder jenem faktischen Einzelleben.

§ 20. Überlieferte Probleme in der erkenntnismäßigen Bemächtigung der Selbstwelt

a) Die ungelöste Verwirrung in der Bestimmung, Bedeutung und Stellung der Psychologie

Den theoretisch-wissenschaftlichen Ausdruckszusammenhang, in dem sich die Selbstwelt als solche bekundet, bezeichnen wir: Psychologie. Die Geschichte der Versuche, solche theoretisch-wissenschaftlichen Ausdruckszusammenhänge zu gewinnen, ist reich und verwickelt. Rein sinngenetisch ist die Stufenfolge der Theoretisierungsschritte aus der nichttheoretischen Lebenserfahrung keine schwierige, vielleicht bei der Selbstwelt noch in einem ausgezeichneten Sinne.

Selbstwelt: Zentrum der Lebensbezüge – also die Möglichkeit berührt, daß verschiedenartige Sachmotive »als Gesichtspunkte« der wissenschaftlichen Bearbeitung der Selbstwelt eine Rolle spielen, und zwar so, daß sie in den verschiedenen Stufen des Prozesses der Theoretisierung leitend und bestimmend einwirken.

Sofern die Selbstwelt eine Betonung hat im Leben (Zugespitztheit seiner auf Selbstwelt), ist es verständlich, daß die Wissenschaft von ihr, die Psychologie, selbst innerhalb des Bereichs der Wissenschaften eine ausgezeichnete Bedeutung hat und immer wieder beansprucht. Dafür *typisch* zwei (zunächst) belanglose Tatsachen der jüngsten Geistesgeschichte: 1. Streit um die historische Methode; 2. Streit um die experimentelle Psychologie. Diese Tatsachen zeigen nicht nur die Bedeutung der Psychologie, sondern die heute noch *ungelöste Verwirrung*, in der ihre eigene Bestimmung und Bedeutung und Stellung zu den anderen Wissenschaften sich bewegt.

1. Psychologie als Wissenschaft von Selbstwelt, dem Seelischen oder den geistigen Vorgängen (Funktionen) prätendiert, die Grundwissenschaft des Geistes und damit Grundlegung der Geisteswissenschaften zu sein.

2. Dieser Anspruch der modernen Psychologie wird von den schaffenden Historikern instinktiv gleichsam zurückgewiesen. Dabei werden sie unterstützt von der Philosophie und der Wissenschaftstheorie, besonders der Windelbands und Rickerts (Rickert, »Grenzen«[1]: Fraglichkeiten: 1. sein Begriff der Psychologie, 2. prinzipielle Theorie der Begriffsbildung, 3. auch prinzipiell nicht zentrale Problematik – dürften einer radikalen Kritik nicht standhalten, so sehr wertvolle Einzelheiten und Gesichtspunkte in der Arbeit zu Tage treten).

3. Psychologie beansprucht aber auch, Grundlage aller Wissenschaften zu sein, die doch selbst nur besondere geistige Betätigungen darstellen; besonders aus dem Gegensatz gegen die Konstruktionen der transzendentalphilosophischen Erkenntnistheorie, die die Erkenntnisprobleme lösen will, ohne sich jemals Erkennen und Erkenntnis wissenschaftlich vorher anzusehen, sondern sich einen Begriff erdenkt und im Stillen doch Anleihen macht bei einer vulgären Psychologie. Sie setzt das lebendige Erkennen voraus, studiert es aber nicht – Trost: Psychologie hat ja nichts zu tun mit Transzendentalphilosophie.

4. Dieser Anspruch wird von den einen radikal abgelehnt, und das wieder aus verschiedenen Gründen, von den anderen dahin eingeschränkt, daß zwar Psychologie noch eine philosophische Disziplin oder *Vor*wissenschaft der Philosophie ist.

Eine Krisis des Geistes, die noch keineswegs radikal und reinlich überwunden ist, aus deren prinzipieller Überwindung in handanlegender Arbeit die wissenschaftliche Philosophie in sicheren Gang kommt, ebenso wie die Geisteswissenschaften eine radikale Erneuerung erfahren.

[1] H. Rickert, Die Grenzen der naturwissenschaftlichen Begriffsbildung. 2. neu bearb. Aufl. Tübingen 1913.

Für unseren Zusammenhang ist wichtig, den Motiven dieser fast unüberwindlichen Problemverwirrung nachzugehen und so uns in den Stand zu setzen, *das* Problem rein herauszuarbeiten: die Frage der theoretisch wissenschaftlichen Erkenntnis der Selbstwelt als solcher. Aus dem Sinn dieser Problemstellung wird sich entscheiden lassen, ob wir mit unserem methodischen Unternehmen – Gewinnung des Ursprungsgebietes – am Ziel sind. Also zunächst kurze historische Orientierung über typische Tendenzen.

b) Historische Orientierung über Tendenzen der Selbstbemächtigung

Die erkenntnismäßige Bemächtigung der Selbstwelt ist lange Zeit beherrscht von metaphysischen und vor allem religiösen Motiven. Die Seele ist ein Ding-*objekt* unter anderen, aber ein solches mit bestimmter Bedeutung – Schicksal. Da, wo bereits theoretische Begriffe sich ausformen zu Zwecken der wissenschaftlichen Erkenntnis der Umwelt, des Natur- und Weltgeschehens, werden sie auch benutzt zur erkenntnismäßigen Erfassung des Seelischen. Das Schicksal der Psychologie ist nicht nur ihrem Gegenstand nach und seiner metaphysischen Bedeutung entsprechend eng verknüpft mit dem der Philosophie, sondern auch hinsichtlich der Art und Weise, wie versucht wird, die Selbstwelt zu erkennen: systematisch zu erkennen in einer Wissenschaft. Diese Verknüpftheit des jeweiligen theoretisch-wissenschaftlichen Ausdruckszusammenhangs von der Selbstwelt mit den jeweiligen geistesgeschichtlichen Situationen und ihren leitenden Tendenzen läßt sich durchverfolgen bis in die jüngste Zeit.

Aus der griechischen Philosophie sei auf charakteristische Typen hingewiesen:

Demokrit: ἐτεῆι δ'ἄτομα καὶ κενόν[2] Seelisches: rundeste, glatteste Feueratome in Bewegung; Vorform der mechanischen

[2] Demokrit, Fragment 125.

Naturauffassung und ihrer unmittelbaren Übertragung auf die Totalität des Seienden.

Plato: Ψυχῆς οὖν...; teleologische Leistungswirklichkeit; Quellgrund des Lebens; Hinordnung auf Ideen; unter diesem Aspekt auch versucht, das Seelenleben zu klassifizieren; bezeichnend: die Zuordnung von verschiedenen Ständen und Betätigungsformen zu dem Seelenleben im Bezug von Selbstwelttendenzen und Lebens- und Schaffenswelten.

Aristoteles: ἐντελέχεια ἡ πρώτη σώματος φυσικοῦ δυνάμει ζωὴν ἔχοντος[3]. Bedeutsam der Zusammenhang des Seelischen mit dem Leben im Sinne des *Organischen.*

Stoa: ethische Einstellung; praktische, moralische Lebensführung; damit eine materialistische Metaphysik.

Christentum: bereits früher erwähnt; im Mittelalter die psychologischen Grundbegriffe keine ursprünglich geschöpften, ebensowenig wie die theologischen (aristotelische, platonische, stoische Philosophie); aber neue Phänomene gesehen.

In ein entscheidendes Stadium trat das Problem der wissenschaftlichen Bearbeitung des Selbst mit dem Aufkommen der modernen Naturwissenschaften und ihrer Grundlegung durch Kepler, Galilei und Newton; leitend die Idee der Gesetzmäßigkeit der materiellen Natur; Lückenlosigkeit des Kausalzusammenhanges im Gesamtbereich vom Geschehen, das gedacht wird als Bewegung letzter Elemente.[4]

c) Die strengwissenschaftliche Erkenntnis als echtes Motiv der modernen Psychologie und seine Verkehrung ins Unechte durch Übernahme naturwissenschaftlicher Fragestellungen und Methoden

Im Absehen auf die Motive der heutigen Problemverwirrung se-

[3] Aristoteles, De anima 412 a 27f.

[4] Vgl zum Folgenden Zettel »Mechanistische Psychologie / Entwicklung der Psychologie 2f. / Psychologie allgemein 8ff.« [im Nachlaß nicht auffindbar; dürfte vom Inhalt her entsprechen: Anhang B/I., Ergänzung 7, S. 211–216.].

hen wir uns an die *faktischen* Tendenzen. Sauber herausstellen und fragen, welchem Motiv sie entwachsen, und weiter: *welches sind die echten Motive und die aus ihnen entspringenden echten Tendenzen und die echt vorgezeichneten Mittel des Vollzugs?* (Bereitung des Erfahrungsbodens, Ausformung des Sachgebiets, konkrete Logik)

Faktische Tendenz geht 1. auf die Herausstellung einer spezifisch zwar, aber möglichen einheitlichen Gesetzlichkeit des psychischen Geschehens; 2. darin liegt das Absehen auf *funktionale Bedingungskonstanten* des Geschehens (objektiv vorfindbare, erfahrbare Mannigfaltigkeiten; elementare, komplexe Vorgänge – Unterschied von »elementar« und »komplex« fließend!); 3. damit gesetzt: die Tendenz auf Herausstellung von *Elementen* des *Geschehens* und *bestimmten Formen der Gesetzlichkeit*; 4. Gesetzlichkeit des Geschehens nach dem Prinzip der Kausalität (causa aequat effectum).

Daher *Methode* [Ansetzen von Hypothesen, Zusammenfügen der möglichen Erklärungsprinzipien (induktiver Schluß von Gegebenem auf Nichtgegebenes) und daher notwendig Einfügung dieses Geschehenszusammenhangs in andere, sofern sich solche »Zuordnung« nahelegt *(Physiologie, Physik)*][5] gewonnen durch:

a) Experiment: *objektiv* festgelegte und geleitete Ordnung der Selbstbeobachtung und objektiv festnormierte Variation der Bedingungen und Gesichtspunkte der Beobachtung [›wenn – so‹]; Einteilung und Unterstützung der psychologischen Methode (Stumpf)[6];

b) *qualitative* Bestimmung, Messung;

c) *Statistik*, Gewinnung von »Regelmäßigkeiten« des Geschehens; Anzahl der Fälle, Wahrscheinlichkeit.

[5] erschlossene Bedingungen sind immer begrifflich, abstrahiert (Krüger).

[6] C. Stumpf, Zur Einteilung der Wissenschaften (= V. Abhdlg. d. Phil.-Hist. Classe). In: Abhandlungen der Kgl. Preuß. Akademie der Wissenschaften Berlin 1906, S. 25.

Also: *Idee der erklärenden, hypothetisch substruierenden, experimentell messenden physiologischen Psychologie.*

Motiv dieser Tendenz: ein objektives Sachgebiet zu gewinnen, zugänglich in strengwissenschaftlicher Methode, um seine *Gesetzlichkeit* herauszuarbeiten. *Motiv* also: *strengwissenschaftliche Erkenntnis der Selbstwelt – echt,* insofern Ausschaltung aller metaphysischer, religiöser und sonstiger nichttheoretischer Tendenz und zwar in solcher Strenge wie die Naturwissenschaft. Also: dieser es nachzutun?[7]

Hier setzt die Unechtheit ein: Man nimmt sie in der Weise zum Vorbild, daß man zugleich ihre Grundeinstellung (Tendenz) und Methodik übernimmt – also nicht nur die wissenschaftliche Tendenz überhaupt, sondern die aus ihrem spezifischen Sachgebiet besonders motivierte – und nimmt sie sich nicht radikal genug zum Vorbild, indem man die Frage stellt, worin denn gerade ihre Größe liegt: nämlich in dem echten Sichmotivierenlassen von ihrem spezifischen Erfahrungsboden und der echt möglichen Weise seiner erkenntnismäßigen Zugänglichkeit. Also das echte Motiv wird gerade in Unechtheit verkehrt, woraus all die Verwirrungen sich herleiten.

Die echte Vorbildnahme liegt also nicht darin, daß Fragestellung und Methoden der Naturwissenschaften schlechthin oder mit unbedeutenden Modifikationen übernommen und auf ein neues, in der Tendenz der Naturwissenschaft ausgeformtes Sachgebiet übertragen werden, sondern daß, wie bei den Naturwissenschaften die vortheoretische Umwelt, so jetzt die hier in Frage kommende Erfahrungswelt *selbst befragt* wird. Dabei besteht die Möglichkeit, daß diese Befragbarkeit eine mehrfach gerichtete ist. Dabei ist notwendig, daß wir wieder ganz ins Vortheoretische zurückgehen und die Abgehobenheit der Selbstwelt vortheoretisch beachten.

[7] Noch schärfer formulieren!

ZWEITES KAPITEL

Phänomenologische Bereitung des Erfahrungsbodens für die Ursprungswissenschaft vom Leben

§ 21. Exposition der Aufgaben des zu gewinnenden theoretisch-wissenschaftlichen Ausdruckszusammenhangs der Selbstwelt. Die Frage nach der Grunderfahrung der Selbstwelt

Unabhängig von dieser Vergleichung mit den Naturwissenschaften kann zur unbedingten Einsicht gebracht werden, daß alle Bestimmungsstücke einer besonderen Wissenschaft und damit auch der jeweilige Charakter ihrer Strenge und Evidenz motiviert sein muß aus der genuinen Erfahrungswelt, deren theoretisch wissenschaftlicher Ausdruckszusammenhang die betreffende Wissenschaft darstellen soll.

Es ist notwendig, daß man nicht, auch nicht versteckterweise, nach den Fragestellungen und Methoden anderer, in sicherem Gang laufender Wissenschaften hinschielt und es ihnen abguckt, sondern sich lediglich und frei leiten läßt von dem Prinzip der notwendig genuinen Sinn- und Sachangemessenheit jeder Ausdrucksgestalt. Es führt zu Widersinn, wenn von einer bestimmten Stufe der Theoretisierung einer Wissenschaft oder Wissenschaftsgruppe aus man die Theoretisierungsstufe einer anderen Wissenschaft als unecht kritisiert oder gar für zurückgeblieben, unvollkommen erklärt, ebenso, wenn man einen faktischen Bestand einer Wissenschaft verabsolutiert zu ihrem Sinn (Kunstgeschichte, Philologie), eingezwängt in den Mechanismus der starr gewordenen Disziplinen und Fakultäten, wo man alle Fragen, »die zu weit führen würden«, mit gewohnter Promptheit abschiebt, zugleich aber mit vorsintflutlichen Begriffen arbeitet.

Daß man zum Beispiel vom Standpunkt des Physikers aus dem Botaniker entgegenhält: Wenn ihr von roten, weißen, violetten Blättern, grünen Blättern sprecht, so ist das *»eigentlich«*

falsch, denn diese Farben sind eigentlich so nicht objektiv wirklich, wie ihr sie nehmt; eigentliche Objektivität stellen dar die Ätherschwingungen von bestimmten Wellenlängen. Der Widersinn liegt darin, daß es der Tendenz der Botanik als einer in sich geschlossenen Sphäre eigener Evidenz und Ausweisung zuwiderläuft, in eine ihr fremde Objektivitätsstufe versetzt zu werden in der Meinung, sie dadurch zu verbessern. Es gibt für die Objektivität der Botanik *nicht noch die eigentliche* Objektivität der Physik. Das *Eigentliche* ist für sie ihr eigener Sach- und Methodensinn, vorgezeichnet durch ihr Gebiet.

Nun aber: eines ist es, das Prinzip der notwendigen Motivierung der leitenden Tendenzen eines theoretisch-wissenschaftlichen Ausdruckszusammenhangs aus den genuinen Grundgestalten der zu bearbeitenden Erfahrungswelt evident zu verstehen, ein anderes, in einem konkreten Fall seine Forderungen faktisch zu erfüllen. (Es ist keine *»Zufälligkeit«* der Geistesgeschichte, daß die Wissenschaften sich allmählich aus der Philosophie selbst heraus ausgeformt, abgelöst und verselbständigt haben!!)

Hierin sind mannigfache Aufgaben beschlossen, die sich aussondern lassen:

1. die motivierende Grunderfahrung, und zwar die vortheoretische, zu »gewinnen«. Das führt zugleich auf den Prozeß der sinngenetischen Heraushebung der vortheoretischen Verfassung Welt überhaupt;

2. zu entscheiden, ob die daraus entwachsenden theoretisch-wissenschaftlichen Ausdruckstendenzen die *einzig* möglichen sind, oder ob nicht andere als theoretische gleiches Recht beanspruchen;

3. das führt auf die Frage, ob eine Erfahrungswelt als solche mehrere typische Grunderfahrungen zuläßt oder nur eine, die sich dann in verschiedene Motivationsrichtungen gabelt, woraus dann erst die verschiedenen theoretischen Ausdruckszusammenhänge entspringen;

4. ob die letzteren gleichursprünglich der Grunderfahrung entwachsen oder in einem notwendigen Fundierungszusam-

menhang stehen, so daß der eine theoretisch-wissenschaftliche Ausdruckszusammenhang durch den anderen gleichsam hindurchgegangen sein muß, um vollziehbaren Sinn zu haben;

5. die Frage, ob das Gefragte für jede Erfahrungswelt zutrifft oder in verschiedenen verschiedene Problemgruppierungen sich ergeben, und warum gerade bei diesen diese und jenen jene!

Diese einzelnen Problemgruppen sind konkrete Bestandteile des früher berührten Problems der theoretischen Ausdrückbarkeit von Lebenswelten und sie gehören näherhin in den Umkreis des Problems, das wir bezeichneten: »Bereitung des Erfahrungsbodens«.

Diese Betrachtungen haben den Zweck, das Problem ganz radikal zu stellen und rein herauszuarbeiten: *theoretisch-wissenschaftlicher Ausdruck der Selbstwelt.* Wir bezeichneten diesen Ausdruckszusammenhang als »Psychologie«. Der Name ist nicht entscheidend, sondern die Sache und die Sachbetrachtung, der die eigentliche, fixierende Namengebung folgt.

Das Erste ist also: die *Gewinnung* der genuinen Grunderfahrung der Selbstwelt, aus der sich theoretische Ausdruckstendenzen motivieren sollen. Was heißt »Gewinnung« der Grunderfahrung? Nicht etwa, sie vollziehen lediglich, sondern ihr selbst im Vollzug und Vollzogensein habhaft zu werden, um zu sehen, wie *in ihr die Selbstwelt begegnet.* Und zwar stellen wir nicht eine entwicklungsgeschichtliche Betrachtung an in der Richtung, daß wir fragen, wie überhaupt im kindlichen Seelenleben Umwelterfahrung und Selbstwelterfahrung entstehen, denn diese faktisch-genetische Betrachtung setzt schon voraus, daß wir von Umwelt- und Selbsterfahrung *wissen*, ihren Sinn verstehen, also irgendwoher gewonnen haben, und wir gewinnen ihn aus faktischen Situationen, die wir selbst sind und leben – ganz abgesehen davon, daß wir nur hypothetisch Erschließbares und mit der entsprechenden Gewißheit Behaftetes in die Hand bekämen, was für den methodischen Sinn unserer

Betrachtungen und ihre Ausweisungsformen zugleich unangemessen wäre.

Es ist daher notwendig, daß wir zu den früheren Betrachtungen des faktischen Lebens – wie es da ist und erfahrbar wird – zurückkehren. Dabei ergab sich: Unser faktisches Leben ist unsere Welt – wir begegnen immer irgendwie, sind dabei »gefesselt«, abgestoßen, entzückt, angewidert, und die Kenntnisnahmen sind irgendwie bedeutungsbetont: wertvoll, gleichgültig, überraschend, nichtssagend usf. In solcher Weise in die erfahrbare Umwelt gehörend wird die Selbstwelt erfahren.

Es gibt in diesem Umweltleben auch keine *theoretische Existenzfrage*. »Wirklichkeit« – ihr Sinn ist erfüllt durch die bedeutungsmäßig und werterfüllten Bezüge, in denen sie stehen.[1] Umwelt nicht nur gemeint als die aktuelle, in diesem Moment wahrgenommene, sondern auch erinnerte, erwartete, gemeinte, sofern mir darin Umweltliches begegnet, so und so beansprucht. [Keine Introjektion!]

Ich lebe in der lebendigen Zugrichtung in eine Welt hinein und lebe sie aus. In dieser Zugrichtung faktischen Lebens begegne ich zuweilen auch mir selbst, aber meist nur flüchtig: Ich bin auf der Wanderung durch den herbstlichen Wald und lebe ganz selbstvergessen in seiner Fülle; ganz im Vorbeigehen kommt ein Frohsinn über mich, mehr über meine Freude selbst, über mein mich freuen Können – ich bin froh, daß ich mich freuen kann; ich mache Halt und bin versunken in die Landschaft; mich friert; ich gehe weiter durch Dickicht, verletze mir die Hände; ich komme an eine Steigung, der Sturm schlägt mir ins Gesicht, ich bekomme Herzklopfen. Oder: auf dem benachbarten Turm schlägt die Uhr verkehrt und wird nachgerichtet; es schlägt also eine Viertelstunde lang andauernd; ich ärgere mich, daß ich das nun gerade anhören muß; während der Arbeit die Pfeife stopfend, überlege ich mir, wo ich den

[1] Schon die Frage, ob die Welt vor meinen Gedanken sein soll – oder? Erstere ist einem Sinnzusammenhang des Umwelterlebens sinnwidrig.

»Faden« habe fallen lassen. Von einer Gesellschaft kommend, fällt mir heiß ein, daß ich das und das nicht hätte sagen sollen. In einer wissenschaftlichen Untersuchung lesend, die ich vor Jahren schon durcharbeitete, erinnere ich mich bei einer Stelle, daß ich Schwierigkeiten hatte, sie zu verstehen.[2]

Ich erfahre mich, begegne mir in allen möglichen Weisen, aber so, wie ich anderes auch erfahre: die Uhr auf dem Schreibtisch, die Unterstreichungen, die Randbemerkungen in der wissenschaftlichen Untersuchung.

In einem mitweltlichen Kreis: wir alle freuen uns oder wir überlegen uns etwas, wir rätseln an etwas und sind gespannt, was die einzelnen und wir selbst herausbringen. Ich selbst verschwimme in der Mitwelt, brauche in der flüchtigen, so und so getönten Erfahrung gar nicht anders da zu sein. *Nachdenklichkeit* und zwar als praktisch selbsterzieherische: ich gehe mit mir selbst ins Gericht, überschaue mein Tagwerk.[3]

§ 22. Erneute Verdeutlichung der Problemrichtung der theoretisch-wissenschaftlichen Erkenntnis von der Selbstwelt

Das in den letzten Stunden über Psychologie Gesagte ist in mehrfacher Weise mißverstanden worden. Es soll aber nicht mehr wiederholt werden. Ich versuche nur, die Problemrichtung *erneut zu verdeutlichen* [unter der erneuten Betonung die Darlegungen so zu nehmen, wie sie gemeint sind, also nicht mehr, um eigene Theorien gar hineinzulegen].

2				
	im »daß«		im »als«	
	Objekt		Subjekt	
	Satz	und	Sinn-	
schon mir	Gesprochenes	als	Leistung	Betrachtung schon angelegt

Keine eigentliche Grund-Erfahrung

[3] Möglicher Ausgang für Grunderfahrung (Einheit des Lebens – Urstruktur – Zusammenhang) als Motivationszusammenhang – philosophisch: Geschlossenheit und Ganzheit des Selbst bei aller erlebten Weltfülle.

Wir stehen in *unserem* faktischen Leben und sprechen und verstehen im Umkreis unserer Verständlichkeit. Es wurden im faktischen Leben angetroffen – unter ständiger Betonung des Vorläufigen, Rohen, also nicht im scharf präzisierten »Als« der charakteristischen regionalen Zugehörigkeit und Regionsbestimmung und noch weniger unter Bestimmung der Weise der Abhebung und seiner theoretischen Fassung – Um-, Mit-, Selbst-Welt – genuine Lebenswelten. Faktisch hingezeigt auf die »Zugespitztheit« auf die Selbstwelt; *ihre Betontheit als Anzeige eines besonderen Gebiets genommen* und die Frage gestellt nach seiner möglichen theoretisch wissenschaftlichen Ausdrückbarkeit.

Ich sagte: ich bezeichne die Wissenschaft von der Selbstwelt »Psychologie«. Es war das lediglich eine bequeme Namengebung für einen noch nicht scharf umgrenzten Problemkreis, in dem nichts präjudiziert ist. Vorsichtiger wäre gewesen, das Wort zu vermeiden – weil man meist und leicht an eine bestimmte einzelne Ausprägung der Idee der Psychologie denkt – und stattdessen immer das umständliche »theoretisch-wissenschaftlicher Ausdruckszusammenhang der Selbstwelt« zu verwenden. Psychologie war der Name für, wie sich uns dann zeigte, mannigfaltige theoretische Tendenzen und Aspirationen, deren Durcheinanderlaufen für die heutige Problemlage typisch ist. Die Verwirrung liegt ja nicht darin, daß die genannten Tendenzen überhaupt lebendig sind, *sondern* sich mit Aspirationen beladen, deren Erfüllungsmöglichkeit ihrem eigenen Sinn zuwiderläuft, was alles sich herleitet aus einer noch verdeckten Motivierung.

Um die Verwirrung zu entwirren, wurden die Tendenzen der anderen Psychologie herausgestellt und nach ihren Motiven gefragt. Wir fanden ein echtes Motiv: streng wissenschaftliche, sachmäßige Erforschung der psychischen Phänomene, um reine Gegenstandssphäre für methodisch strenge Bearbeitung zu gewinnen; aber in eins damit die Verkehrung dieses echten Motivs ins Unechte durch Übernahme und Erborgen und zum festen Selbstbesitz Verdichtenlassen einer bestimmten Fragestellung und Methodik – ohne vorherige Vorgabe der notwendigen genuinen Grunderfahrung. Verstoß gegen ein Wesensprinzip des Geistes überhaupt, der sich so oder so »rächt«!

Es wurde also nicht gesagt, *die Psychologie* sei falsch, ihre Resultate nichtig, verkehrt, wertlos, sondern ihr Problem als Wissenschaft sei nicht radikal genug gestellt, d. h. die theoretischen Motivierungsmöglichkeiten nicht rein herausgearbeitet und damit alle faktische Problemstellung, Umgrenzung der Aufgabengebiete und Methoden ungeklärt, zufälliger Initiative und zum Teil geistreichen Einfällen überlassen und in ständiger Gefahr, neuen verfälschenden Infektionen zum Opfer zu fallen. Prinzip der genuinen Sinn- und Sachangemessenheit jeder Ausdrucksgestalt: Einsicht und jeweiliger Vollzug – geht man dem Sinn des letzteren nach für ein Erfahrungsgebiet, dann ergibt sich ein weiter Komplex von Problemen. Als erste Frage begegnete uns (vgl. S. 94 f., 1–5): *Gewinnung der motivierenden Grunderfahrung und zwar Grunderfahrung der Selbstwelt;* deren theoretisch-wissenschaftliche Erkenntnis ist doch Problem.

Bisher wurde nur in roher Form auf die Selbstwelten hingezeigt. In ganz unvollkommener Betonung wußte jeder, was gemeint ist, oder in welcher Richtung das Gemeinte liegt. Die Selbstwelt wurde aber weder selbst bezüglich ihres eigenen Sinnes *als* Selbstwelt geklärt, noch war die Rede davon, daß sie überhaupt in einer vielleicht *besonderen Weise erfahrbar* sei und *wie* diese aussehe.

Auch damit, daß gesagt wurde: faktisch antreffbar ist das faktische Zugespitztsein des faktischen Lebens auf die Selbstwelt, war nichts präjudiziert. Diese Feststellung muß in der rohen Gestalt genommen werden, in der sie gemeint war und muß darin belassen werden, bis selbst im Zuge dieser Betrachtungen sich neue Klärungsmöglichkeiten und -notwendigkeiten geben. [Es geht also nicht an, übliche idealistische oder solipsistische oder sonstige erkenntnistheoretische Meinungen hineinzudeuten.]

Zwar trafen wir kaum bestimmte Gestalten von Ausdruckszusammenhängen der Lebens*erfahrungen*, im besonderen den unter dem Titel »Wissenschaft«; vorgedeutet wurde sogar schon auf das Grundgerüst dieses Ausdruckszusammenhangs: Bereitung des Erfahrungsbodens, Ausformung des Sachgebiets, konkrete Logik. Ganz allgemein wurde ein Hinweis gegeben (S. 67f.) auf Lebenserfahrung – die Weise, in der ich im faktischen Zuge des lebendigen Lebens mitgehend der Umwelt im weitesten Sinne begegne. Das irgendwie Erfahrene wurde charakterisiert als das irgendwie im faktischen Leben Verfügbare: lebendiger faktischer Zusammenhang von Verfügbarkeiten.

Diese faktische Lebenserfahrung ist gerade bestimmbar durch diese Unbestimmtheit und Unabgehobenheit einer besonderen sich vordrängenden und lauten Einstellung, durch das Fehlen und Nichtbedürfen eines ausdrücklichen Wechsels der Erfahrungsweisen, durch das strömende Hingleiten über und gar nicht zur Abhebung Kommenlassen von Umstellungen der Weisen des Erfahrens. Alles und jedes wird erlebt in diesem vollen, in sich selbst unabgehobenen Zuge des lebendigen Mitgehens, Mitströmens oder sich Mitreißenlassens mit dem faktischen Leben.

»Unabgehoben« – betrifft »erfahren« und »erfahrene Welt«. Zunächst: was im faktischen Leben begegnet, ist immer ein Anderes seinem Was und Wie nach. Das Erfahren selbst unterliegt mannigfaltigen Modifikationen, aber so, daß ein *Grundstil* sich durchhält, in dem alles erfahren wird. Gerade zum Sinn der Erfahrungsweise gehörig, daß sie als solche ihrem Selbst nach nicht erfahren wird, sich nicht herausdrängt und abhebt gegen andere, es nicht kann, weil es keine anderen gibt. Auf das faktische Leben hin gesehen ist dieses Erfahren absolut, sein Herrschaftsbereich faktisch unbegrenzt.

§ 23. Das Problem der Gewinnung der Grunderfahrung der Selbstwelt

Gewinnung der Grunderfahrung der Selbstwelt: es handelt sich also um eine Erfahrung der Selbstwelt, in der diese selbst als solche in ihrer Abgehobenheit erfahren wird, selbst also im eigenen Grundaspekt irgendwie eigentümlich erfahren wird. Aber nicht nur um den genuinen *Vollzug* einer Selbstweltgrunderfahrung, sondern zugleich um ein Verstehen ihrer Besonderheit als gerade *dieser* Grunderfahrung (nicht *Vollzug* nur der Grunderfahrung, sondern *»Gewinnung«*) handelt es sich. Wir wollen verstehen: *die Weise des Erfahrens der Selbstwelt, ihren eigenen Sinn, die darin beschlossenen Tendenzen und Möglichkeiten.*

Nun stellen wir die Frage nach einer besonderen, nach einer Grunderfahrung einer Welt – der Selbstwelt –, nach einer *abgehobenen* Erfahrung, nach einem *besonderen Stil* des Erfahrens. Das schließt ein die Frage: was hier überhaupt *Abhebung* heißt, wie sie möglich ist, wie es zu *besonderen* Erfahrungen kommt und zwar kommt *durch* und *in Abhebung* aus der faktisch vollen Lebenserfahrung und wie damit in der Richtung des erfahrenen Was besondere Verfügbarkeiten und besondere Zusammenhangsgestalten solcher begegnen. [Und letztlich im Hintergrunde das eigentliche Zielproblem: wie sich aus diesen besonderen Verfügbarkeiten und besonderen Weisen des Erfahrens besondere theoretisch-wissenschaftliche Ausdrucksmöglichkeiten gewinnen.]

1. Wie es zur Abhebung eines besonderen Erfahrungsstils komme; Abhebung – Abhebung woraus?
2. Wie der besondere Erfahrungsstil selbst aussieht.
3. Wie die Welt aussieht und ihre Zusammenhangsform, die in ihr erfahrbar wird.

Es wurde im Vorstehenden gefragt, *wie es zur Abhebung einer besonderen Erfahrungsweise komme, zur Selbstwelterfahrung.* Der Sinn dieser Frage muß noch schärfer gefaßt werden. Nicht gefragt ist, *wie Selbstwelterfahrungen faktisch entstehen* – etwa im kindlichen Seelenleben oder gar in der phylogenetischen Stammesentwicklung, was überhaupt eine widersinnige Frage ist –, welches die günstigen und hemmenden Faktoren sind, die solche Erfahrungen faktisch auslösen. Diese faktisch-entwicklungsgeschichtliche Betrachtung setzt ja schon voraus, daß wir um den Sinn von Selbstwelterfahrung wissen, wissen, was damit gemeint ist; sonst bewegte sich ja die Fragestellung im Dunklen. Abgesehen davon ist diese Betrachtung methodisch eine solche des hypothetischen Ansetzens eines vermutlichen so und so Gewesenseins, während wir verstehen wollen den Sinn von Selbstwelterfahren, überhaupt *abgehobenem* Erfahren – Frage nach dem *Sinn*. So ist auch die Frage, wie es zur Abhebung kommt, eine sinngenetische; welche Möglichkeiten des Sinnes von Abhebungen und besonderen Erfahrungsweisen im Sinne der faktisch vollen unabgehobenen Lebenserfahrung liegen, *die uns unmittelbar zugänglich ist, die wir selbst sind und die wir selbst faktisch leben*. Unsere Frage: Gewinnung der Grunderfahrung der Selbstwelt und die daran schließenden weiteren Fragen (Punkte 1–5) führen zurück auf Gewinnung der faktisch unabgehobenen Lebenserfahrung überhaupt.

§ 24. Der Bedeutsamkeitscharakter des konkreten Lebenserfahrungszusammenhangs

a) Die faktisch unabgehobene Lebenserfahrung

Um also den Sinn von möglicher Abhebung einer Erfahrungsweise überhaupt und Abhebung einer besonderen Grunderfahrung zu verstehen, muß die unabgehobene faktische Lebenserfahrung zur vollen Anschauung gebracht werden. Denn insofern sich zeigen wird, daß die aufzuweisenden Grunderfahrungen letzte Phänomene sind, lassen sie sich auch nicht weiter erklären und sie widerstreben einer Erklärung (jede theoretische Frage ist abgeschnitten, sogar widersinnig!!). Sie werden aber gerade voll sichtig in ihrer phänomenalen Fülle, wenn sie selbst gegen einen möglichst hellen Hintergrund gehalten werden.

Wir sehen uns die volle faktische Lebenserfahrung an und heben bestimmte Seiten an ihr heraus, oder besser, wir lassen sie in ihr, lassen nur stärkeres Licht fallen auf sie – also einen ganz konkreten Lebenserfahrungszusammenhang, den wir auf frischer Tat ertappen, den wir aber nicht einschüchtern oder anstarren, sondern verstehend ihm nachgehen. Und zwar sehen wir hin auf das, was wir gerade erfahren. Wir denken nichts und wissen nichts von Umwelt, Mitwelt, Selbstwelt. Wir leben faktisch in einem Was. Keine besonders ausgefallene Lebenserfahrung – ad hoc zurechtgemacht – greifen wir unmittelbar auf! Ohne Scheu vor Trivialitäten!

Ich komme nach der Vorlesung aus dem Universitätsgebäude; drüben sehe ich einen Bekannten mich grüßen; ich erwidere den Gruß; beim Colosseum[1] vorbeikommend höre ich Musik; es fällt mir ein, daß ich heute abend ins Theater will, daß ich das und das noch erledigen will, daß ich nicht zu spät kommen darf; zwischendurch kommt mir, daß ich an einer Stelle der Vorlesung die Formulierung nicht so herausbrachte, daß sie das Gesehene adäquat wiedergab; im Weitergehen lebe ich in dem, was ich zuvor noch erledigen will; dabei sehe ich Menschen und gehe an einer Straßenecke in einen Zigarrenladen, kaufe mir Schweizerstumpen, höre den Herrn hinterm Ladentisch sehr lebhaft vom letzten Fußballwettspiel erzählen; was er erzählt, interessiert mich, mich nicht, wie er erzählt; während ich einpacke, sehe ich nur, wie er immer lebhafter und begeisterter wird über die glänzenden Leistungen eines Läufers.

Was erfahre ich? Trivialitäten, Alltäglichkeiten – aber das kümmert uns nicht, wir könnten auch Gewichtiges erfahren. Vor allem, was ich erfahre, existiert wirklich: der Bekannte grüßt wirklich; die Musik spielt wirklich; es fällt mir wirklich ein; die

1 [Ein zu dieser Zeit in Freiburg bestehendes Varieté und Kaffeehaus.]

Schweizerstumpen, die ich in meine wirkliche Mappe stecke, existieren wirklich; der Herr hinterm Ladentisch ist wirklich begeistert; der Straßenjunge macht wirklich diesen Hund wütend, benimmt sich wirklich ungezogen; der zaghafte und verzweifelte Anfänger in der Phänomenologie, dem ich Mut mache, ist wirklich zaghaft und mit sich selbst unzufrieden.

b) Bedeutsamkeit als Wirklichkeitscharakter des faktischen Lebens

Was ich da erfahre, ist faktisch wirklich – existiert. Welches ist der Sinn dieser »Existenz«? Wenn wir Antwort auf diese Frage wollen, muß alles über Existenzbegriff und alle erkenntnistheoretischen Beweise und Erklärungen fortbleiben; sondern es kommt darauf an, den phänomenalen Sinn des »wirklich« herauszusehen, in dem ich lebe und von dem ich im faktischen Leben nicht etwas ausdrücklich theoretisch *weiß*. Sofern ich faktisch in all dem Gesagten lebe, mit ihm je nach seinem Gehalt so und so beschäftigt, daran so und so beteiligt bin, hat alles Erfahrene – es mag inhaltlich so heterogen sein wie immer – *denselben Sinn von Existenz*. Man muß dabei alle Theoretisierungen wegdenken, nicht das heranziehen, was ein Erkenntnistheoretiker darüber sagt, sondern sehen den Sinn, in dem das faktische Erfahren sein Erfahrenes erneut und immer im Charakter der Bedeutsamkeit hat. Auch das Trivialste ist bedeutsam, nur eben trivial; auch das Wertloseste ist bedeutsam.

Teetrinkend nehme ich meine Tasse in die Hand; im Gespräch habe ich meine Tasse vor mir stehen. Es ist nicht so, daß ich etwas Farbiges oder gar Empfindungsdaten in mir als Ding auffasse und dieses Ding als Tasse, die in Raum und Zeit bestimmt ist, etwas, das in Wahrnehmungssukzessionen sich gibt, eventuell auch nicht existieren könnte. »Meine Tasse aus der ich trinke« – in der Bedeutsamkeit erfüllt sich ihre Wirklichkeit, sie ist sie selbst. Ich lebe faktisch immer *bedeutsamkeitsgefangen*, und jede Bedeutsamkeit hat ihren Umring von neuen Bedeutsamkeiten: Beschäftigungs-, Beteiligungs-, Verwertungs-, Schicksalshorizonte. Ich lebe im Faktischen als einem ganz besonderen *Zusammenhang* von Bedeutsamkeiten, die sich ständig durchdringen, d. h. jede Bedeutsamkeit ist Bedeutsamkeit für und in einem Tendenz- und Erwartungszusammenhang, der immer neu im faktischen Leben sich bildet [eigentliche Form: Situation – geöffnete]. In diesem unabgehobenen Charakter der Bedeutsamkeit steht das faktisch in faktischen Lebenszusammenhängen Erfahrene.

Das darf nicht so verstanden werden, als hätte alles faktisch Erfahrene für mich jeweils den ausdrücklichen Charakter der besonderen Bedeutung für mich; im Gegenteil, diese Mich-Bezogenheit, in der Weise einer solchen ausdrücklichen, fehlt gerade. Das heißt, es gibt für dieses Erfahren keine Schranken, keine Barrieren. Fragen wie: ob die Welt unabhängig von meinen Gedanken an sie existiert, sind sinnlos. Es gibt keine Gedanken, die lediglich irgendwo existieren und von denen eine existierende Welt abhängig sein soll (Außenwelt – Innenwelt u. ä.).

Das faktische Leben stößt sich nicht an erkenntnistheoretischen Theorien. Diese sind keine möglichen Hemmungen, sofern es in faktischen Bedeutsamkeitsbezügen lebt.

Wenn ich den Bekannten mich grüßend sehe und im faktischen Sehen den Gruß herzlich erwidere, sah ich ihn grüßen, nicht etwa eine Bewegung eines materiellen Körpers im objektiven Raum, die ich als Zeichen für Gruß auffasse und daraus schließe: also muß ich auch eine Bewegung vollziehen, die die Ursache dafür ist, daß der andere besondere Bewegungen wahrnimmt und sie als *mein* Grüßen auffaßt, sondern ich sehe ihn grüßen; und die Existenz des Bekannten ist seine bestimmte Bedeutsamkeit für mich in dieser Situation. Wenn ich im Zweifel bin, frage ich nicht meinen Begleiter: »War da drüben eine Armbewegung wirklich?«, sondern ich frage: »Hat der Herr gegrüßt oder nicht?« Oder wenn ich scherzhaft einem Bekannten nachfrage: »Existiert der eigentlich noch?«, und es antwortet mir jemand: »Ja, ich saß neulich mit ihm abends im Café Schanz«, oder: »Er hat dieser Tage ein bedeutendes Buch erscheinen lassen.« Das Gesagte erfahrend, erfahre ich seine Existenz, nicht so, daß ich auffasse und daraus schließe: Also ist er wirklich in Raum und Zeit wie der Mars oder der Feldberg, sondern die *Existenzerfahrung* endigt und genügt sich in der *Bedeutsamkeitscharakteristik*.[2]

So existiert faktisch die Begeisterung des erzählenden Herrn hinterm Ladentisch; die Mutlosigkeit des anfangenden Phänomenologen; die Unartigkeit des Straßenjungen; die Verliebtheit einer Bekannten und ähnliches; mein Versagen im Ausdruck; mein momentaner Ärger darüber; meine Müdigkeit. Der Sinn von »Existenz« liegt im faktischen Leben in den aktuell erfahrenen, erinnerten oder erwarteten Bedeutsamkeiten, so daß das so und so bestimmte erinnerungs- oder erfahrungs- oder erwartungsmäßige Erfahren in einer vollen konkreten Einheit sich vollzieht (geöffnete Situation). Auch wo in bestimmt Erfahrenem theoretische Momente stecken, sind diese einschlußweise da, eingegangen in die jeweils lebendige Bedeutsamkeit. Sie kommen ihrem Eigen-Sinn nach nicht zum Recht; entsprechend ist auch phänomenal kein theoretisches Verhalten aufweisbar. Sie werden nicht im »Als« der theoretischen Gegenständlichkeit gemeint – so, wenn man sagt, man gebraucht schon im täglichen Leben bestimmte Begriffe, aber nicht als Begriffe.

Alles Erfahren steht in dieser Charakterisierung und bedarf daher nur dieser Weise des Erfahrens. Auch das ›etwas‹, das ich so erfahre, das ich als bestimmungslos, unbestimmt erfahre, *erfahre ich in der Unbestimmtheit eines bestimmten Bedeutsamkeitszusammenhangs* – ein »unerklärliches« Geräusch im Zimmer (»es ist etwas nicht in Ordnung«, »es ist etwas nicht geheuer«). Dieses »Etwas« des faktischen Erfahrens hat seinem Sinngehalt und seiner Sinnfunktion nach nicht das mindeste zu tun mit dem

[2] Vgl. Anhang A/II., Beilage 7, S. 180.

formallogischen Etwas der Gegenständlichkeit, das Korrelat ist des freies Prozesses der Formalisierung, der frei ist, weil er sinngenetisch an keine bestimmte Stufe der Theoretisierung gebunden ist. Während im Sinne des formallogischen Etwas überhaupt liegt absolute und radikalste Unterbindung faktisch lebendigen personalen Lebensbezugs (»Leer«-form), trägt das vortheoretische Etwas die höchste potentielle und volle Unheimlichkeit des Lebens und zwar seiner undurchsichtigen, aber doch lebendigen Erwartungszusammenhänge, ohne daß gerade die geringste Abgehobenheit des besonderen Welt- und Erfahrungsstils vorläge. – [Das »Etwas« im mysterium tremendum.][3]

In Bedeutungszusammenhängen lebend erfahre ich die Welt. Sie bekundet sich als wirkliche in jenen. ›Existenz‹ im Sinne der räumlich-zeitlichen Bestimmbarkeit innerhalb eines objektivierten Geschehenszusammenhangs hat im faktischen Leben keine Motivierungsmöglichkeit, es sei denn, daß existenzial so Gesetztes selbst erfahren wird im faktischen Leben innerhalb seiner herrschenden Bedeutsamkeitsbezüge. Elektrische Vorgänge, die mich persönlich als zu studierende interessieren, können auch die ›Existenz‹ der Erfahrungsfaktizität haben. Damit zeigt sich nur erneut die Unbegrenztheit des Herrschaftsbereichs des unabgehobenen, hemmungslosen, auf bestimmte Erfahrungswelten ausdrücklich nicht zugeschnittenen faktischen Erfahrens.

Die Erforschung dieser Phänomene ist deshalb mit so vielen Schwierigkeiten behaftet und die Vorstellung verwickelt, weil sie selten rein gesehen werden und die Möglichkeit besteht, daß im faktischen Leben theoretische und schon abgehobene Bezüge sich realisieren. So kommt es, daß man sich gerade an sie als die relativ handgreiflicheren, weil schon ausgeformten hält und so mit dem ersten Schritt schon vom echten radikalen Weg abbiegt.

Für die echte Blickstellung und zur Vermeidung von Enttäu-

[3] Vgl. Anhang B/I., Ergänzung 8, S. 216f.

schungen beim Hinsehen auf die in Betrachtung stehenden Phänomene ist wichtig, daß gerade die phänomenalen Charaktere in ihrer Nichtabgehobenheit als im aktuellen Erfahren nicht noch akzessorisch Mitgemeinte gesehen werden; daß man also die ausgedrückte, dargestellte phänomenologische Sichtigkeit nicht umdeutet in eine phänomenale Gewußtheit und beim Nichtvorfindenkönnen dieser schließt auf eine phänomenologische Täuschung und Konstruktion!

Wenn also eine Reihe von lebendigen Erfahrungszusammenhängen bezüglich des immanenten Sinnes der erfahrenen Weltwirklichkeit phänomenologisch durchforscht werden und gesagt wird: »Ich halte aber doch nicht alles und jedes, was ich erfahre, für bedeutsam, habe kein ausdrückliches Bedeutsamkeitsbewußtsein«, so ist das: 1) kein Einwand gegen die ausgesprochene These, denn so etwas dürfte *gerade nicht gesagt werden*, sofern der ganz unreflektierte Charakter des im faktischen Lebenszuge Erfahrenen ergriffen werden sollte; 2) nur ein Anzeichen dafür, daß das Phänomen, die Bedeutsamkeit selbst, nicht ursprünglich gesehen ist, vor allem nicht in seinem unangetasteten Leben, d. h. in seinem Lebenszusammenhang.[4] Dieser gehört selbst zum faktischen Leben an sich oder *ist* es geradezu. Die ständig offenen, wenn auch nicht aktuell gewußten Erwartungshorizonte, die merkwürdig vorzeichnenden, aus der irgendwie vorgezeichneten Zukunft motivierenden Tendenzen lassen das faktische Leben jeweils aufgehen in seinem Erfahrenen, das als solches den Sinn von Bedeutsamkeit hat. Das Zu-fällige im Leben, das Überraschende, Neue sind charakterisiert als phänomenal in verschiedener Weise herausfallend oder einfallend aus und in den jeweiligen Erwartungszusammenhang, der seinerseits vom faktischen Leben getragen ist.

[4] ›*Bedeutsamkeit*‹ als Sinn nicht »ausgezeichnet« – nämlich das in Bedeutsamkeit gründende Verstehen ← d. h. *weder besonders wertgeschätzt* noch theoretisch ausdrücklich gegenständlich gewußt.

Es ist also nicht so, daß das faktische Welterfahren bezüglich des Sinnes von Wirklichkeit, in dem es lebt, phänomenal charakterisiert werden dürfte als Urteil über den Wert oder die *besondere* Bedeutung des gerade Erfahrenen. Abgesehen davon, daß hieraus das zu Klärende geradezu als erklärende Voraussetzung seiner selbst genommen würde, und abgesehen davon, daß so etwas phänomenal nicht aufweisbar ist – daher in unserer These, wie oben klargestellt, nicht gesagt wurde –, ist Bedeutsamkeit hier fälschlicherweise genommen als konstitutives Korrelat eines *Wertnehmens* oder *Wertung* oder gar ausdrücklichen Wertbeurteilung[5].

Gewiß spielt das Wertnehmen, aber wieder als unabgehobenes, im faktischen Erfahren eine beherrschende Rolle und leitet die Aufbaugestalten und Erfahrungswelten *und* hat gerade bei seiner faktischen Unabgehobenheit einen innigen Sinnbezug zum Grundsinn der faktischen Erfahrungswirklichkeit. Der Sinn ›Bedeutsamkeit‹, in dem das faktische Erfahrungsbewußtsein lebt, ist also auch nicht Korrelat einer besonderen Art des *Wertnehmens.* Denn *was* sollte wertgenommen werden? Das Wirkliche. Aber dessen Sinn, wie er im faktischen Erfahrungszusammenhang sich gibt, wollen wir gerade selbst sehen und nicht, was mit dem *in solchem Sinn*, d.h. als wirklich erfahren wird, noch sonst gleichsam erlebnismäßig angestellt wird. Abgrenzung des Sinnes von »Bedeutsamkeit« gegen »Zweckmäßigkeit« im Sinne der Verwirklichung einer vorher gedachten oder denkbaren Idee. *Bedeutsamkeit* ist reicher und kann ärmer sein; liegt nicht in derselben *Sinnsphäre.*[6]

Also immer nur, was dieser Sinn nicht besagt, eine Reihe von ›Nicht‹, die alle nicht treffenden Einstellungen und Auffassungstendenzen und Erklärungsvorhaben ablenken. Es zeigt

[5] Verbessern – vgl. Zettel »Bedeutsamkeit«, 4 [im Nachlaß nicht auffindbar]; faktisches Erfahren nicht theoretisch – also? | emotional – emotionale Präsentation!

[6] Vgl. H. Bergson, Schöpferische Entwicklung. Jena 1912, S. 228.

sich hier wiederum, daß Phänomenologie »vorausgesetzt« wird bei ihrer eigenen Grundlegung, aber nicht als Bedingungsbestand der Geltung der Sinnzusammenhänge, sondern als faktisches Vertrautsein mit der Weise des Sehens, das überall einsetzen kann. Diese Steigerung des »Nicht« ist in der Phänomenologie keine willkürliche, wahllose Summierung, sondern bewegt sich in streng methodischen Bahnen und ist in sich *positiv* schöpferisch für die mögliche Darstellung und den Ausdruckszusammenhang der phänomenologischen Wissenschaft selbst, zwar nur möglich innerhalb eines positiven Habens des Phänomens selbst, zugleich aber methodisch in der Funktion der Bildung echter, phänomenologisch reiner Situationen. Die methodisch jeweils aus dem Problemzusammenhang vorgezeichnete Richtung und das Ausmaß der phänomenologischen Situationsbildung für das einschnappende unmittelbare Sehen der Phänomene, die – Eigenartigkeit des absoluten Sehens – gerade doch nur im Gegensehen voll phänomenologisch ausdrückbar werden, macht die phänomenologische Forschung sehr schwierig, entbindet aber nicht von der einmal als prinzipiell notwendig erfahrenen Aufgabe.[7]

§ 25. Die Kenntnisnahme als Grundphänomen

a) Natürliche Kenntnisnahme als im Stil des faktischen Erfahrens sich haltende nicht theoretisch-wissenschaftliche Gegenständlichung

Das Problem ist: Ausformung einer bestimmten Grunderfahrung aus der faktischen Lebenserfahrung. Der Sinn von Wirklichkeit, in dem diese lebt, ist angezeigt und zwar als alle Erfahrungen ihrem Grundsinn nach so durchherrschend, daß es

[7] Von hier aus wird der früher berührte Charakter der Selbstgenügsamkeit um ein weiteres verständlich (Bedeutsamkeitszusammenhänge). Vgl. oben S. 29ff. – Zu diesem Komplex vgl. Anhang B/I., Ergänzung 9, S. 218–220.

keiner inhaltlichen oder regionalen oder noch radikalerer Abhebung oder Erweise bedarf, um bestimmt ausformbare Lebenswelten faktisch doch zu erfahren, aber nicht im ›Als‹ der abhebenden theoretischen Isolierung oder gar wertmäßigen Rangordnung. Wir fragen nun: Läßt die unabgehobene faktische Lebenserfahrung irgendeine Modifikation ihres Stils zu, so daß aus dieser Modifikation Möglichkeiten besonderer Erfahrungsformen sich ergeben?

Ich kann im faktischen Erfahren, im Erwartungszusammenhang, den vollen Motivationsgeweben, unreflektiert lebend doch besinnlich erfahren, dabei nachdenklich sein. Das Erfahrene kann ich mir erinnerungsmäßig zurückrufen und zwar in der Tendenz, erinnernd es wieder faktisch durchzukosten. Erfahrenes kann auf mir lasten, mich beschäftigen, oder ich kann im Erfahren interessierend gleichsam zur Kenntnis nehmen, mir besonders merken; ich kann Erfahrenes ›erzählen‹ und zwar in faktischen Lebenszügen.[1] Man kommt im Gespräch auf gemeinsam Durchlebtes und *erzählt* sich gegenseitig alles wieder durch. Man hält sich nicht gegenseitig Referate, und es ist, ganz abgesehen von dem Wascharakter der Gegenständlichkeit, entfernt anders, als wenn ich in der Zoologie beschreiben soll, was ich im Mikroskop sehe.

Es werden faktisch erlebte Bedeutsamkeitszusammenhänge zwar expliziert, aber doch in ihrer lebendigen Faktizität dabei belassen. Die Explikation ist die kenntnisnehmend erzählende, aber im Grundstil des faktischen Erfahrens, des vollen Mitgehens mit dem Leben.[2]

[1] Bericht des Boten in Sophokles' »Antigone« über Antigones Frevel!

[2] Bedeutsamkeitszusammenhänge einmalig, unwiederholbar; Erwartungshorizont wächst, ist immer ein neuer; es begegnet im Erfahren nie ein Gleiches; wo das so aussieht, ist bereits verdinglichende Objektivierung im Spiel.

Umwelt – das so Umgrenzte immer wieder lebendig erfahrbar, weil das Leben ›mächtiger‹ ist als das theoretische Erkennen und seine Begriffe! Keine Begriffe, sondern bedeutungsmäßig Sinn nach!

Die Kenntnisnahme, wie diese Weise der in dem Stil des faktischen Erfahrens sich haltenden, nicht theoretisch-wissenschaftlichen Gegenständlichung genannt sein soll, begegnet in verschiedenen Ausdrucksgestalten, Formen des täglichen, persönlichen oder öffentlichen Verkehrs. Sie kann sein gegenwärtigende oder vergegenwärtigende Kenntnisnahme und ist im Wechselverkehr zugleich Kenntnisgabe: Unterhalten, Erzählen, Berichten, Anordnen. Der sprachliche Ausdruck ist faktisch sehr oft abgerissen, unvollständig, aber um so charakteristischer. Entscheidend ist jedoch das im Ausdrücken Gemeinte und das Wie des Gemeinten – und das sind immer *Bedeutsamkeitsverhalte*, deren Zusammenhang sich stiftet aus dem fließenden Erwartungszusammenhang des faktischen Lebens. In den Bedeutsamkeitsverhalten ist noch die Bedeutsamkeit da. Die Beziehung, der Verhalt ist nicht ein Sachverhalt und nicht solches und als solcher gemeint, sondern ein Lebensverhalt – die Tendenz des Vorwärtsdrängens mit ihren Horizonten schwingt darin. Im Bedeutsamkeitszusammenhang ist keine Ordnung im Sinne der besonderen Ordnung der Gesetzlichkeit der Sachgehalte gegenständlich erfahren.[3] Nicht die reinen Sachverhalte sind Maßstäbe und Leitfäden der Einheiten von Kenntnisnahmen und ihres Ausdrucks, sondern die faktisch erfahrenen Bedeutsamkeitsgehalte in ihrem durch ihren Faktizitätssinn gestifteten historischen Zusammenhang. Jede Explikation untersteht einer Leitidee. Die Explikation der Kenntnisnahme ist motiviert durch die jeweilige herrschende Erwartungstendenz und erhält von ihr her die *Richtkraft*. Jede Explikation ist kein bloßes »Aufrollen«, auf ein gemeinsames homogenes Brett schlagen, sondern immer in der genuinen Leittendenz gewonnen aus *Gestalten*.[4]

[3] »Unordnung« = Abwesenheit von Ordnung (einer bestimmten Ordnung, Ungewißheit der theoretischen Ordnung (Bergson)) in der faktischen Lebenserfahrung bezüglich des Stils (einschlußweise wohl!!).

[4] Vgl. Manuskript »Über Explikation«, 1 [im Nachlaß nicht auffindbar].

Entsprechend gestaltet der Gültigkeitsanspruch das kundgegebene, Bedeutsamkeitsverhalte ausdrückende Kenntnisnehmen. Sofern die Gegenständlichkeit der Kenntnisnahme überhaupt nicht aus dem faktischen Erfahrungszusammenhang heraustritt und eine dem faktischen Leben gegen-überstehende selbständige Objektivität nicht ausformt, sondern das Gegenständliche immer aufgeht in dem Bedeutsamkeitszusammenhang der faktischen Lebenssituationen, darf von Gültigkeit und Geltungsanspruch der Kenntnisnahme strenggenommen gar nicht gesprochen werden, obwohl andererseits der Erlebnischarakter der faktischen Erfahrungsgewißheit ein absoluter ist, unerschütterlich ist und sich oft auch gegen jede herangebrachte theoretische Beweisführung hartnäckig versteift und behauptet und zwar als lebendige, in der faktischen Erfahrung erwachsene Überzeugung, die nicht lediglich und überhaupt als theoretisches Gebilde dasteht, sondern wirklich ist in der Form der Bedeutsamkeit. Die *Überzeugung trägt* mein Leben; ihre *Tragweite* ist keine solche theoretisch faßbar genereller Gültigkeit für, Gesetzlichkeit für oder ähnliches. Es wäre aber ebenso wie die Annahme einer theoretischen Ordnung verkehrt die Grenzansetzung des faktischen Lebens als einer ungegliederten chaotischen Dumpfheit und Dunkelheit, »Dösnis«, so daß jede Artikulation fehlte; es hat vielmehr eine höchst reiche und lebendige, an die alle Mannigfaltigkeit theoretisch dinglicher Beziehungen nicht heranreicht.

Die Kenntnisnahme – ihre Ausdrucksform – ist als explizierende Modifikation des faktischen Erfahrens vom selben schrankenlosen Herrschaftsbereich wie dieses; und vor allem braucht nicht das zur Kenntnis Genommene *abheben*, in der Weise, daß sie es in ein ›Als‹ regionaler Charakterisierung setzt oder gar der besonderen Ausformung eines besonderen Erfahrungsstiles bedürfte.

Ich erfahre im faktischen Lebenszuge auch mich selbst, aber gar nicht im »Als« meines Selbst. Solche Erfahrungen können zur Kenntnis genommen werden und zum Beispiel ungezwungen und unabgehoben eingehen in Erzählungen. Mein Selbst steht unabgehoben im durchgehenden Charakter[5] des faktisch gelebten Bedeutsamkeitszusammenhanges. Kenntnisnehmend solche Erfahrungen und erzählend werden nicht psychische Vorgänge oder so etwas als Geschehenszusammenhänge der objektiven Zeit gegenständlich, sondern ich erfahre mein Selbst nur in und durch seine Leistungen und Schicksale, die selbst den einheitlich einzigen Charakter der Lebenswirklichkeit haben im faktischen Lebenszusammenhang und zwar so, daß die Leistungen weder im Als meiner ausdrücklichen Leistung noch im Als des lediglich Vorgehens in mir – des irgendwoher Verursachtseins – zur Kenntnis genommen wurden. Allerdings gibt es auch hier im faktischen Erfahrungszusammenhang und dem ihn ausdrückenden Kenntnisnehmen ein ganz eigenes ›Als‹ der Charakterisierung, aber es ist nicht das ›Als‹ der generellen oder sonstwie begrifflich regionalen Charakterisierung, sondern *das »Als« der Bedeutsamkeit*, das notwendig immer situationsentwachsenes, historisches ist.

b) Phänomenologische Bestimmung der Kenntnisnahme als Modifikation der Einstellung des faktischen Erfahrens

Auf die Frage: *Wie kommt es aus der faktischen*, nach besonderen Weisen des Erfahrens nicht artikulierten *Lebenserfahrung* mit ihrer Ungehemmtheit des Erreichens und der Gleichsinnigkeit derselben *zur Abhebung einer Grunderfahrung*? Zwar lernten wir jetzt ein *merkwürdiges* Phänomen kennen: die Kenntnisnahme; weiter, bestimmte Konstitution dieser. Wir bezeichneten sie geradezu als *Modifikation* der faktischen Erfahrung, und andererseits lernten wir sie kennen als im Grundstil der faktischen Erfahrung sich haltend. Ein merkwürdiges Phänomen also deshalb, weil die Kenntnisnahme gleichsam auf der Grenze

[5] Vgl. S. 94f.

steht: eine Artikulation und doch keine, sofern sie im Grundstil bleibt.[6]

Ein noch schärferes Verfolgen dessen, *was* modifiziert wird, in der Richtung, in welche der Sinn der Modifikation weist, wird uns Horizonte eröffnen, deren Verfolg am Ende zu etwas Neuem führt.[7]

Wir suchen also die ›Kenntnisnahme‹ *als* Modifikation näher zu verstehen. Wir durchlaufen das Phänomen in seinen Strukturmomenten und fragen: 1. Was wird modifiziert? 2. Wozu wird es modifiziert? 3. Wie vollzieht sich die Modifikation und ihr Vollzugssinn? Was letztlich Modifikation besagt, ihren Sinn überhaupt und die möglichen Tendenzzusammenhänge, in denen sie selbst irgendwie stehen muß, können allerdings noch nicht besprochen werden.

Ad 1) Konkreter Fall – Besuch: gemeinsames Bücher ansehen, Bilder betrachten, Tee trinken, Zigarren rauchen; darauf gemeinsamer Spaziergang; Wetter hellt sich auf, Sonne kommt durch, Sonnenuntergang, Frischwerden – ein Erfahrungszusammenhang, in dem ich voll aufgehe. Abends werde ich gefragt: Was hast du heute nachmittag getrieben? – und ich erzähle den Besuch und den Spaziergang; oder ich denke abends selbst für mich darüber nach, lasse es an mir vorbeiziehen, oder schreibe das, was mir passierte, in mein Tagebuch – allgemein: nehme es erzählend, mündlich oder schriftlich, oder besinnlich zur Kenntnis. Was wird *modifiziert*? Im Grunde nichts. Die Kenntnisnahme will ja gerade nur erzählen, das Erfahrene gegenwärtigen, wieder vergegenwärtigen in der Lebendigkeit seines Erfahrengewesenseins, und sie wird gerade als vollkom-

[6] *Artikulation* (formal) besagt: Auszeichnung, Abhebung, Ausformung, Ausschneiden (vgl. Manuskript »Über Psychologie«, S. 12) [= ein im Nachlaß vorhandener Aufsatz, der in der III. Abteilung der Gesamtausgabe veröffentlicht werden wird].

Faktisches Erfahren des Erfahren-seins – *Passiert-seins* – Verfestigung von Stationen und Momenten – *Entspannung* vorbereitet – *»aus«* ⟷ *ruhen*!!

[7] vgl. Anhang B/I., Ergänzung 10, S. 221 f.

mene Kenntnisnahme den Bedeutsamkeitszusammenhang in seiner Fülle wieder zur Gegebenheit bringen und zwar so, daß ich es gleichsam wieder durchlebe, und der, dem ich es erzähle, es mitzuleben meint. Daß ich es einmal faktisch durchlebe und dann zur Kenntnis nehme, darin liegt zwar irgendwie ein Unterschied, den man begreifen kann als aktuelle Erfahrungen und vergegenwärtigte oder gar vergegenwärtigendes Erfahren. Aber was erfahren wird, soll ja gerade dasselbe sein, im selben Wie seiner selbigen Lebendigkeit. Wenn wir es »letztlich« formulieren: es ändert sich faktisch die Weise des Erlebens. Solche Feststellung grenzt aber hart ans Triviale – eine von den berühmten phänomenologischen Einsichten. Und daß solches auch bei inhaltlich anderen Erfahrungen und vielleicht allen faktischen Erfahrungen des Lebens faktisch möglich ist, daß die Menschen im Einzelfall mehr oder minder genau und treu erzählen, mehr oder minder lebendig und bezaubernd erzählen und beschreiben können, das weiß auch jeder. Wozu also soviel Wesens über längst Bekanntes und warum nicht endlich einmal sagen: was Phänomenologie ist.

Also, was modifiziert wird, ist die Einstellung. Damit erledigen sich auch die anderen Fragen: *wozu* modifiziert wird? Nun, eben zu einer anderen! Und *wie* vollzieht sich das? Die Einstellung selbst wird eben geändert! Die ganze Weisheit ist also: Wenn ich wahrnehme, erinnere ich mich nicht, und wenn ich mich erinnere, nehme ich nicht wahr. [Aber wir wollen doch solchem unverdorbenen Geniestreich mit so sicherem Gefühl für erledigte Selbstverständlichkeiten mißtrauen!]

Fassen wir bezüglich der ersten Frage: Was wird modifiziert?, schärfer zu. Was modifiziert wird, wird sichtbar in der Anschauung dessen, worauf die Kenntnisnahme sich richtet. Ja, aber gerade doch ihrem eigensten Vorhaben und Sinn nach auf *dasselbe*. Aber dieses ›dasselbe‹ ist faktisch. Erfahren und im Kenntnisnehmen dieses *Erfahrens* dasselbe und nicht dasselbe. *Es ist dasselbe,* sofern ich nicht etwas aus dem russisch-japanischen Krieg erzähle oder eine Räubergeschichte erfinde und sie zum besten gebe, sondern die erfahrenen Begebnisse so, wie sie erfahren wurden, erzähle. Und doch *nicht dasselbe*, sofern der *phänomenale Zusammenhangscharakter* dessen, worin ich erfahrend und davon Kenntnis nehmend lebe, verschieden ist. Im faktischen Erfahrungsvollzug, in der strömenden Zugrichtung lebend, gehe ich auf in dem jeweiligen Begegnis. Ich lebe, wenn auch nicht ausdrücklich bewußt, in einem Erwartungszusammenhang. Ungebrochen, ohne Barrieren übersteigen zu müssen, gleite ich von einem Begegnis ins andere, und eines um das andere versinkt *und zwar so, daß ich mich darum nicht kümmere*. Ich komme gar nicht auf den Gedanken, so etwas überhaupt zu beachten. Ich schwimme im Strom mit und lasse schlagen die Wasser und Wellen hinter mir. Ich schaue nicht zurück, und im nächsten lebend lebe ich nicht im eben gelebten Begegnis oder weiß um es als eben gelebtem. Ich gehe auf in der jeweiligen Situation und in der ungebrochenen Situationsfolge und zwar in dem, was mir in den Situationen begegnet. Ich gehe auf darin, d. h. ich sehe mir nicht an oder bringe mir zum Bewußtsein: jetzt kommt das, jetzt das, sondern *in dem*, was kommt, bin ich, vollebendig es lebend, *verhaftet*. Ich lebe den Bedeutsamkeitszusammenhang. Er wird in meinem Erfahren und durch es als solcher geschaffen, insofern ich gerade da und da in dieser Erwartungsrichtung *schwimme*.

Je ungebrochener, reflexionsunbekümmerter, je ausgegossener jede Momentanphase des faktischen Lebens gelebt wird, um so lebendiger ist der ablaufende Erfahrungszusammenhang. Die Horizonte wechseln ständig, und jeweilig nur für einen bin ich geöffnet und gleite so in den kommenden, und das immer in der völligen Abwesenheit des »als so und so«, im Fehlen jeder Charakterisierung des sich je erst bildenden Bedeutsamkeitszusammenhangs und seiner Phasen.

Phänomenal liegt im faktischen Erfahren eine von Momentanphase zu Momentanphase fortschreitende, rückschauunbetroffene Zusammenhangsbildung (die im Strom bleibt und mitschwimmt und mein Schwimmen selbst so und so beeinflußt, ein Schwimmen, das immer aufgeht in seiner momentanen Situationsumgebung) – nicht gegenwärtige, im Fortschreiten von gegenwärtiger zu gegenwärtiger Momentanphase rückschauunbetroffen abfließende Zusammenhangsbildung, die über ihre Bildung selbst wieder die fortfließenden Phasen bestimmt.

Diese phänomenalen Charaktere, in denen das faktisch erfahrene Was erlebnismäßig sich gibt, sind in der Kenntnisnahme modifiziert. In der Kenntnisnahme ist der Erfahrungszusammenhang von vornherein als relativ Ganzes in Tendenz genommen, ohne daß explizit jede seiner Phasen zunächst präsent wäre. Das Erfahrene ist umweltzeitlich (»gestern nachmittag«) oder sonst bedeutsamkeitsmäßig als Ganzheit charakterisiert, abgegrenzt und als etwas, dem ich, mich einstellend in die unscharf und doch bestimmte und zeitlich fixierte Dauer, nachgehen kann und im Vollzug der Kenntnisnahme nachgehe.

In der Kenntnisnahme ist ein Zusammenhang als solcher nicht nur überhaupt intendiert, sondern in dieser Tendenz stehend wird er in ihr selbst vergegenwärtigt. Die Momentanphasen sind jetzt auch vergangenheits- und zukunftsgeöffnet und sie werden als irgendwie zusammenhängend eine bestimmte Lebensganzheit bildend durchlaufen. Das Erfahrene ist als Ganzes abgehoben und als solches im Kenntnis nehmenden Durchschreiten zusammenhangsmäßig ausgeformt.

Es ist nicht mehr die verströmende Erwartungstendenz, sondern die Tendenz auf strukturmäßig einen Zusammenhang als erfahrenen als solchen ausdrückende *Verfestigung* – eine Verfestigung, die ihre Stützen hat in der umweltzeitlichen Umgrenzung und der innerhalb dieser vollzogenen, bedeutsamkeitsgeleiteten, ausdrücklichen Zusammenhangsvergegenwärtigung. Damit leistet die Kenntnisnahme eine ausdrückliche *Gestalt*gebung. *Sie expliziert einen Zusammenhang, den das faktische Erfahren selbst nicht kennt, für den es gar kein Organ hat.*

Während also im faktisch in der Zugrichtung des Lebens mit- und aufgehenden Erfahren phänomenal vorliegt: eine nicht selbst gegenwärtige, im Fortschreiten von lediglich gegenwartsgeöffneter Momentanphase zu Momentanphase rückschauunbetroffen abfließende, aber doch im Strom bleibende, d. h. tiefer liegende Zusammenhangsbildung, gibt sich in der *Kenntnisnahme* eine den Erfahrungszusammenhang als solche Ganzheit so und so einende von vornherein – als zur Kenntnis zu nehmende – abgrenzende und die Momentanphasen allseitig aufschließende und in der Gesamtintention zusammenschließende, so verfestigende Gestaltgebung, in der die Momentanphasen in ihrer vollen bedeutsamkeitsmäßigen Geöffnetheit erfaßt sind.

Mit der Bestimmung des ›Was‹ und des ›Wozu‹ der Modifikation ist auch schon das ›Wodurch‹ und ›Worin‹ des Vollzugs berührt. Das Entscheidende ist, daß das Leben, statt in Erwartungstendenzen lebenbildend fortzuschreiten, den Sinn von Erwartungszusammenhang stabilisierend und ihn als ausdrückliche Tendenz nehmend, so aus sich selbst heraus dem gelebten Leben Gestalt gibt. Es kommt damit eine Wesensgesetzlichkeit des Lebens an und für sich zum Ausdruck; es manifestiert seine absolute Strömung und Geschichte in *Ideen*.

Diese Prozesse der gestaltgebenden Verfestigung zu Verfügbarkeiten (vgl. oben) stehen unter diesen Möglichkeiten und zwar deshalb, weil in der erfahrenen Wirklichkeit – deren Sinn ja ist: Bedeutsamkeitszusammenhang – bestimmte (und alle anderen) Bedeutsamkeiten die Funktion der Stabilisierung von Erwartungszusammenhängen als leitende erhalten können; in eins damit heben sich Wirklichkeitskreise: Waffen, Hausgeräte, Nahrungsmittel, Heiligtümer, Familien, Stammesoberhaupt, Priester, Medizinmann – diese Gestaltgebung nicht gebunden an primitive Kulturstufen, sondern in jedem faktischen Lebenszusammenhang antreffbar und ihn geradezu charakterisierend (und hat nichts zu tun mit generalisierender Begriffsbildung und Einordnung von Fällen unter Klassenbegriffe).

Für unseren Zusammenhang ist wichtig, daß wir jetzt sinngenetisch dieser Modifikationsrichtung überhaupt nachgehen, sie radikalisieren und dabei nicht nach Faktischem fragen, *sondern nach idealen Möglichkeiten des Sinnes* und nach einer letzten darin sich bekundenden *Idee*.

§ 26. Radikalisierung der Kenntnisnahme zum theoretischen Dingerkennen als Erlöschen des spezifisch faktischen Erfahrungszusammenhangs

a) Vergegenwärtigung der phänomenalen Charaktere vor und nach der Modifikation der Kenntnisnahme

Die Hebung von Wirklichkeitskreisen durch das Leitendwerden eines Erwartungszusammenhangs, der seinerseits sich aus der faktischen Erfahrung bildet, ist eine solche, daß die gehobenen Wirklichkeitskreise immer noch in der faktischen Erfahrungswelt verhaftet bleiben.[1]

Denken wir uns eine ganze Fülle faktischer Erfahrungen und sie alle auch als zur Kenntnis genommene: erzählte, berichtete, vergegenwärtigte, darin beschlossen bestimmt gehobene Bedeutsamkeitskreise, vielleicht sogar so, daß jedes Erfahrene in einem solchen erfahrungsmäßig deutbar und gedeutet ist, so ist zu sagen, daß diese Fülle von Lebenszusammenhängen eine merkwürdige gefährliche Chance hat.

Alle Erfahrungszusammenhänge bezüglich ihrer Zusammenhangsform, alle bestimmten Erwartungstendenzen seien ausgelöscht, das in den Momentanphasen Angetroffene sei weder in der Ordnung seines faktisch lebendigen Erfahrenseins noch in der besonderen Ordnung durch Hebung besonders ausgeformter und stabilisierter Erwartungstendenzen, dann ist die Kenntnisnahme und das zur Kenntnis Genommene der Stützen seiner Verfestigung[2] und der Mittel seiner Gestaltgebung be-

[1] das »als« der Bedeutsamkeit (keine formal-generelle Klassifikation; Strukturprinzip wieder wesentlich anders!).

[2] Umweltzeit – Bedeutsamkeiten als bestimmte Leittendenzen – überhaupt ein möglicher *ganzer* Bedeutsamkeitszusammenhang.

raubt. Der Zusammenhang *bricht* auseinander. Die unabsehbare Mannigfaltigkeit von Trümmern ist aber nicht nichts, lediglich ein dunkles Chaos oder gar in ganz verkehrter Deutung ein Gewühl von Empfindungsdaten, sondern jedes Trümmerstück stammt aus dem Zusammenbruch, ist ein Gebrochenes, ein Torso, ein Fragment. Es trägt noch seine Herkunft des Bedeutsamkeitszusammenhangs, aus dem es herkommt. Aber die Zugänge dorthin, das Nachgehen diesen ist verwehrt. – Trümmer aus dem Zusammenbruch einer Welt und zugleich mögliche echte Bausteine für den *Aufbau* eines Neuen, für *einen* Aufbau.

Es handelt sich um die Radikalisierung der Modifikation der Kenntnisnahme *(zum theoretischen Dingerkennen)*, und zwar wird sie in der Weise durchgeführt, daß das Neue und die Verdrängung des mit der Antastung Gefährdeten in bestimmter Weise und in der Richtung dieser Antastung gesteigert wird. Das alles spielt sich gleichsam ab in der Sphäre der phänomenalen Charaktere.

Dazu bedarf es einer nochmaligen präzisen Vergegenwärtigung der phänomenalen Charaktere vor und nach der Modifikation.

Vor der Modifikation: im faktisch lebendigen Erfahrungszuge ein selbst nicht rückschaubetroffenes Fortgehen von lediglich eigener gegenwartsgeöffneter Momentanphase zu Momentanphase, welches Fortgehen zugleich ist eine nicht ausdrückliche Zusammenhangsbildung der Erfahrungen, die in dieser nichtartikulierten Lebendigkeit im ständig fortfließenden Erfahren weiterleben.

Nach der Modifikation: eine die Erfahrungen unter eine bestimmt geleitete Ganzheitstendenz nehmende, ihn in seinen Momentanphasen allseitig öffnende und so aus dem unartikulierten Fortfließen abhebende Verfestigung des Zusammenhangs.

Das Neue:

I. die ausdrückliche so oder so (bedeutsamkeitsmäßig) geleitete Ganzheitsbildung; II. Öffnung der Momentanphasen und damit III. Schaffung einer von da motivierten Übersehbarkeit.

Angetastet wird also das lediglich gegenwartsgeöffnete, in der Zugrichtung eines Erwartungszusammenhangs fortschreitende Erfahren. Es wird *verdrängt*: in der Richtung der ganzheitbildenden, Momentanphasen öffnenden, Übersehbarkeit gewinnenden Eigenzusammenhangsbildung.

Die Modifikation radikalisiert sich also durch Steigerung der vordrängenden Momente, so daß die Eigenzusammenhangsbildung eine möglichst reine ist, d. h. nicht mehr von Gnaden des im lebendigen Erfahrungszuge sich stiftenden, in der Kenntnisnahme nur abgehobenen – allerdings schon auf Kosten seiner *Lebendigkeit* und Zugrichtung abgehobenen – Erfahrungszusammenhangs lebt.

b) Das Erlöschen der ganzheitsbildenden Leistung der faktischen Erfahrung als methodische Fiktion

Wir kommen also am schnellsten ans Ziel, wenn wir die *Fiktion* machen, daß faktischer Erfahrung jede Mitleistung versagt bleibt. Was heißt das methodisch? Wir machen diese vorgenannte Fiktion. Eine phänomenologische Aufklärung hierüber im strengen Sinn ist jetzt nicht zu geben, dazu bedürfte es der ausführlichen Theorie der phänomenologischen Situationsbildung. Wir treffen daher nur an diesem methodischen Sonderfall *die* Vorkehrungen, die ganz grobe Mißverständnisse unmöglich machen. Hierfür gehen wir zunächst vom Inhalt der Fiktion selbst aus: Es soll fingiert werden, daß faktischer Erfahrung jede Mitleistung versagt bleibt. Das besagt nicht: daß faktische Erfahrung als faktisch von uns nicht vollzogen gedacht werde. Ob und wie oft und ob nie mehr von der jetzigen Sekunde an faktisches Erfahren vorkommt, ist phänomenologisch gleichgültig (besagt für uns nichts). Andererseits kann aber die Fiktion ebensowenig besagen wollen, der Sinn von faktischer Lebenserfahrung solle nicht bestehen, es solle dem Sinn nach so etwas überhaupt unmöglich sein, der Idee des Lebens an und für sich widerstreiten. Meinte die Fiktion so etwas, dann höbe sie ja selbst den ganzen Problemkreis, in dem sie selbst für seine Lösung eine bestimmte methodische Funktion hat, auf.

Es soll also nicht fingiert werden, so etwas gebe es seinem Sinne nach überhaupt nicht, sondern: faktischer Erfahrung sei die Mitleistung versagt. Fingiert wird *ihr Erlöschen* innerhalb des, wenn auch nicht notwendig faktisch, so doch dem Sinne nach bestehenden lebendigen Lebens, in dem »faktisches Erfahren« selbst Sinn hat. Fingiert wird das ›Erlöschen faktischer Erfahrung‹ und zwar das Erlöschen nicht als ein konkretes hic et nunc zufallendes Ereignis, sondern wiederum: *sinnmäßig*[3] und zwar nicht in einem momentanen zufälligen Sich-das-so-Denken (das gibt die bekannten phänomenologischen Mißgeburten!), sondern streng im Sinnzusammenhang der jetzigen Problematik.

Also faktisch praktisch methodische Anweisung: Wir versetzen uns in ein möglichst lebendiges faktisches Erfahren, in dem wir aufgehen, in dem wir einer reichen Fülle von Leben begegnen. In dieser Situation bleibend versetzen wir uns in eine möglichst lebendige (vielleicht erzählende) *Kenntnisnahme davon* – diese Situationen nun gleichsam komprimieren, auf die höchste Lebendigkeit und Zentralität steigern – zugleich nun phänomenologisch reduziert.

Über das Sichversetzen ist noch andeutungsweise zu sagen (was uns noch später selbst methodisch beschäftigen wird): Sich-ver-setzen in den betreffenden Erlebniszusammenhang, also Erlebnisse *nicht* gleichsam vor dem Blick paradieren, vorbei-marschieren lassen, womöglich noch als psychische Vorgänge, sondern selbst mitgehen, so »gehen«, wie es der *zunächst verständliche Sinn* (zu verstehender Sinn: Problem!) selbst vorschreibt. Weder nur vorbeiziehen lassen noch auch lediglich hinterhersehen, reflektieren, zu deutsch: das Nachsehen haben, auch nicht darüber hinsehen – *Mitgehen!* Gehen ist

[3] »Erlöschen«: *Phänomen in der Sinngenesis.*

mehr als ›Bewegen‹, Ortverändern[4]; konkrete Veranschaulichung (allerdings nur für den von echtem Anleitungswert, der es selbst lebendig erfahren hat): in der Kompanie-Kolonne *mitmarschieren* in verschiedenen Situationen und eine Kompanie vorbeimarschieren sehen; oder Schlittschuhlauf – die sich auf das Eis zeichnenden Spuren sind nicht selbst der Schwung des Lebens selbst, sondern sein herausgeschleudertes Resultat!

Im lebendigen Versetztsein in einen Erfahrungszusammenhang, im lebendigen Mitgehen mit der ihn betreffenden Kenntnisnahme bringen wir den spezifischen Erfahrungs*zusammenhang*, sofern er bezüglich des zur Kenntnis genommenen ganzheitbildend ist, zum Erlöschen. Die durchwaltende Form der Ganzheit, als Fortgangsmöglichkeit an einer umweltzeitlich abgehobenen Phase, steht fiktiverweise sinnmäßig nicht mehr zur Verfügung. Was also aus dem von der Kenntnisnahme betroffenen Erfahrungsduktus noch unangetastet und erst nur eigentlich gehoben in diese einging, ein umweltzeitlich umgrenzter Bedeutsamkeitszusammenhang, ist gleichfalls herausgestrichen, ebenso die Betrachtung bezüglich der Öffnung der Momentanphasen. Nach dem Erlöschen des Ganzheits*zusammenhangs* sind sie lediglich ins Leere geöffnet (abgesehen vom Hinweis in die Bedeutsamkeitskreise). Es sind damit alle Hemmungen beseitigt für eine reine Eigenzusammenhangsbildung. So möchte man schließenderweise argumentieren – phänomenal liegen die Verhältnisse anders.

Die Kenntnisnahme hat jetzt ihre eindeutige Bewegungsrichtung verloren, damit die mögliche Befolgung ihres einheitgebenden Prinzips. Ihr Gehalt fällt auseinander in mehr oder minder zerstückelbare Wirklichkeitseinzelheiten (Bedeutsamkeitsstücke), Fragmente. Jedes trägt in sich selbst vorzeichnend die Linien der möglichen Ergänzung seines Bedeutsamkeitszusammenhangs: »Schutzmann«, »Sonnenuntergang«, »Automobil«, »im Seminar Sitzen«, »Münster«, »Skilaufen«, »Hand-

[4] und ein ganz anderes, das durch alle Umwelt-Bilder nur verkehrt wird.

buch der physiologischen Optik«, »Spazierstock«, »Vorlesung halten«, »Gaslaterne«, »Kopfschmerzen« – Einzelheiten von Verfügbarem, die in gewisse Bedeutsamkeitsumkreise hineindeuten, durch eine diese charakterisierende Leittendenz gehobene Bedeutsamkeit haben, *gehoben* von dem lebendigen Erfahrungszusammenhang her. Wir sind unserer Fiktion noch nicht gerecht geworden, noch ist nicht alles Bedeutsamkeitsmäßige getilgt. Jede der in der Zerstückelung bleibenden Bedeutsamkeitseinzelheiten muß auch ihren Hinweischarakter in einen Bedeutsamkeitskreis (in eine Kaste oder »Klasse«) verlieren. Sie werden gleichsam kommunisiert. Mit dem spezifischen Bedeutsamkeitscharakter gehen sie auch der Möglichkeit verlustig, aus weltanschaulich-metaphysischen Bezügen her einen Zusammenhang zu gewinnen: »als geschaffen von Gott«, als getragen und bewegt von einem »absoluten Weltgeist« oder ähnlich.

Aber was jetzt in der kenntnisnehmenden Tendenz da ist, sind nicht lauter Etwas im Sinne des »noch nicht«, des unabgehobenen Etwas, dessen Bedeutsamkeitskreis noch nicht voll bestimmt ist, denn die Möglichkeit solcher Bestimmbarkeit ist jetzt unterbunden. Ebensowenig haben wir ein leeres Etwas überhaupt vor uns. Gegeben sind jetzt als Restbestand gleichsam des Prozesses der Verdrängung der Erfahrungswirklichkeitscharaktere Einzelheiten – auch Geschehenseinzelheiten – im Charakter des »nicht mehr« – lauter Gegenstände, mit denen nicht nur faktisch, sondern sinnmäßig nichts mehr angefangen werden *darf* – im Sinne der faktischen *Lebenserfahrung* und ihrer Wirklichkeiten. Jeder so gerichtete Erlebnisbezugsversuch fällt notwendig ins Leere. Nun ist zu beachten: es wurde nirgends gesprochen vom Unterbinden *jedes* Lebensbezuges. Wir sind je versetzt in eine lebendige Erlebnis-Tendenz, Erwartungssituation. Diese bleibt selbst unangetastet. Verdrängt ist nur die spezifische Sinnrichtung des Aufgehens in einem Bedeutsamkeitszusammenhang und die Möglichkeit eines Hereinspielenlassens eines solchen in die abhebende Eigenzusammenhangsbildung der explizierend abhebenden Kenntnisnahme. Die Tendenz dieser auf Eigenzusammenhang ist da und zwar wirklichkeits*gerichtet*, aber da in einer Katastrophe, ohne Möglichkeit, einen Schritt zu tun, gerichtet, aber ins Leere greifend, sofern jeder Sinncharakter von Bedeutsamkeit fehlt.

Das Dastehende im Charakter des »nicht mehr« ist dastehend als ein Korrelat einer noch wachen Erwartungs- und Zusammenhangstendenz der Kenntnisnahme, zugleich ein »nicht schon«, d. h. es bleibt als dastehend stehend in einem bestimmten Horizont-*Zusammenhang* – ein Zusammenhang, der *Aufgabe* ist und als Aufgabe auf sich selbst gestellt: ein Trümmerfeld wohl, gesehen von der Bedeutsamkeitsverdrängung her, ein reicher, mit noch nicht übersehbaren Explikationsmöglichkeiten geladener Fruchtboden in der Tendenz auf abgehobenen, übersehbaren, expliziten Eigenzusammenhang.

c) Die Idee der Dinglichkeit als Leitidee der Wissenschaft

So ist in der phänomenologisch-methodischen Radikalisierung der Kenntnisnahme eine Idee erwachsen, die Idee eines reinen, abgehobenen, in sich selbst verfestigten, expliziten gegenständlichen Zusammenhangs, den wir zur Kennzeichnung gegen das formal Gegenständliche als Dinggegenständlichkeit oder *Dinglichkeit* benennen.

Aus dem phänomenologischen Prozeß der Herausbildung dieser Idee wird ersichtlich das sinnmäßige Rückbezogensein der Dinglichkeitssphäre auf faktisch volle Bedeutsamkeitserfahrung. Ganz durchschlagend wird die Evidenz dieses Sinnzusammenhangs erst, wenn der Primat des Lebens selbst voll einsichtig geworden ist. Eine Evidenz, auf der allerdings die ganzen Betrachtungen ruhen, eine solche, die *aber jederzeit gewinnbar ist* – was für die phänomenologische Aufklärung und das sinngenetische Verstehen der objekterkennenden Begriffsbildung, der Struktur dieser Begriffe von prinzipieller Bedeutung ist. (Nicht so, daß man vom letzten Gewühl von Empfindungsdaten ausgeht und fragt: Wie werden daraus *Dinge* und *Dingbegriffe*!)

Das erlebnismäßige Korrelat, die Lebendigkeit des Vollzugs dieser Idee, bezeichnen wir als theoretisches Dingerkennen. Der Erwartungshorizont ist jetzt selbst nicht mehr Funktion der freien Lebensbewegung der faktischen Bedeutsamkeitserfahrung, sondern ist streng vorgezeichneter nach Was und Wie in der selbständigen Dinglichkeitssphäre selbst. Er erwächst im Hinsehen auf sie, Hinsehen in der Zusammenhangstendenz. Im Wechselbezug zwischen Dingsphäre und der Aufgabe der theoretischen Zusammenhangsbildung erwachsen bestimmte besondere Leitideen, deren Herausstellung einen besonderen phänomenologischen Problemkreis ausmacht, den man selbst nie isolieren und noch weniger verabsolutieren darf.

Zu letzterem ist die Gefahr groß und fast unüberwindlich. Der Grund liegt darin, daß die Idee der Dinglichkeit nicht aus einem bestimmten Erfahrungsgebiet entwächst, zugeschnitten ist, sondern phänomenologisch herausbildbar ist aus der unabgehobenen faktischen Erfahrung. Alles und jedes, was in diese eingeht, steht in der Möglichkeit, betreffbar zu werden von der theoretischen Tendenz auf Dinglichkeitszusammenhang, *hat die Chance der Verdinglichung*. Wird also die Idee der Dinglichkeit und der theoretischen Dinglichkeitserkenntnis als Leitidee der Wissenschaft überhaupt und jeder Wissenschaft angesetzt, dann ist 1. in dieser Tendenz selbst überhaupt eine spezifische Grunderfahrung unmöglich, 2. zugleich aber, falls man sie durch Rückgang in faktische Bedeutsamkeitserfahrung doch irgendwie realisieren könnte – auch nur der Idee nach –, hier überflüssig und bedeutungslos, sofern ihr ja in der Dingerkenntnis notwendig der Bedeutsamkeitscharakter überhaupt und der besondere erst recht genommen würde.

Zuvor muß eine Betrachtung eingeschoben werden, die sowohl das Vorangegangene weiter klärt, als vor allem für die kommenden Schritte und deren echten Vollzug notwendig ist: *das Problem der Gegebenheit*. Und zwar lassen wir alles Bisherige beiseite und suchen das Problem aus dem Faktischen heraus soweit zu stellen, als es für die methodischen Zwecke unserer Betrachtung gefordert ist.

ANHANG A

I. REKONSTRUKTION DES SCHLUSSTEILES DER VORLESUNG AUS HEIDEGGERS EIGENEN AUFZEICHNUNGEN

1. Problem der dinglichen Objektivität und das Problemfeld der spezifischen Grunderfahrung

Im Gesagten ist das *Problem der Gegebenheit* in seiner einzig möglich nicht konstruktiven, nicht im schlechten Sinne theoretisierenden Weise gestellt und die Lösung angedeutet.

Das Problem der Gegebenheit ist kein spezialistisches Sonderproblem. An ihm scheiden sich die Wege der modernen Erkenntnistheorie unter sich und zugleich von der Phänomenologie, die das Problem vor allem aus einer verengenden erkenntnistheoretischen Problematik loslösen muß.

Eng verbunden mit dem Gegebenheitsproblem steht das *Form-Inhalt-Problem* überhaupt, das wieder erst die moderne Transzendentalphilosophie im innersten beschäftigt, für dessen radikale Inangriffnahme ihr aber alle Mittel fehlen.

Beide Probleme vorgebildet in der Kantischen »Kritik der reinen Vernunft«, wo aber nichts zum klaren Ausdruck kommt – wesentliche Unstimmigkeiten, die der Neukantianismus übernommen hat, ohne in die Wurzel des Problems zurückzufragen.

Diese Auseinandersetzung ist mehr als eine akzessorische Angelegenheit für die weitere Entwicklung der Phänomenologie, für die nichts gefährlicher, und ihrem Wesen zuwiderlaufend, ist wie das Sichfestfahren in bestimmten Geleisen.

Es seien kurz charakterisiert die beiden typischen Auffassungen des Gegebenheitsproblems in der *Marburger Schule* und bei *Rickert* und zwar nur so weit, daß der Fragepunkt heraustritt.

Marburger:

Es ist nirgends von einem fertigen und gegebenen Gegenstand zu reden. *Vor* allen Gegebenheiten steht das Denken und seine Gesetzlichkeit, für welche allein ein Gegenstand »gegeben« sein kann.

Der gegebene Gegenstand ist nicht das erste; seine Setzung ruht auf einer ursprünglichen Denkfunktion. Also ist Erkenntnis überhaupt nicht Analyse und Zusammensetzung aus Gegebenem.

Gegenstand X – Aufgabe der ins Unendliche fortschreitenden Setzung. Nur in ideeller Vorwegnahme des Vollendetseins des Prozesses der Setzungen des Denkens ist überhaupt vom Gegenstand der Erkenntnis zu reden.

Gewiß liegt im Denken die Bezugnahme auf eine materiale Sinnlichkeit, aber diese materiale, die Empfindungen, sind doch selbst nie anders vermittelt als durch Denkfunktionen – und sind überhaupt nur gegenständlich, sofern sie in das Relationssystem der Denkansetzungen durch das Denken selbst eingefügt werden.

Das Problem des Konkreten kein anderes als das des Unendlichen. Das Aposteriorische muß sich vielmehr aus dem Apriorischen im gleichen Sinne erzeugen, wie die Einzelglieder der Reihe durch deren Gesetz einzig in Beziehung auf die ganze Reihe bestimmt, ja durch sie überhaupt nur *sind*, was sie *sind*.

1. Die Verabsolutierung des mathematischen Reihen- und Gesetzesdenkens zum theoretischen Verhalten, überhaupt die Orientierung aller Probleme und Begriffsbildung an der Reihengesetzlichkeit (man sieht darin zugleich eine Überwindung des Aristotelischen Systems von Gattungen und Art).

2. Die theoretisch formale Ansetzung von Empfindung – als X (Erkenntnisgleichung), wobei die Frage nach der Weise des Bewußtseins der Empfindungen, wie sie im Bewußtsein als zu bestimmende überhaupt präsent sind und mögliches X, welche Prozesse das bereits voraussetzt, so nicht gestellt wird.

3. Ein starrer Begriff des Bewußtseins, der im Grunde be-

sagt: logische Denkbestimmung des Gegenstandes, die selbst nur Setzung ist als Moment in einem unendlichen Prozeß des Setzens.

4. Im weitesten Sinne liegt im Hintergrunde das Problem der *Dialektik*.

Grundfehler aller Verabsolutierung der Dialektik liegt in einem Übersehen dreier verschiedener Problembezirke: a) der Gegenstandserfassung, b) des Ausdrucks und der logischen Bestimmung des Erfaßten; und dieses Übersehen und Verwechseln gründet in einer unechten – Konstruktion – nicht ausweisbaren Theorie des Bewußtseins, wie sie typisch in der Marburger Schule zum Ausdruck kommt.

Erfahrung ist Denken!

Erfahrung gibt es nicht ohne Denken. Ein reines a posteriori Urteilen gibt es nicht. *Auch in der primitivsten Erfahrung steckt Denken.* Rickert rückt noch eine Stufe tiefer in dem Aufweis von aller Formbestimmtheit!

Transzendentale Wertphilosophie (Rickert[1], *Lask)*:

Bei Rickert von Anfang an ein anderer Aspekt; das Tatsächliche, »Wahrgenommene« ist gegeben – es ist das, was unmittelbar erfahren wird; diese Erfahrung hat jede Erfahrung wissenschaftlich vorauszusetzen, um solche zu bleiben. In der Erfahrung steckt etwas Letztes, Unableitbares, ›Irrationales‹; das tatsächliche So und So muß auch die Erkenntnistheorie als letztes hinnehmen – aber damit noch nicht alle Fragen erledigt – Formprobleme – Form der Gegebenheit. »Genauer: mit ihr vermag sie sich überhaupt nicht zu beschäftigen.«[2] Wie ist damit zu vereinbaren, daß das Sollen begrifflich früher ist als das Sein?

»Wenn mir z. B. zwei Farbflecke gegeben werden, so kann ich das, wodurch der eine blau, der andere rot ist«, lediglich aner-

[1] H. Rickert, Der Gegenstand der Erkenntnis. Einführung in die Transzendentalphilosophie. 3. völlig umgearb. u. erweit. Aufl. Tübingen 1915, S. 376ff.

[2] A. a. O., S. 377.

kennen vom Standpunkt des transzendentalen Idealismus.[3] Hier findet alles »Denken« eine Grenze. »Nur darauf reflektiere ich, daß ich dies Blau und dies Rot ›*als Tatsache*‹ anerkenne«, ihm die Form der Gegebenheit zuspreche.[4] Wir suchen die gemeinsamen Formen der Urteile – und keine rationalistische Ableitung der Gegebenheit aus einem darüberliegenden Prinzip.[5]

»Gegebenheit als Kategorie zu verstehen«![6]

Dann ist zu zeigen, daß auch die Wahrheit der reinen Tatsächlichkeitsurteile, »die nur Bewußtseinsinhalte als gegeben konstatieren«[7], auf einer Form beruhen, daß auch dort, wo man lediglich Inhalt anzunehmen gewohnt ist, noch Form steckt!

»Farbe ist« = »Farbe ist Bewußtseinsinhalt, ist Tatsache, ist gegeben, ist wahrgenommen.«[8]

»Diese Farbe« – »diese gegebene Farbe« – im Bereich der bloßen Vorstellung nicht einem anderen zuschieben!

Kategorie der Gegebenheit: Form des ›Diesseins‹, Form der individuellen Gegebenheit. »Begriff des formalen identischen Sinnes der Bejahung des Tatsächlichen«.[9]

Das Wahrgenommene ist immer schon das für wahr Genommene.[10] Verstehen wir unter Erfahrung das Wahrgenommene, Tatsächliche, so zeigt sich, daß es keine Erfahrung *ohne Denken* gibt.[11] Jeder beliebige *wahrgenommene Sinneseindruck* ist *Problem*! »Reine Erfahrung« gibt es im erkenntnistheoretischen Sinne überhaupt nicht![12]

[3] Ebd.
[4] Ebd.
[5] Ebd.
[6] Ebd.
[7] A. a. O., S. 378.
[8] Ebd.
[9] A. a. O., S. 382.
[10] A. a. O., S. 378.
[11] A. a. O., S. 383.
[12] A. a. O., S. 384.

Jedes Wahrnehmungsurteil hat zwei Seiten – *Inhalt* bezieht sich auf Seiendes, *Form* auf ein Sollen.[13]

Für Rickert geht ›wahrgenommener Sinneseindruck‹, »einen Bewußtseinsinhalt als gegeben konstatieren«[14], und faktische transzendente Erfahrung durcheinander (so konstatiere ich doch keine Sinneseindrücke!) und zwar, weil die Problematik ohne weiteres in eine erdachte Sphäre transponiert wird. Man konstruiert sich einen *Begriff der reinen Erfahrung*, der in eine ganz andere Sphäre gehört als faktische Umwelterfahrung, selbst wenn diese nur ein Minimum von Bedeutsamkeit hätte, und liest dabei einen Inhalt heraus, ohne sein Erlebniskorrelat überhaupt zum Problem zu machen, und das kann man nicht, weil man sich einen Begriff von Bewußtsein überhaupt zurecht macht, der reine Konstruktion ist.

Beidemal *logisch leere Konstruktion*. Man deutet das in der faktischen Erfahrung Erfahrene um in ein *immanent Vorgefundenes* – in der falschen Verabsolutierung des Satzes von der Immanenz. Alles Gegenständliche ist Gegenständliches der Erkenntnis. Das heißt aber nicht, jedes konstitutive Sinnesmoment der Gegenstände ist auch zugleich *erkannt* und diese Erkenntnis gleichstellbar mit der Transzendenz!

*

2. Philosophie – ein Ringen um die Methode

Jede echte Philosophie ist in ihren eigentlichen Triebkräften ein Ringen um die Methode, so zwar, daß jede nächstgelegene Methode (und Erkenntnisweisen und Erkenntnisideale) immer neu überwunden werden muß. Phänomenologie nicht Philosophie für Jedermann!! Man wird nicht Philosoph dadurch, daß

13 A. a. O., S. 386.
14 A. a. O., S. 378.

man eine Methode lernt und *beherrscht*. Das Eigentümliche der philosophischen Methode selbst ist es, daß sie nicht technisierbar wird, und wo die Versuche dazu scheinbar gelingen und die Absicht sich durchsetzt, in dieser abgelösten Mittelhaftigkeit sie anzuwenden und in der faktischen Anwendung »Resultat« an »Resultat« zu reihen und eine Erkenntnismasse aufzuhäufen, ist philosophisches Problemfeld schon verlassen, und es ist hoffnungslos, mit der Methode und ihren feinsten Differenzierungen es je wieder zu gewinnen.

Die bisherigen Betrachtungen wären gänzlich mißverstanden und hätten die philosophisch verstehende Haltung überhaupt noch nicht erreicht, wenn sie als Erkenntnissätze, sogenannte Wahrheiten, hingenommen würden, aus denen etwas folge, sich mit logischer Notwendigkeit ergebe.

Vielmehr sind sie *eine Form, Gestalt* der Vorbereitung der Situation philosophischen Verstehens, eine Weckung der Disposition, um das philosophische Erfassen frei werden zu lassen; genauer: das Erfassen des Weges zur philosophischen Problematik selbst.

Wir haben uns – einseitig – auf einen besonderen abgehobenen Standort hinbewegt, von dem aus sich bestimmte, ihm zugehörige Horizonte darbieten. Es soll nun der Versuch gemacht werden, von ihm aus die philosophische Haltung zu gewinnen und zugleich damit die Isolierung wieder aufzuheben, d. h. sie als Isolierung selbst philosophisch verstehen. Auch die *Zugespitztheit* wird zurückgenommen!!

[Diese eigentümliche Betrachtungsweise ist im Gang der Vorlesung durchgehalten, hier jetzt aus praktischen Gründen Abbruch. Notwendig zur Folge, nicht ausführend konkret: der Reichtum der Bezüge verdeckt.

Einschieben: Erörterung des Phänomenbegriffs und Gewinnung einer Idee von Phänomenologie, d. h. Subjektität – nur die Ausformung des *Lebens* – allerdings *die*, die eine *besondere*, aber nicht transzendentalphilosophisch umbiegbare und verabsolutierbare Rolle spielt. Nicht darauf zurück zur Methode: Primat des Lebens schon in den gegebenen Betrachtungen vorgedeutet. Frage: ob die philosophische Gegenstandsbemächtigung *stetig* zu gewinnen ist oder durch einen Sprung; *und nun: ob Sprung* besagt: Springen ist eine neue Haltung, die irgendwie als Vermögen bereitliegt – *oder: reine Gewinnung* eines bereits lebendigen Verhaltens? Ist dann nicht eine *Stetigkeit da*? Wo ist da noch der Sprung? Also kein Sprung? Das besagt nicht, daß philosophische und nichtphilosophische Haltung nicht grund-verschieden sind.]

Rück- und Vorverweisung

Idee-ansetzung: *Ursprungswissenschaft* vom Leben an und für sich; Weise der *Darstellung* – Ausdrucks: Vor- und Zurückspringen; das Nicht-von-der-Stelle-Kommen und doch das Sich-dem-Ursprung-näher-bringen *deutet* auf eine eigentümliche Wissenschaft, so daß die Bezeichnung letztlich unangemessen wird, je näher wir dem Ursprung *kommen*. (»Strenge« der Methode)

Die *»Strenge«* der *Methode* hat nichts zu tun mit rationalistischer Exaktheit der Naturwissenschaft. »Strenge« betrifft nicht logisches Beweisen und unwiderlegliches Argumentieren, restloses Aufgehen der Rechnung oder gar mathematische Klarheit der Begriffe; *»streng«: »angestrengt« – rein hingegeben den echten Lebenssituationen;* aber auch nach der anderen Seite gesehen: nicht Mystik und Mystizismus, keine willkürlichen Verstiegenheiten und schwächlichen Ahndungen!!

Selbstgenügsamkeit, Ausdruckscharakter, Bedeutsamkeit – die jetzt nicht formalisiert und zum Überhaupt verblaßt werden sollen, sondern in der Weise phänomenologischen Ursprungsverstehens selbst als selbstgenügsame, bedeutsame Ausdrucksgestalten des Lebens in seiner absoluten Konkretion *interpretiert* werden sollen (Mitbringen von und Mitgewinnen von Situationsbedingungen).

Entsprechend der besonderen Betonung des Ausdruckszusammenhangs *Wissenschaft* (Kenntnisnahme) sollen die dort angetroffenen Bestimmungscharaktere zurückgenommen werden und das Problem des phänomenologisch-philosophischen Ausdrucks des Lebens gestellt werden – zurückgenommen, d. h. die philosophische Einstellung geht nicht in die Richtung der Objektivierung.

*

3. Echte »Stufen« des reinen Verstehens

Anschauung und zwar *Erlebnisanschauung*, d. h. originäre *genuine* Erlebniserfassung; die Erlebnisse selbst – nicht Derivate ihrer, sondern sie in ihrer phänomenalen, überhaupt in mögliche Betracht kommenden Fülle, und zwar immer in Situationen, genuin als Erlebnisse und nicht als irgendwie begegnende *Objekte* – d. h. Erfassung hat hier eine eigene nirgends sonst antreffbare Gestalt des *reinen Verstehens*. »Rein« besagt nicht: logisch, widerspruchslos, noch weniger besagt es: das »generelle Überhaupt«.

Die *Struktur des reinen Verstehens* selbst als Erfassungsform der Erlebnisse in phänomenologischer Relevanz, seine genuine Explikationsgestalt: Interpretation von Sinnzusammenhängen und damit interpretative Konstruktion möglicher sinnmäßiger dominierender Tendenzsituationen als letzte Ausdrucksgestalten von *möglichen* reinen Dominanten ursprünglichen Lebens.

Das Verhältnis des Verstehens – Interpretations- und Konstruktionsbezüge in sich und zueinander; das Zu- und Durcheinander und Nicht-ohne-einander als Dialektisches in seinem Bezug zum reinen Verstehen; Ursprünglichkeit und Nichtursprünglichkeit des Dialektischen; *das Dialektische möglichen reinen Verstehens (Erfassungsform)* oder lediglich *Ausdrucksform*, das Originäre und Letzte gerade dieses Ausdrucksbezugs.

Notwendig in den vorbereitenden Partien bei der Umweltcharakteristik *auch* die notwendigen Handlichkeiten des Theoretischen – als Einschlüsse; dieser Aspekt bezüglich der *Selbst-*

welt – eine kritische Destruktion dieser – Näherkommen dem *Leben des Geistes*;

Ausformung eines Gegenstandes der philosophisch methodischen Erfassung!

Methode (alles unter einer nicht expliziten, lebendigen Grundintuition): 1. Destruktion und die möglichen Schritte, 2. reines Verstehen, 3. Interpretation, 4. Rekonstruktion.

*

4. Der Weg zur phänomenologischen Methode und Grundcharaktere der Phänomenologie

Die vordeutende Heraushebung der drei Charaktere »Selbstgenügsamkeit«, »Ausdruckszusammenhang«, »Bedeutsamkeit« als vorfindlich im faktischen Leben geschah in der methodischen Absicht, damit wegzeigende Motive verfügbar zu machen für ein möglichst konkretes Erfassen des Lebens selbst. Dieses Erfassen wurde angesetzt als Ursprungsverstehen des Lebens.

Ursprungsweltliches Leben und Ursprungsverstehen treffen sich darin lebendig, daß Ursprünglichkeit selbst Motiv und Norm der Grundhaltung ausmacht.

Der Zusammenhang der expliziten Forschungsstadien und Ausdrucksstufen dieses Verstehens ist methodisch bezeichnet als »Phänomenologie«. Aufgabe ist jetzt die Explikation dieser Ideen.

Mit all dem müßte sich schon ankündigen, was jetzt auch nur flüchtig berührt sei, daß Phänomenologie, so gefaßt, mit Philosophie zusammenfällt; daß es nicht so ist, daß sich auf der Phänomenologie als der notwendigen Vorwissenschaft erst die *eigentliche* Philosophie aufbaut.

Dieser Schritt zu einer vermeintlich *eigentlichen* Philosophie – wissenschaftlichen Weltanschauung – stellt sich bei echten, ihrer philosophischen Ursprünglichkeit selbst nicht klar bewußten Intuitionen immer dann ein, wenn die Lebendigkeit dieser ursprünglichen Intuition auf halbem Wege erlahmt und nicht zum ursprünglichen Austrag gebracht, d.h. nicht ursprünglicher gefaßt wird. Dieser Schritt vollzieht sich, wie die Geschichte der Philosophie an vielen ihrer Ausprägungen zeigt, meist so, daß von echten Intuitionen, die immer die Gestalt einer konkreten historischen Situation des Lebens an und für sich haben, als den vermeintlich ungenügenden Vereinzelungen, »isolierten« Aspekten und »anfänglichen Schritten« (wo sie doch schon ein noch Ganzes sind) zu einem Allgemeinen weitergegangen wird mit der Tendenz auf praktische Auswirkung.

Hier wird Systematik und Methodik verdinglicht!! (Rickerts Wertsystem; Münsterberg) Es werden bestimmte Problembezirke oder ganze Disziplinen auf diese Abzweckung zugeschnitten und als allgemeingültig und theoretisch verbindlich verabsolutiert.

Man will bis heute nicht sehen, daß gerade solche dogmatischen Verabsolutierungen die allgemein beklagte und meist mißverstandene Zufälligkeit und Relativität der Philosophie (statt sie zu beseitigen) zufolge haben, daß sie gerade dazu verleiten, die Geschichte der Philosophie anzusehen als einen Streit um Meinungen – das Gegeneinanderschleudern von Sätzen und Wahrheiten.

So kam es, daß sich gegen die Philosophie und ihre Geschichte als die Abfolge solcher mißleiteter Verabsolutierungen, mißleitet durch eine falsche Übersteigerung eines engen Wissenschaftsbegriffs, typische, immer wiederkehrende Einwände richten, denen man in immer neuen Versuchen zu im falschen Sinne absoluter Philosophie begegnen will, statt sie einmal überhaupt als Fehleinwände zu verstehen und künftig zu ignorieren und die Kräfte für echte Aufgaben freizubekommen. Das Verstehen dieser Einwände leistet uns den methodischen Dienst, daß wir uns verkehrter Aspirationen und Wertungen begeben und dadurch ungehemmter und freier die Grundhaltung mitzumachen imstande sind.

[Es ist ein an die Stelle der ursprünglich weit gespannten Darstellungsmethode der Vorlesung tretender, verkürzter Weg zur Gewinnung der Grundhaltung, allerdings, wie alle Abkürzungen, ein Verzicht auf reichere Perspektiven.]

1. Die Philosophie kommt nie zu endgültigen Resultaten, sondern nur zu historisch oder milieubedingten Meinungen und Überzeugungen einzelner ›Denker‹.

2. Sie gewinnt bezüglich ihrer selbst nie Übereinstimmung und Zustimmung aller, sondern ein Vielerlei und Gegeneinander von Standpunkten und Auffassungen.

3. Es fehlt an einer klaren, eindeutigen, unwiderstehlichen Beweisführung und zwingenden Methode, die Schritt für Schritt aufbaut und einen homogenen Zusammenhang von Sätzen etabliert, der immer neu und im selben Sinne durchschreitbar ist und in vorgezeichneter Linie vermehrbar – sondern immer neue Mischungen von Gesichtspunkten und Richtungen der Betrachtung.

4. Die Philosophie fängt immer von neuem an. Jeder will wieder zu den Prinzipien und zu einer Neufundierung, statt daß einmal endgültig der Grund gelegt wird, daß man sich bei ihr beruhigt und alle Nachkommen das weitausladende Geschäft der Spezialisierung, Verfeinerung, Ergänzung, des Ausbaus, der Ausschmückung übernehmen.

Alles Anzeichen, daß die Philosophie ihr eigenes Zentrum noch nicht gefunden hat und noch so weit entfernt ist, hier dem Ideal, ein Hausmittel für jedermann zu sein!! Aber die Phänomenologie ist doch der radikale Versuch, die in diesen Einwänden unterstrichenen Mängel endgültig zu beseitigen und die jene Einwände motivierenden Ideale zu verwirklichen. Die Phänomenologie macht doch diese Einwände zu den ihrigen, gegen die bisherige Philosophie. Wie soll damit zusammengehen, daß jetzt diese Einwände als Fehlgriffe verstanden werden sollen und daß dieses Verstehen gerade den Weg zur Phänomenologie freilegen soll? Was bleibt dann noch von den Idealen der Phänomenologie als strenger Forschung? Ist nicht alles dann ein Rückfall in gewohnte Standpunkts- und Weltanschauungsphilosophien?

Oder ist am Ende die Alternative – streng wissenschaftliche Philosophie im bestimmten Sinne auf der einen, Weltanschauungsphilosophie auf der anderen Seite – überhaupt eine nichtursprüngliche, von der Strenge der Ursprünglichkeit so weit als möglich entfernte, auf einer phänomenologischen Abtrift befindliche, und die Motivbasis der scheinbar von der Phänomenologie gewährten Einwände bereits eine Deformation der Grunderfahrung aller Phänomenologie? Wir sollen uns nicht vorschnell bei bereitgestellten Alternativen beruhigen und sie gleich ernst nehmen.

ad 1: Endgültige Resultate, letzte Sätze also, die einen Gegenstand bestimmen, so daß diese Bestimmung nie mehr zurückgenommen zu werden braucht, *setzt voraus*, daß der zu bestimmende Gegenstand eine *solche zuläßt*, d. h. daß er Objekt ist, d. h. daß der Gegenstand einer Ordnung unterwerfbar ist, einer Einordnung in einen Rahmen, der durch einfache Gesichtspunkte der Betrachtung fest umgrenzt ist. Die Ordnungsmöglichkeit[15] dadurch *eingeengt*; die Ordnungsbeziehungen – sofern der Ordnungsrahmen weit genug gezogen ist – auf eine bestimmte Anzahl reduzierbar gemacht.

Auf seiten des erkennenden, methodisch geleiteten Verhaltens ist mit der Forderung endgültiger Resultate vorausgesetzt: das ins Spiel treten von *leitenden* Tendenzen der Begriffsbildung der-

[15] *Bestimmte Objekte endgültig herauszufinden, Ordnungsbestimmung;*
vgl. das Frühere über das theoretische Verhalten. Ordnungsprinzipien, die unter sich selbst lediglich den Zusammenhang von Ordnung;
der Prozeß dieses Ordnungsfindens;
Ordnung – nicht auf die Urstruktur Wissenschaft beschränkt;
Intentionale Tendenz: letzte Ordnung – und eindeutige funktionale Zuordnung der Ordnungselemente innerhalb des Ordnungsganzen;
Feste Begriffe – fixierbar und jederzeit zugänglich in Definitionen – vgl. Ordnungssetzungen;
Praktikable Verfügbarkeiten – eindeutig zugänglich (daß Gegenteil der begrifflichen Bildung auf eine Deformation der Anschauung herauskommt).

art, daß diese Begriffe ein Ordnungsbeziehen ausdrücken *und nur das*, daß Anschauungsfülle als Überschuß störend ausgeschaltet wird, *daß der wissenschaftliche Begriff nicht die Funktion des Ausdrucks, sondern lediglich der Ordnung hat.*

	↑ ↑
Ordnung	Ausdruck
↓	↓
Objekt	Sinn
	Ausdruck und Ausdruckszusammenhang kommen im Verstehen nie zur Deckung!
consensus omnium	*Sympathie* gewisser Verstehender

Ordnungsbeziehungen zu keiner funktionalen Bewegung zulassen, sondern gegenseitig sich stützen und im Gesamtrahmen festspannen.

ad 2: Nur unter der Voraussetzung der vorgenannten Tendenzen hat der zweite Einwand einen Sinn. Es liegt darin die Tendenz der eindeutigen ordnungs-, nicht ausdrucksmäßigen Zugänglichkeit des Ordnungssystems überhaupt, so daß das in solchem Erkenntnisdenken von dem Erkennenden Vermeinte in allen Fällen zur Deckung kommt. Durch die eindeutige Stellung der Erkenntnis- und Objektsbestimmungstendenz unter selbst begrenzte Ordnungsprinzipien mit einer begrenzten Anzahl von Ordnungselementen ist die Möglichkeit des Abweichens benommen, der consensus omnium ist von vornherein gegeben. (Ordnungsmäßige Einheit der Zustimmung (Deckung)).

ad 3: Und aus 1. und 2. vorausgesetzt ist die Forderung nach einer durch eindeutige Schritte in ihrem Gang vorgezeichneten, auf jedes mögliche Objekt gleichsinnig und gleichhandlich anwendbaren Methode möglich *(ordnungsmäßige Methode)*. Sofern der Objektbereich überhaupt seinen eindeutigen Rahmen hat, die Grundelemente der Objektbestimmung abzählbar zugänglich, die Möglichkeit der leitenden Gesichtspunkte der Bestimmung durch den Objektrahmen selbst begrenzt oder zumindestens idealiter bestimmbar wird, hat alle Methode nach ihrem Hauptzug selbst Eindeutigkeit.

ad 4: So ist schließlich der sichere Gang der wissenschaftlichen Erkenntnis in dieser Bedeutung gewährleistet. Wenn Könige das Fundament gelegt haben, können und dürfen Tagelöhner Ziegelsteine schleppen, um das Haus auszubauen, und jeder wird dem Nachkommenden Maßstab, Richtscheid, Schippe und Kelle übergeben, damit er weiterbaue zum nächsten Stockwerk.

Atomismus des Logischen –

einziger Erkenntnisgegenstand: *Objekte* – Versteckter Naturalismus, der um so verhängnisvoller ist, als er gerade in seinen höchsten Ausgestaltungen und Ideen den groben Naturalismus bekämpft – *den ideenblinden Naturalismus* – und über dessen Überwindung so stolz ist.

Transzendentalphilosophie – nicht deshalb verfehlt, weil sie bisher aus dem Primat des theoretischen Erkennens kam und von ihm alle philosophischen Probleme beherrscht sein läßt, sondern weil überhaupt alle Ideen von Bewußtseinswissenschaften – sei es als Vorwissenschaft der Philosophie, sei es als diese selbst gefaßt – auf eine systematische Analytik und Deduktion hintendieren, deren ideelle Möglichkeit bereits das vordem genannte Erkenntnisideal zum Motiv haben (daß diese Objekte in sogenannt anderer Dimension kategorialer Formen sind, ändert prinzipiell nichts an der durchgehaltenen Einstellung).

Es ist hoffnungslos, so das Leben zu gewinnen, weil man von Anfang an durch das Richtungsziel selbst alle Brücken zu ihm abgeschlagen hat.

Es ist die Grunderfahrung gewonnen worden, daß *Leben als solches* nie *Objekt* werden kann, daß alle vom Objektgedanken motivierten Wissenschaftsideale notwendig ein Irrtum sind.

Bereits in den ersten Vorlesungstunden wurde betont, daß der Radikalismus der Phänomenologie am radikalsten sich gegen sich selbst zu richten hat, genauer: zu richten gegen alle phänomenologischen Abtriften – das Herausfallen aus der Grundhaltung –, gegen das Außer-Spiel-setzen ihrer ständig neuen Verlebendigung, gegen das gerade hier meist unvermerkte Hineingleiten in nichtursprüngliche Haltung und Stabilisierung und Gewinnung nichtursprünglicher Motive.

Das Schöpferische der phänomenologisch verstandenen Ursprungskritik: Philosophische Kritik ist gerade deshalb von eigenartiger in den Wissenschaften sonst nicht antreffbarer, auch nicht technisch lernbarer Strenge, weil sie in jedem Moment Eingang in die Lebendigkeit des Lebens selbst verlangt, was weit größere Anforderungen an das geistige Leben stellt als die komplizierteste logische begriffliche Methodik.

Leben *nicht Objekt*, ist aber auch nicht philosophisch erfaßt durch Verankerung im *Subjekt*, durch ichliche Betrachtungsweisen. Objektivierung und Subjektivierung sind Theoretisierungsweisen. Auch immanente Reflexion geht auf objektivierte *Transzendenzen*.

Die phänomenologische Erfassung des Lebens: auf das Leben als Leben = Manifestation seiner aus seinem Ursprung – in den Manifestationen selbst seine Lebendigkeit ergreifen.[16]

Wir bringen diese Frage durch Diskutierung der Einwände und den Nachweis ihres Fehlgreifens zur Entscheidung. Und zwar so, daß wir die Motivbasis, d. i. die Voraussetzung, die unformulierten Tendenzen *herausheben* und zeigen, daß diese in

[16] Vgl. Zettel »Eigentliche Zugrichtung der Phänomenologie« [im Nachlaß nicht auffindbar].

bestimmtem Sinne *verabsolutiert* werden, in der Art nämlich, daß sie als Ausdruck und einziger und letzter Ausdruck *der* Tendenz und Norm *des* erkennenden Geistes genommen werden, wo sie doch nur sind Bedingungen von eindeutig zugänglichen logischen Verfügbarkeiten zur klaren Ordnung eines begrenzten, homogenen Rahmenfeldes von Objekten. [Und zugleich den noch tieferliegenden Versuch der fundamentalen Bedeutung der Erfüllung gebenden Anschauung (nur um nicht in die Gefahr der Anmessung an Dingwahrnehmung zu verfallen!) wollen die in ein Anwenden zum Schluß kommenden Vorlesungen motivieren.]

Ein entscheidender Schritt der Phänomenologie: Betonung der *originären Anschauung* – Evidenz! – Idee der *adäquaten Beschreibung*.

Aber beide *Intuitionen* – absolut konkret in ihrer ursprünglichen Lebendigkeit – verfallen leicht der *Degradierung* einer unbemerkten Deformation, so daß sie um ihre eigentlichen Leistungsmöglichkeiten gebracht sind.

Anschauung nicht als *Verstehen* – Problem der Beschreibung *als phänomenologisches überhaupt nicht gestellt.*

Was und worin und wie anschauendes Verstehen sich ausdrückt und die Fülle nimmt – nicht nur *Material.*

Ontologie – kennzeichnet schon im Wort, daß das entscheidende Problem nicht gesehen ist: *Geschichte und Leben.*

Vorblick in die Grundhaltung und die Idee des Ursprungsverstehens:

die erste, vom Verstehen selbst geforderte Vorweg-gabe des zuvorstehenden Zusammenhangs; von da stufenweise in Ausdruck und Verstehen konkreter werden;

sofern uns nicht ein bestimmtes philosophisches Problem beschäftigt, sondern die Philosophie, ihr Forschungs- und Ausdruckscharakter selbst, muß auch bei Rückgang in den Ursprung eingesetzt werden bei einer Gestalt prätendierter Wissenschaft eines Gebietes und zwar eines solchen, das wesentlich die Eignung hat, uns dem Ursprungsgebiet des Lebens selbst nahezubringen.[17]

Die frühere Betrachtung wurde bis zur Frage nach einer Wissenschaft von der Selbstwelt geführt. Es wurde dieser Frage eine zeitgenössische Formulierung gegeben: das Problem der Psychologie. Ob das, was heute als Psychologie gilt, wirklich Psychologie ist, ob es Psychologie als Wissenschaft im objektivierenden Sinne gibt, ob es überhaupt neben oder innerhalb der Philosophie eine Psychologie gibt, oder diese ganze Problemstellung – was meine Überzeugung ist – im Grunde unecht und schief ist, bleibe jetzt unentschieden.

Wir nehmen die heutige Psychologie und die Problemauffassung bezüglich ihrer Einstellungsrichtung und Methodik lediglich als eine faktische Ausprägung heutigen Lebens und nehmen sie in eine Kritik in der Richtung auf Ursprungsverstehen – genauer: wir suchen nach den Elementen und Tendenzen, die in der Richtung einer objektivierenden bzw. subjektivierenden Deformation des Lebens sich bewegen, weiter nach den Motiven und Bruchstellen, an denen eine Deformation einsetzt. (Das Abbauen von welchen möglichen, im lebendigen Leben motivierenden Tendenzen und ihrer ursprungsmäßig reinen Aktivierung!!)

*

5. Geschichte – Leben – Phänomenologie – (Ontologie)

Phänomenologie geht auf konkrete Ausdrucksgestalten des Geistes (*vor* dem Konkreten gibt es keinen Ausweg – in einen Rahmen – es besteht nur die Möglichkeit des Ausdrucks). Sie sucht den echten lebendigen Ursprung nicht in *einem* letzten

[17] *Ausdrucksbegriffe* – rück- und vorgriffliche Bezugsmomente (Motiv) (Tendenz).

leeren Allgemeinen, sondern in diesen oder jenen konkreten Gestaltwesen – ›dies‹, ›jenes‹ nicht wahllos aufgegriffen, sondern durch die rein deformative Kritik gewonnen.

Dabei kann ich nicht eine Ontologie eines Gegenstandsgebietes als Leitfaden nehmen, weil diese gerade ihrer Abzweckung nach nichts anderes ist als die ›formale‹ Gesamtheit der Ordnungsprinzipien und -elemente eines Gebietes, seine rational am radikalsten deformierte.

In diesen Ausdrucksgestalten gewinne ich durch Ursprungsverstehen, Interpretation und ›Konstruktion‹ die Urgeschichte des Lebens selbst, nicht in einer linearen Abfolge von *Stadien*, sondern in einer ständig neu vom Ursprung vorbrechenden *Produktion*. Keine allgemeingültigen Gesetze, sondern geoffenbarte Sinnbezüge, die als reine Ausdrucksgestalten des Lebens es selbst geben.

[Echte Philosophie wird auf ihre Bedeutung gemessen an der Nähe und Lebendigkeit zum Ursprung.][18]

Leben kein chaotisches Wirrsal von dunklen Flutungen, nicht ein dumpfes Kraftprinzip, nicht ein grenzenloses, alles verschlingendes Unwesen, sondern *es ist, was es ist, nur als konkrete sinnhafte Gestalt.*

Weil das Leben in all seinen Gestalten irgendwie sich ausdrückt und damit einer Deformation unterliegt, welche als lebendige gerade seine Lebendigkeit erfährt, seine Fraglichkeit, Spannung u.s.f., ist der Grundsinn der phänomenologischen Methode und der philosophischen überhaupt das Neinsagen, die *Produktivität des Nicht* (Sinn der Hegelschen Dialektik).

Ursprung nicht ein allgemeines Prinzip, eine Kraftquelle, sondern die Gestalt der Produktion des Lebens in allen seinen Situationen, *die* Gestalt, die ich immer nur verstehe und erreiche in einer besonderen *Gestaltqualität.*

Objektive und subjektive Wissenschaften sind echte Gestal-

[18] Vgl. Zettel »Norm und Geltungscharakter«!! [im Nachlaß nicht auffindbar].

ten des Lebens, die aus ihm selbst herausführen; als echte Produktionen haben sie ihren ursprünglichen Sinn und sind selbst aus dem Ursprung her zu verstehen.

Phänomenologie und Philosophie nicht einfach eine, wenn auch in [...]* neue Dimension gesetzte Wissenschaft; Objektivität bzw. Subjektivität der Wissenschaften, von denen nur durch eine (sogenannte) Dimension verschieden Gesetze der Gesetzlichkeit. (Dimensionen – verschiedene halten sich im selben Medium der Objektivität bzw. Subjektivität.)

Durch die *einzelwissenschaftliche Objektivierung*, verdinglichende Fest- und Gegeneinandersetzung von Objektformen verbildet, sehen wir nicht, daß vermeintliche letzte Alternativen, die uns leiten, allein bei letzter Entscheidung meist abwegige Formalisierungen solcher Objekteinstellung sind:
Rationalismus – Irrationalismus
Wissenschaft – Mystik
Klarheit (theoretisch objektiv) – Unklarheit
Objektivierung – Subjektivierung
innen – außen
oder
absolute rationale Geltung – relative Geltung
absolute Wahrheit – Skeptizismus
Dogmatismus – Skeptizismus
rational echte Erkenntnis – unechte, vorhanden durch Erfahrung
Transzendenz – Immanenz

Philosophische Forschung ist:

weder Gesinnung und Systematisierung von Erkenntnissätzen und allgemeinen Gesetzen des Seins, so daß Philosophie immer nur Antwort gäbe auf die Frage, was »ist«, welche Objekte gibt es da und da; *noch* ein Lehren im Sinne der Beistellung von praktischen Sätzen und Normen, deren Befolgung in dieser Lehre nachweisbare Vorteile, faktisch-praktische Möglichkeiten der Lebensführung bei sich trägt; *sondern:* ein for-

* [zwei unleserliche Worte]

schend-verstehendes Führen in die Lebensgestalten selbst, nicht mit Anweisungen und Regeln, nicht historizistisch als historisches Verstehen im Sinne des objektivierten bloß Vergangenen, sondern ein Führen, das das lebendige Verstehen in entscheidenden Stellen und überhaupt sich selbst und der Echtheit seines Ursprungsverstehens überläßt, aus dem ihm für seine, seiner Generation und der Menschheit zufallenden (Aufgaben) Bestimmungen echte Motive erwachsen.

Philosophie
- weder lediglich Sach- und Objektuntersuchung (gültig von Sätzen)
- noch predigthafte, prophetische Anleitung und Anweisung,
- sondern: verstehende Führung;
- noch praktische Verwertbarkeit von Normen,
- sondern echte Führungsmöglichkeit und Gestaltung selbst.

Das Verstehen selbst ist Führung, sofern Verstehen immer ist Verstehen von Leben und damit Bildung und Bewahrung und Motivierungsauflockerung und Echtheit des verstehenden Lebens selbst.

Jede echte Philosophie ist aus der *Not* von der Fülle des Lebens geboren, nicht aus einem erkenntnistheoretischen Scheinproblem oder einer ethischen Grundfrage.

Destruktion der rationalen Ordnung, dann ergibt sich nicht ein Chaos, Gewühl oder ähnliches, sondern es bleiben Fragmente von Ausdrucksgestalten, denen nun im Ursprungsverstehen interpretativ gestaltend nachzugehen ist.

(Primat des konkreten Lebens als eines in jedem seiner Stadien sinnerfüllten. Kein bloßes Geschehensgetriebe.)

Es gibt in der Philosophie keine Definitionen, weil es in ihr keine Objekte gibt, sondern nur Ausdruckszusammenhänge, denen man nachgehen muß (verstehen). Wenn ich in die und die Situation echt mich begebe, begegnet mir mit der und der Sinnzusammenhang.

Phänomenologische Reduktion: nach ihrem Vollzug, sofern man ihn überhaupt für notwendig hält (was nur auf transzendentaler Vorstandpunktnahme der Fall ist), entstünde erst das eigentliche Problem: *was nun*?

Ich habe mich erst der Fesseln entledigt – aber was soll nun eigentlich geschehen? Die Reduktion ist doch nicht selbst produktiv. Antwort: *schauen*! aber was und wie!! (transzendental, erkenntnistheoretisch – »Wie sieht Bewußtsein aus?« Es sieht überhaupt nicht aus, weil es kein Objekt ist.)

*

6. Tendenz und Motiv psychologischer Vergegenständlichung

Es müßte jetzt konkret und eingehend in den verschiedensten Gebieten der psychologischen Forschung und nach den verschiedenen Schulen und Richtungen die wirkliche Arbeit der Psychologie in Augenschein genommen werden.

So überraschend reich eine solche Untersuchung ausfällt, ich muß hier von einer konkreten Behandlung absehen. Während es früher darauf ankam, lediglich zum Verstehen zu bringen, daß seelisches Leben überhaupt vergegenständlicht wird, sollen jetzt verstanden werden Tendenz und Motiv dieser Vergegenständlichung, und zwar inwiefern damit eine *definitive Tendenz* des Lebens sich ausformt.

Ich dränge das Wichtige unter zwei Gesichtspunkte zusammen:

1. die Frage nach der Einstellungsrichtung [Beobachtungsrichtung];

2. die Frage nach der psychologischen Begriffsbildung [Objektbegriffe (Worte)]

Da diese Probleme von den schaffenden Psychologen selbst nur selten und dann sehr roh zur expliziten Formulierung gebracht werden, andererseits vermieden werden muß, (jetzt schon) phänomenologische Begriffe heranzutragen, gebe ich die Charakterisierung in der Unvollkommenheit der Formulierung, die in der Linie der psychologischen Forschung liegt und für ihre Zwecke zunächst scheinbar genügt. [Es zeigt sich dabei sehr bald, daß die üblichen philosophischen Theorien und logischen Grundlegungen bezüglich der Psychologie sehr weit entfernt sind von einer konkreten Kenntnis der faktischen Forschung und sich in einer Schicht begrifflicher Leere bewegen, die notwendig unfruchtbar sein muß.]

ad 1)[19]

Verfolg der Deformation von Rückwärts *(methodisch: ›sinninterpretationsfremd‹)*.

Entkleidetsein aller Bedeutsamkeit; die Wirklichkeit, die Objekte, die Vorgänge in ihrer festen Bestimmbarkeit des Eintretens, Sichveränderns, Schwindens – Beziehungen, aber keine Bezüge; auch dadurch, daß ich nachträglich oder *›beiläufig‹* ein Ich hinzudenke, bleibt der Objektcharakter.

Methode gerade darauf angelegt und dann immer vollkommener, wenn sie die Mittel beistellt, eine möglichst radikale Objektivierung zu vollziehen, alle Bezüge auszuschalten, um reine Objektbeziehungen zu gewinnen. Dem entspricht die Rahmenfestlegung – *Klassifikation* (»Substanzbegriff ausgeschaltet« – »reines Ich«).

Beschreibungsbegriffe – enthalten (»Merkmale«) was in den Erlebnissen »direkt« gegeben ist.

Erklärungsbegriffe – Merkmale, »die in den Erlebnissen, aus denen sie gewonnen werden, *nicht enthalten* sind«.

Der »Weg« vom Objekt (Erlebnis) zum Begriff jedesmal verschieden! – und doch ein Sinn: *objektivierend!!*

Beschreibungsbegriffe stammen aus der schlichten Wahrnehmung von Erlebnissen; leitende Tendenz, die vorwärts eine Gegenstandsschicht objektivierend ausformt.

*

[19] Vgl. Zettel »Über Selbstwahrnehmung« [im Nachlaß nicht auffindbar].

Beispiele von angeblichen Deskriptionsbegriffen (Klassifikation) – Beispiele von angeblichen Funktionsbegriffen (enthält noch diese Merkmale, die nicht in den Erlebnissen selbst gegeben sind): Gefühlsabstumpfung – Gedächtnistäuschung – »Schwelle« (soweit die Psychologie Deskriptionen gelten läßt, wird sie als klassifikatorische Beschreibung verstanden); Gefühl und Gedächtnis – Erlebnischaraktere, verstehbar in einem weiten Sinne. Es liegt nichts rein Erlebnishaftes vor, sondern Objektartiges bei Deskriptions- und Funktionsbegriffen.

Funktionsbegriff – Gemisch von echten Rudimenten von Bezugsgestalten und Objektdaten.

1. Einstellungsrichtung und 2. Begriffsbildung lassen sich nicht trennen.

Er motiviert die Ausdrucksformen, drängt in sich selbst zu solchen und ist eine ursprüngliche *Ausdrucksgestalt.* Einstellung ist Ausdruck – das keine Verunstaltung, sofern Leben überhaupt und überall nur Ausdruck ist und im Ausdruck gelebt wird. Jede Einstellung eine Fügung des Lebens.

Ist für die Psychologie diese Vermischung: Belastetsein des Sinnmäßigen mit Objektartigem – das Betroffensein des Objektmäßigen mit Sinnartigem, notwendig oder gibt es wie reine Objekte reine Erlebnisse und weiter reinen Erlebnissinn? Wie komme ich zum Psychischen? Ausgehend von Erlebnissen oder im Ausgang von Objekten durch Destruktion der Erlebniswelt oder Konstruktion von Objektbereichen?

Ist die Alternative überhaupt eine echte und diskutierbare, solange ich nicht verstehe, was überhaupt Erlebnisse sind, was mit dem Wort gemeint ist? Wie aber gewinne ich eine Grundanschauung von Erlebnissen und Erlebniszusammenhängen?

Wenn wir uns bisher durch ein festes, in seinen Grundlagen nie radikal genug erforschtes Begriffssystem der Psychologie hätten bisher leiten lassen, statt aus dem Leben den »Begriff« von Erleben zu gewinnen. Welches ist, formal gesprochen, überhaupt die »Beziehung« von Leben und Erleben? Stehen sie überhaupt in keiner Beziehung, weil sie dasselbe bedeuten, oder sind sie nicht dasselbe, so daß ihre Beziehung Problem und ein radikales Ursprungsproblem ist? Was heißt überhaupt, den Begriff des Lebens gewinnen – kein Ordnungs-, sondern Ausdrucksbegriff! Und dann!? Aber als Norm des *Ursprünglichen* ständig in Bewegung – verschiebt sich.

Die Frage nach der Psychologie führt von selbst in Ursprungsprobleme, nicht nur als vorgebliche Wissenschaft und Gestalt der Vergegenständlichung, sondern in der Tendenz auf ein ganz eigentümliches Gegenstandsgebiet, in dem Erlebnishaftes irgendwie mitbeschlossen liegen soll.

In dem lückenlosen Verfolg des methodischen Ganges der Vorlesung nach ihrer Grundanlage bedeutet dies wissenschaftstheoretische Problem der Psychologie eine Station, sofern nicht nur die transzendentale (als eine entäußerte), sondern die sinngenetische Ursprungsfrage bezüglich einer Wissenschaft von der Selbstwelt wiederum gestellt wird.

Aber das ist ja nur ein möglicher Weg des Hinzeigens auf den Zugang zum Ursprung, ein Weg, der besonders in seiner transzendentalen Prägung vorzeitig zu formalisierenden Objektivierungen verleitet, aber auch in seiner echten Durchschreitung notwendig aufgehoben werden muß. Auch ist der Sinn mancher Ursprungsfrage zu einseitig auf das theoretische Erfassen eines Gegenstandsbereiches eingestellt; eine längst bekannte Tatsache der engen Beziehung zwischen Philosophie und Psychologie, die aber noch nicht ursprünglich geklärt ist, eine Aufgabe, die durch die vorschnelle und z. T. recht billige Behandlung der Psychologie als Naturwissenschaft gehemmt hat.

[Schon die Verknüpfung von Klassifikationsproblemen und Fragen nach der Geistigkeit, Unsterblichkeit der Seele sind doch kein purer Zufall.]

Aber auch da, wo man echte philosophische Einsicht in diese Probleme gewonnen hat – und es liegen in der Geistesgeschichte und Seelengeschichte der Menschheit genug vor –, konnte man nicht der Versuchung widerstehen, alsbald die formalisierend ordnende Objektivierungstendenz einsetzen zu lassen und damit Zielsetzungen einzuschmuggeln, die echte Ideen der Ursprungserforschung des Geistes mißbildeten und die Problemstellung, Begriffsbildung, Beweisführung, Evidenz- und Ausdruckscharakter der sich leicht darbietenden Objektwissenschaften angleichen ließen, wenn auch mit der Erweiterung in unbedingte, auf *bestimmte* Objekte nicht zugeschnittene Allgemeinheit.

Wie es einer Durchforschung der Geistes- und Wissenschaftsgeschichte bedarf unter der Idee der Sinngenesis der Objektivierungstendenzen aus den Grunderfahrungen faktischen Lebens – nicht nur als für sich bestehende Spezialarbeit, sondern im lebendigen Problemzusammenhang mit dem phänomenologischen Ursprungsverstehen selbst –, so müssen phänomenologisch-historisch die philosophischen Versuche verstanden werden zu einer Ursprungserforschung des Lebens und ihres Ausdrucks im Verfolg der Motive und Richtungen der unechten, von außen vorgegebenen und suggerierten Abtriften des Geistes.

Ein Phänomen, das erneut verstehen läßt, wie Leben immer wieder seiner Ausdrucksschicht selbst zum Opfer fällt und, statt sich selbst zu haben, an den objektivierten und herausgestellten Objekten entlang*läuft*. [Dieses Problem untersucht Simmel!!]

*

7. Wege und Gestalten der Erfassung des Lebens

Das Leben soll zugänglich werden; die seinem Grundsinn selbst entwachsende Form der Erkenntnis seiner selbst soll ins Werk gesetzt, die Wege, Ansprüche und Leistungen, Gebiete dieses Erkennens der Philosophie ausgewertet werden. Und zwar gehen wir nicht von einem der Psychologie entlehnten Begriff von ›Erlebnis‹ aus und durch Erlebniszusammensetzung zum Leben weiter, sondern aus dem faktischen Leben mit seiner faktischen Artikulation seiner Sinne, Bedeutsamkeitstendenz und Situationsbezüge wollen wir gewinnen Vorzeichnungen der Wege und Gestalten der Erfassung seiner selbst und die Typik des Erfaßten (Ausdruckstypik). Wir versuchen zu verstehen: wie Leben sich selbst erfährt, wie lebendige Erfahrung vom Leben vollzugsmäßig charakterisiert ist und zwar in der Gestalt, in der Leben sich nicht etwa als Objekt erkennt und terminiert in seiner Erkenntnishabe, sondern – um theoretische Objektivierung unbekümmert – sich lebendig nimmt, hat und in diesem Haben sich erfüllt. Michselbsthaben: Richtung des Lebens auf seine Lebendigkeit, Zurückweisen seiner Entgleisungen im *Ursprungswege*.

Der Weg über die Selbstwelt (besagt nicht *über Psychologie*, weder insofern als sie Begriffe vorgibt und Gegenstandsgebiete, noch insofern sie selbst in der transzendentalen Betrachtung der Bewußtseinskonstitution auf ein »früheres« Ich zurückweist): zur Gewinnung des reinen verdinglichungsfreien Lebens aus Bedeutsamkeiten. Alles Bedeutsamkeitslose, nicht Verstehbare wird *ausgeschaltet* oder aufgesogen [phänomenologische Reduktion!!]. Es wird gesucht die reine *Selbstgenügsamkeit*, die des »nicht Mitmachen« – »Ausschaltung« von Verstehenszusammenhängen (methodische Vorkehrung, Maßregel). Das Sein des Lebens, der Erlebnisse besagt nicht Vorkommen, sondern *Vollzug* – Vollzug im Selbst, ohne daß das Selbst immer notwendig ausdrücklich dabei ist. [später!!]

»Auf die Frage: ›Was ist das Ich?‹, vermöchte ich auch heute zunächst nur zu antworten: Das ›Ich‹ ist ein sprachlicher Ersatz einer hinzeigenden Geste – ein *Wort*.«[20]

Dabei suchen wir den treibenden und tragenden Bezug der Lebenserfahrung zu fassen (Tendenz, Motiv), ihn destruktiv kritisch freizulegen und den Wegweisungen des Freigewordenen,

[20] R. Avenarius, Anmerkung zu der Abhandlung von R. Willy: Das erkenntnistheoretische Ich und der natürliche Weltbegriff. In: Vierteljahresschrift für wissenschaftliche Philosophie, 18. Jg. (1894), S. 30.

Lebendigen verstehend nachzugehen. Mit diesem freiwerdenden Bezug läßt sich zugleich gewinnen das grundeigentümliche Gegenstandsgebiet, dem er als mit seiner methodisch forschenden Ausprägung zugehört – weil er mehr ist als formal theoretisches Verhalten zu Gegenständlichkeit.

Es gilt zu finden die Weise, wie Leben erfahren wird. In der faktischen Lebenserfahrung gehen wir selbst mit, und dabei haben wir sich hereindrängende erkenntnistheoretische Meinungen und starre Fassung des Erlebnisbegriffes zu vergessen, die leicht beim ersten Schritt vom Wege abdrängen. Man sagt, natürliche Einstellung ist zunächst auf Dinge im weiten Sinne gerichtet, also nicht auf das Erleben selbst. Dazu bedarf es einer Rückwendung; also finde ich, in der neuen Einstellung bleibend, nicht Erlebnisse als solche *im reinen Verstande*, abgesehen davon, daß man doch einmal nach dem sinngenetischen Motiv in der Dingerfahrung zur Erlebnisreflexion fragen müßte. Diese Unterscheidung selbst ist schon von bestimmten Voraussetzungen belastet. Wir gehen in den faktischen Lebenserfahrungen selbst mit und sehen zu, ob sich in ihr und gerade in ihr eine ursprüngliche Artikulation des Lebens anzeigt. In der faktischen Lebenserfahrung leben wir in eine Welt hinein. Das Leben ist im wörtlichen Verstande *»weltlich gesäumt«*. Ich lebe in Bedeutsamkeitszusammenhängen selbstgenügsamen Ausmaßes; das Erfahrene spricht an, aber in einer Weise, die uns immer irgendwie vertraut ist. Es selbst ist so, daß es auch immer irgendwie angeht, daß ich dabei bin. Ich habe mich dabei selbst irgendwie. Vorverständnis der gewöhnlichen Rede auf Nichts festgelegt und doch eine Richtung des Meinens da! In dieser Rede ist »ich«, »mich«, »selbst« noch formal, präjudiziert nichts – formaler Ausdruck und Hinweis auf eine unabgehobene Abgehobenheit, auf einen Motivkreis, der abhebbar und ausformbar wird. Es gilt, diesen im Erfahren selbst liegenden *Charakter des Vertrautseins mit »mir«* zu sehen. Das Fremdartige, Neue ist nicht eine Instanz gegen das Gesagte, sondern im Gegenteil, gerade bei erfahrenden Begegnungen, die fremd, nie dagewesen anmuten, erfahre ich, wie ich immer dabei bin. Im Sinne des Fremden liegt gerade das gehemmte, unmittelbar zurückgeworfene *Vertrautsein.*

Es ergibt sich hier eine Konsequenz bestimmter Aufgaben, die Phänomene des Sichselbsthabens in den lebendigsten Gestalten von Lebenserfahrungen verstehend zu erforschen. Im Nichtsehen und Nichterforschen dieses Phänomengebietes liegen die Wurzeln für die grundverkehrten Ansätze und Richtungen der heutigen und früheren Begriffsbildung, z. B. in der Aesthetik und vor allem in der Religionsphilosophie, von den Scheinproblemen der Theologie und Apologetik ganz zu schweigen.

In der üblichen epigonenhaften Philosophie selbst berauscht man sich an *Surrogaten* für diesen reichen Phänomenkomplex, der nur durch wirkliche Erforschung und Arbeit aufhellbar ist. Man sagt: Jedes Bewußtsein von etwas ist zugleich Bewußtsein seiner selbst. In diesem Satz habe ich zugleich dann das Prinzip des Bewußtseins und des Lebens: die *Identität* – das Postulat aller Bewußtseins- und Erlebnisphilosophie –, in Wahrheit: eine formale Objektivierung, ein leeres Begriffsschema, um das ich in allen möglichen Variationen herumreden kann, das aber gerade als formales Netzwerk mich verstrickt und am eigentlichen Zufassen hindert, das mich nicht einmal frei gibt, um überhaupt einmal die Phänomene zu Gesicht zu bekommen, was allein schon eine verwickelte Aufgabe ist.

Diese *ursprüngliche Artikulation* des Lebens, das Vertrautsein seiner mit der gelebten Welt und das Ansprechen dieser im Sinne der Lebensbewegung selbst wird deutlicher, wenn man im Leben mitgeht, sofern es im Erinnern sich hält. Die Artikulation erfährt eine lebensmäßige Dilatation, *Ausweitung.* Das Erfahrene hat eine lebensmäßige Distanz zum aktuellen Erinnern. Der Bezug zum Erfahrenen hebt sich dadurch und zugleich damit der im Erfahrungsgehalt selbst liegende Charakter der Vertrautheit. Ich finde mich im Erinnerten selbst irgendwie vor, es als solches drückt mich aus, ich selbst dämmere mir auf in einer bestimmten *Gestalt*. Der erinnerte Zusammenhang ist ein wenn auch *fragmentarischer* der Verstehbarkeit.

Die erinnerten Begegnisse geben sich selbst als angenehm oder unangenehm, bereichernd, hemmend, halten in sich beschlossen die Rhythmik, mit der ich durch sie hindurchging, in der sie und ich in ihnen existent waren.

[Es hängt alles davon ab, daß diese Betrachtungen so verstanden und nachgelebt werden, wie es ihrer Tendenz und ihrem inneren Anspruch gemäß ist. Die Psychologie wird sagen: das ist vorsintflutliche Psychologie, da ist ja die Rede von Gedächtnisdispositionen, Empfindungsresiduen, Reaktionszeiten, von der Rolle der Vorstellungselemente, der Phantasie in der Erinnerung.]

Andererseits darf man sich die Forschung nicht erleichtern oder gar verlassen wollen dadurch, daß man argumentiert: Erinnerungen sind Erlebnisse, Erlebnisse sind die eines Ich, also muß ein Ich dabei sein und zwar dasselbe, identische. Es muß gerade die abwegige Einstellung auf das Ich als Objekt vermieden werden. Es ist hier nicht die Rede von Selbstwahrnehmung und Selbstbeobachtung im Sinne der Rückwendung auf eben abgeschlossene Erlebnisse. Gerade daß in den verstandenen Phänomenen keine Rückbeziehung des Ich auf sich selbst notwendig ist, um sich selbst irgendwie lebendig zu haben, ist ihr Auszeichnendes.

Diese Charaktere des mich selbst ausdrückenden Vertrautseins, Zugänglichseins in der ganzen Fülle ihrer inhaltlichen Rhythmik bezeichnen zugleich die unabgehobene, im faktischen Leben selbst liegende Motivstelle dafür, wie alle Erfassung der Lebensbezüge des Lebens sich ansprechen lassen muß aus dem Leben selbst und seiner Fülle, seiner *Geschichte*.

Die Geschichte nicht als Quellenkritik und Geschichtsschreibung und Materialsammlung, Antiquitätenladen oder als durch individualisierte Begriffsbildung beherrschbar gewordene sonst unbeherrschbare empirische Wirklichkeit, sondern als mitlebendes Leben, als Vertrautsein des Lebens mit sich selbst in all seinen Bezügen gibt die Leiterfahrungen an die Hand, und sofern sie lebendige sind, bleiben sie davor behütet, lediglich in der leicht verabsolutierenden Froschperspektive der Gegenwart gesehen zu werden, sofern die Geschichte selbst nur in der Mehrdeutigkeit zur lebendigen Ursprünglichkeit kommt.

[Es hilft nichts, daß man sich gegen die Geschichte anstemmt oder sie allenfalls als Fundgrube für allerlei Raritäten ansieht, wo man sich etwas holt, wenn man gerade nicht mehr von der Hand in den Mund leben kann. Man darf nicht der aufklärerischen Meinung sein, der Geist lasse sich in Ontologien sezieren.

Es ist irrig, wenn das Ressentiment der Fachgelehrten glaubt, Spengler durch Nachweis von Falschheiten und Fehlern widerlegt zu haben. Es ist banausisch, durch Aufzeigen von Widersprüchen das Buch philosophisch aus den Angeln zu heben. Das Buch darf nicht von außen her, sondern muß von innen her als Halbheit verstanden werden. Seine Konzeptionen sind, wie die von Bergson, Dilthey und Simmel, als nicht ursprünglich und notwendig ins Radikale weisend zu verstehen und damit aufzuheben.]

Mit all dem kommt die entscheidende Grundhaltung zum Ausdruck: auf die im lebendigen Leben ansprechenden Motive aufzuhorchen und nicht von außen her am Leben herumzuhämmern und die abfallenden Splitter für einen geduldigen Systembau verwenden.

Der Ausgang und Motiv suchende Rückgang zum faktischen Umweltleben bekundet zugleich selbst *als Ausdruck* die Verwachsenheit des geistigen Lebens (Selbst und dessen genuine Welt) mit dem Leib – der Materie – und d.h. den faktischen *Manifestationen, Handlungen, Taten, Leistungen.*

Für das vorliegende Problem besagt das eine bestimmte Vorzeichnung: Es kommt jetzt darauf an, den treibenden und tragenden Bezug der Lebenserfahrung abzuheben, kritisch, also destruierend freizulegen und in der Grundhaltung der Lebensforschung den Wegweisungen dieses Bezugs nachzugehen.

Wir sahen: Das Erfahrene drückt mich selbst irgendwie aus. In faktischer Lebenserfahrung lebe ich in einem fragmentarischen Umkreis, in dem ich mich selbst finde, habe und mir verständlich werde. Frage ist also nach dem Sinn:

1. des mich dabei selbst *Habens*;
2. des dabei gehabten *Selbst*;

[das Michselbsthaben hier auch erst unterwegs aufgegriffen; es muß nun positiv zum Ursprung zurück durch Steigerung der Anschauung gewonnen werden – verschiedene Tendenzen]; darauf:

3. die Steigerung dieses vollen Phänomens des Selbstweltlebens – Ausformung seines Bezugsreichtums *(Sphäre der Selbstgenügsamkeit)*; Phänomen der »Selbstgenügsamkeit« und des Lebens als Übergang zum Methodenproblem: keine Objektivierung, keine Objektanschauung, sondern Mitgehen des Lebens in sich selbst. Erleben, Erlebniszusammenhang, Sinn der Existenz und Wirklichkeit der Erlebnisakte – Person [vgl. Ausgezeichnetes bei Scheler!];
4. Zurücknahme der Ausformung in das Leben (weder Außen- noch Innenbetrachtung: Grundrichtung der phänomenologischen Methode).
5. Genealogisch urgeschichtliche Ausdruckszusammenhänge.[21]

*

[21] Zunächst nur behandeln 1., 2., 3. – dabei das Problem der Steigerung des Verstehens selbst – als methodologisches – beiseite lassen;
1. und 2. *nicht* getrennt abzuhandeln;
als 4. und 5.:
methodisch ausdrücklich Vorrang des *Bezugs* vor Gehalt (Sinnzusammenhang);
Bezugssinn – Gehaltssinn: ein in jeder Lebenswelt und Situationsganzheit immer gleicher Bezugs- und Gehaltssinn *(Problem)*
Faktum (→ Ursprung) und Sinn;
dann: Verstehen der Grundhaltung der *philosophischen Ausformung*;
Ausdruck der Anschauung – *Dialektik*.

8. Faktum

Ausgangspunkt der Philosophie: das faktische Leben als Faktum.[22] Sind wir damit mit der Zufälligkeit ausgeliefert?

Ferner: methodisch-sinnmäßige Hineinnahme der Geschichte in die Philosophie – damit die unübersehbare Mannigfaltigkeit einzelner Gestalten. Induktion möglich, aber eine solche mit Schwierigkeiten (des jeweiligen Verstehens von der Gegenwart her) und schlechte Induktion, da die uns bekannte Geschichte – *an der Idee des unendlichen Fortgangs gemessen* – sehr kurz ist und so keine festen Instanzen für Induktion gewonnen werden können.[23]

In all dem verkehrte Einstellung zum Faktum. Man sieht es als Vereinzelung eines Allgemeinen, als Fall eines Gesetzes, als eines neben gleichgestellten anderen. Man sieht immer in ein übergreifendes oder umgreifendes Schema zurück oder hinein, statt diese Blickrichtung als eine dem lebendigen Leben und damit jedem echten Faktum fremde und unangemesse zu verstehen (Fakten des Lebens sind nicht Nebeneinanderliegendes wie Pflanzen und Steine). Man kommt dann gar nicht in die Gefahr, ein in seiner Wurzel unechtes, ein Scheinproblem mit dem großen Aufwand von Scharfsinn lösen zu wollen. Man darf nicht am Leben bzw. an dem seiner Tendenz entleerten, an den ans Ufer geschwemmten Objekten begrifflich argumentierend herumhämmern – Splitter zu einem Systembau; daß man dann nur noch babylonische Sprachverwirrung (Motive, Horizonte) sieht von außen, darf nicht verwundern.

Das erste Hinzeigen, Fußfassen, Mitgehen des Verstehens (vgl. 1.–3.) – *dabei schon Destruktion*; die Problemrichtungen ha-

[22] die Gliederung 1–5; und die früher genannten Charaktere.

[23] Phänomenologische Reduktion ein Mitmachen – als ein solches, in dem ich nicht aufgehe. Näher ist auszumachen, was Bezugs-, Vollzugs- und Gehaltssinn.

Geschichte – in einem von dem jeweiligen Gegenwartsleben gesehenen *Ausdrucks*zusammenhang des Lebens.

bende *Vorschau* – das sehend-verstehende Vorausspringen und darauf: *Artikulierung, Interpretation, Gestaltgebung.*

*

9. Vorverstehen (Grunderfahrung) – Verstehen. Seine Ausformung zur phänomenologisch-philosophischen Grundhaltung

Was in den 5 Punkten zu Zwecken ausdrücklicher Hinführung zu den in Frage kommenden Phänomenstrukturen gefordert ist, hat im lebendigen Leben, sofern es starke und stärkere Ausschläge, Hebungen und Senkungen des Beim-Leben-selbst-Seins zeigt, einen lebendigen Struktur- und Entwicklungszusammenhang, eine Führungsweise. Das Phänomen führt im Verwachsensein mit, Herkommen von und Hingehen zu anderen.

Der adäquate[24] Erfassungs- und Auffassungssinn ist dadurch motiviert als alternierender Ausdruckszusammenhang. Alternieren ist dabei nur ein formaler Ausdruck und besagt im Ernstfalle mehr als ein Permutations- und Variationsmöglichkeiten von Dingen durchlaufendes Umgruppieren. Die alternativen Beziehungen sind *Bezüge* und zeigen damit den ganzen Reichtum dieser Komplikation.

Dieses Vermeiden isolierender Zerstückelung und Entäußerung des Gefaßten in einem Objektbegriff ist noch viel dringlicher im jetzigen Phänomenzusammenhang. Die Unmöglichkeit, ein Abgehobenes isoliert zur adäquaten Erfassung zu bringen, ist nicht so sehr ein Mangel als – sofern sie echt verstanden

[24] ≠ Abklatsch, Nachzeichnung, sondern die durch die Phänomene und ihre Erfaßbarkeit selbst vorgezeichnete Genuinität, die sehr weit von einer Adäquation im Sinne des Nachbildens weg sein und trotzdem dem Phänomen in seiner Lebendigkeit am nächsten sein kann. Was heißt da überhaupt »nah«, »fern«, »weg«?

ist – eine entscheidende reiche Möglichkeit phänomenologisch-methodischen Verfahrens.

ad 1.[25]

Beginnen wir mit der ersten Abhebung, dem Phänomen des Mich-selbst-habens und zwar in der Weise des ersten Schrittes phänomenologischer Methode, der kritischen Destruktion der Objektivierungseinschlüsse. Unter diesen werden verstanden nicht nur die gerade momentan, bei der ersten Vernahme des Phänomens vorfindlichen, sondern auch die möglichen, der abgleitenden Objektivierung des faktischen Lebens sich nahelegenden.

Das Michselbsthaben, das unabgehobene in lebendigen Lebenserfahrungen, ist nicht: ein *über* die Erfahrung und das Erfahrene reflektierendes, aus ihr heraustretendes zum Objektmachen des Ich, so daß dabei das Ich als Ich, als seiner Gegenstandsregion zugehörig, als von ihrer Art seiend erkannt würde. Es ist nicht eine Einstellung in Ordnungsbeziehungen, in welchem Beziehungssystem das Ich durch Einordnung endgültig würde, so daß im Sinne des Ordnens nichts mehr darüber aussagbar wäre. Das gilt sowohl vom Ich als leerem Beziehungspunkt als auch vom Ich als konkreter Mannigfaltigkeit von Objektbestimmungen. Denn im letzteren Falle könnte es sich nur um ein Gefüge von mannigfaltigen Regionen und deren Beziehungs- und Ordnungsmöglichkeiten handeln. Das Michselbsthaben ist kein Ansetzen zu Ordnungsbestimmungen; es liegt nicht in dieser Tendenzrichtung.

Das Michselbsthaben in lebendiger Lebenserfahrung ist noch

[25] Vertrautheitscharakter –:
Einfügbarkeit in die jeweilig auch erinnerte Lebensbewegung – Mitgehenkönnen – Loslassen der Aktivität; das Selbst seinerseits in diesem Aspekt.

Vgl. Manuskript »Zum Grundaspekt des Selbstlebens«: Leben, Er-leben, Erfahren, Bewußtsein – vgl. ab S. 6 [im Nachlaß nicht auffindbar].

[Vgl. auch Anhang A/II., Beilage 8, S. 181.]

weniger – was schon die Bezeichnung im Wort abwehrt – ein Rückschluß vom Faktum des Erfahrens auf ein Erfahrendes, das die Erfahrungen hat, *logisch* haben muß, *an* dem so etwas wie Erfahren vorgeht als seine Eigenschaft. Prinzipieller: das Ich ist nicht etwas, das das Leben hat, sich zueignet, mit ihm behaftet ist wie der Tisch mit seiner Farbe, als wäre das Ich – ursprünglicher das Selbst – eine in sich verlaufende Verständlichkeit und seinerseits das Leben ebenso eine solche.

Allgemein: die Situation ist keine ordnungsbestimmte Konfiguration von Dingelementen, sondern Phänomen, Lebensgebilde, Lebenszusammenhang.

Das Michselbsthaben ist ferner nicht so etwas wie induktives Zusammenbetrachten einzelner Lebenserfahrungen als solcher, die durch ihr Zusammengeschehen, durch ihren Geschehenszusammenhang, als Konglomerat das Ich entspringen ließen im Sinne einer Resultante, eines Produkts, das sich einstellt oder nicht einstellt, dazukommt, dabei herausspringt.

Das Michselbsthaben ist kein Anstarren eines Objekts, keine Festlegung, sondern der lebendige Prozeß des Gewinnens und Verlierens des Vertrautseins mit dem konkreten gelebten Leben selbst; als Prozeß kein Sichaufhalten bei einem Objekt, sondern das aus Lebenserfahrungen herkommende sich Vorneigen in neue, lebendige nahe Horizonte, ein Herkommen und Vorneigen, worin lebend ich *mir selbst verständlich bin*, mag das Erfahrene selbst meiner Existenz die schwersten Rätsel vorlegen. Der verständliche Zusammenhang ist das Leben selbst und ich habe darin mein Selbst.

Ich habe mich selbst in faktischer Lebenserfahrung, nicht im Anstarren eines Objektes, das in einem Objektzusammenhang steht, durch Beziehungen in ihm eindeutig seine Ordnungsstelle und damit letzte Bestimmtheit erfährt. Auch nicht *durch Rückschluß* auf ein Ich, das die Erfahrungen hat, an dem so etwas wie Erfahren vorgeht; ferner nicht durch eine Konglomeration von Einzelerfahrungen als Resultate dieser; sondern zuweilen ist die faktische Lebenserfahrung im Verfolg von Bedeutsamkeitszusammenhängen eigener *Artikulation*; »Vertrautsein« – was liegt darin? – Tendenz – Motiv – lebendiger Bezug – nichtstatische Rückbeziehungen – keine Objektrelationen.

Das Haben – nicht ein punktuelles, Objektsinn festlegendes, sondern ein Vorneigen in bestimmter Situationsweise in Tendenz-Horizonte; ein Festlegen – weder in der Weise der logisch hypothetisch erschließenden Substruktion noch in der Weise des induktiven Ablesen aus gemeinsamen Eigenschaften aus Einzelerfahrungen nehmen.

ad 2:

Aber was ist nun dieses Selbst, das dabei gehabt wird? Und wenn wir so fragen, ist dann diese Fragehaltung im geringsten verschieden von den oben abgewiesenen Objektivierungstendenzen? Es bleibt zu beachten: in faktischer Erfahrung frage ich nicht, was das Selbst ist; ich habe es in der Weise des Lebens im Verständlichen. Was wir mit unserer Frage suchen, ist das »Als«, in welchem unabgehoben das Michselbsthaben mein Selbst hat. Welches ist die Ausdrucksgestalt des Selbst *im* Michselbsthaben selbst? – *nicht: Was setzt es voraus*, wodurch *ist es bedingt, verursacht?*[26]

Die Ausdrucksgestalt des Selbst[27] ist seine Situation. Ich habe mich selbst, heißt: *die lebendige Situation wird verständlich.*

Abwehr der falschen Tendenzen bei der Charakteristik des Situationsphänomens.

Zuvor ein Überschlag darüber, was überhaupt in unserem Zusammenhang zunächst bezüglich des Situationsphänomens gesagt werden kann. Was zeigt uns eine Situation (»ausdrück-

[26] Phänomenale Darstellungs- und Hinführungsschicht des *Ausdrucks*; phänomenale immanente Ausdruckszusammenhänge.

[27] Ausdrucksstufen des Phänomens selbst – Selbstwerden. Intransitäten der *Verselbstung* – vorläufig noch außer Acht lassen – ich muß zwar einen Voraspekt verstanden haben, um mich verstehend darin bewegen zu können (Phänomenale und methodische Ausdrucksstufen).

lich«)? Wodurch gibt sie sich ihre *Einheit*? Welches ist (ausdrücklich) ihre *Urgliederung*? Ferner die Frage nach der Artikulation des Selbst in seinen Ausdrucksstufen. Das führt weiter auf die eigentliche Phänomenologie des Selbst und seiner Positionen – ursprünglicher Vertrautheitskreis [Gnade, Berufung, Schicksal], Ursprungssinn von Existenz, woraus sinngenetisch aller Sinn von Objektwirklichkeit verstehbar wird – sinngenetisch, nicht transzendentallogisch, durch logisch geforderte Rückbeziehung auf ein Bewußtsein überhaupt.

In der methodischen Anlage unserer Betrachtung steht das Problem der Situation ersichtlich im Zusammenhang mit dem Phänomen des Michselbsthabens. Man kann auch versuchen, von dem Umgebungsgehalt der jeweiligen Situation auszugehen, wie ich das im Sommersemester versucht habe.[28] Es besteht dabei die Gefahr, daß zu leicht die Objektivierungen übersehen und nicht kritisch ausgesondert werden und daß man in den Irrtum verfällt, die Situation zu bestimmen aus einer bestimmten, so und so gruppierten Mannigfaltigkeit von Gehalten gelebten Lebens. Dann ist der Schritt nicht mehr weit zu einer raumzeitlichen Ordnung und Typik der Situationen. Was dann geordnet wird, bleibt bezüglich seiner selbst gerade unverstanden und rückt in die bedenkliche Nähe eines Objekts. Die Situation löst sich auf in einem summativen Beieinander von beteiligten Vorgängen und zwar Empfindungsdaten. Man gerät ganz in das ›Außen‹ der Verdinglichung und endet bei Komplexen letzter Daten – raumzeitlich als Schnittpunkt von Reihen eindeutig fixiert. [Von ihr ausgehend nimmt das Problem des Individuellen eine grundverkehrte Richtung.]

*

[28] Über das Wesen der Universität und des akademischen Studiums. In: Gesamtausgabe Bd. 56/57. a. a. O.

10. *Für Schlußvorlesung*

Es ist widersinnig, bei phänomenologischen Ausdrucksgestalten, welcher Stufe auch immer, und ihren Formulierungen festzuhaken und sie *statisch* zu verabsolutieren; sie werden damit gerade ihres Ausdruckssinnes und ihrer lebendigen *Funktion beraubt.* Aber daraus darf ich nicht, mit formaler Logik argumentierend, folgern: also gibt es nur relative Erkenntnis, also ist der Skeptizismus die letzte Konsequenz!

1. folgt nicht aus jedem Relativismus Skeptizismus;

2. vor allem (was inhaltlich das Entscheidende ist), gerade weil jede Ausdrucksgestalt vor der logischen Relativierung, die immer ihre stillstellende Objektivierung mit einschließt, ihrem Sinn nach zu bewahren ist, d. h. *ständig neu zu gewinnen ist*, muß unausgesetzt auf strenge Ursprünglichkeit das Absehen sein.

Ich komme überhaupt nicht in den Gesichtskreis, wo von Relativität zu reden Sinn hat. Nicht skeptische *Resignation*, sondern phänomenologisches Ursprungsverstehen erneuernde *Aktivität.* Aktivität ein anderes als »Betrieb«, »Betriebsamkeit«, die nur ein Element des »Außen« und der »Objekte« ist, aber nicht in dem des *Geistes.*

In der *Liebe* ist Verstehen;

in der *Hingabe* – nicht an Tatsachen, sondern an Sinn, als lebendige Bezüge des Lebens, *gewinnen*;

nicht im Reden über Welt und im rhetorischen Machen von Welt und Religionen,

im Fortgang zuerst in ein neues transzendentes oder transzendentales Gebiet – um dann zu leben;

sondern die Nähe lieben und alle [. . .]* Nähe aus aller Ferne abstreifen und so in die echte Ferne des Ursprungs zu kommen.

* [unleserliches Wort]

II. BEILAGEN

A. Zum ausgearbeiteten Vorlesungsmanuskript

Beilage 1

17. X.

Ursprungswissenschaft

Ursprungsgebiet bearbeiten – nicht also vorgegeben sein; Problem der Vorgabe ein *besonderes*, weil das Ursprungsgebiet im Leben an sich nicht gegeben ist;

das zunächst zu verstehen;

dazu allgemeine Überschau; zugleich absehen auf einen Grundcharakter, der die Unmöglichkeit des Gegebenseins des Ursprungsgebietes *später verständlich* machen soll; jetzt aber nur der Index, der überhaupt die Gegebenheit des Ursprungsgebietes als Gegenstand einer strengen Wissenschaft in Frage stellen soll. *Das Fehlen der Richtung (vgl. S. 29f.);*

Methode der phänomenologischen Begriffsbildung, die bei sich in der Zufälligkeit dieser Aspektgebung erfährt das Verstehen der Grundcharaktere des Lebens.

*

Beilage 2

24. X. (S. 46ff.)

Bekundungscharakter
in Um-, Mit-, Selbstwelt.
→| der momentane Aspekt selbst in historischer Umweltvorfindlichkeit, Mitweltvorfindlichkeit: *»als«* Quelle *»für« neue Ausdrucksform* – das historische Problem des Rückgangs – der Deutung.
Quellenmaterial | Einteilung – Auffassungsgesichtspunkte.

Was kann solches werden –!

Tendenzen aus besonders ausgeformten
Kunst – Religion ihre eigenen Ausdrucksgestalten
(wirtschaftliche, politische, technische)
können historisch gesehen werden,
welches Sehen selbst in seiner historischen Gestalt historisch werden kann.

*

Beilage 3

31. Okt. 19

Einleitung zu S. 59ff.

Die Frage geht dahin: Was ist Phänomenologie? Als ihre Idee ist angesetzt: *absolute Ursprungswissenschaft vom Leben an und für sich.* Die Frage geht nach dem Gegenstandsgebiet, d. h. der Problematik und der Methodik. Die Frage soll selbst ursprungswissenschaftlich zur Erledigung kommen. Also es soll zur Einsicht gebracht werden, daß Phänomenologie nicht ist eine beliebige philosophische Erfindung, ein neues System, wieder einmal ein neuer Standpunkt, sondern daß ihre Existenz eine *notwendige* ist, d. h. daß echte, radikale Motive des Geistes bestehen, die zu ihr drängen, so daß sich in ihr die Idee der Wissenschaft allererst radikal erfüllt.

Es soll nichts erdacht und erfunden werden. Wir haben nachzusehen, ob und wo sich Motive zum Rückgang in ein Ursprungsgebiet gewahr werden lassen. *Die ungekünstelte Orientierung ist die des faktischen Lebens, das wir selbst sind und leben.*

Selbstwelt
Lebenswelt | Bekundung – »Wissenschaft«; besondere Bedeutung: Wissenschaft vom Leben;
zu | bestimmte Ausformungen: Um-, Mit-, *Selbstwelt.*
| *Selbstwelt:* Autobiographie, historisch biographische Forschung;
S. 59ff. | – *welche Möglichkeit* bekundet sich in diesen faktischen Ausformungen?
| Sie ist faktisch und vollzogen lebendig.
| – was bedeutet sie?
| – wie ist sie zu verstehen?

*

Beilage 4

Zu: Grundprobleme der Phänomenologie, S. 63.

Zugespitztheit des faktischen Lebens auf die Selbstwelt faktisch feststellbar *in ganz einfachen Zusammenhängen*, z. B.

1. Wechsel der Stellung im umweltlichen Raum;
2. Umwelt und Mitwelt je nach Stimmung – »Aufgelegtsein« (Konzert in müder, leerer, farbloser Stimmung);

Faktische Erfahrbarkeiten

aber faktisches *Beteiligtsein der Art und Weise der Kundgabe* an dem jeweiligen Wie der Selbstwelt – des Sichgebens – des Erscheinens einer Lebenswelt.

*

Beilage 5

Zu S. 64 Grundprobleme der Phänomenologie

Wir orientieren uns faktisch über faktische Wissenschaften, über das, was faktisch als Wissenschaft gilt, und wir suchen sie faktisch als eigenen Ausdruckszusammenhang zu verstehen.

Dieses Aufweisen von faktischen »Es ist so . . .« hat seine eigene Verständlichkeit, sofern wir im faktischen Leben selbst bleiben. Für das faktische Leben haben die Wissenschaften in ihrer Faktizität kein Rätsel. Sie sind vielleicht schwierig; ich weiß, daß sie faktisch mit Hemmungen zu kämpfen haben, oft an einen toten Punkt geraten. Aber das ist etwas, was jede Lebensgestalt zeigt – eine durchgehende Fragwürdigkeit, die man aus der faktischen Unvollkommenheit der Menschen unschwer »erklärt«.

Primat des faktischen Lebens
Das faktische Leben in seiner Faktizität, sein Reichtum der Bezüge, ist uns das Nächste: wir sind es selbst.

Es als voraussetzungsreich bezeichnen geht wider seinen lebendigen Sinn und ist nur möglich auf einem eingenommenen *Standpunkt*. Die Einnahme dieses Standpunktes erwächst aber doch selbst aus dem Leben, seiner Faktizität; mit Recht oder Unrecht, das kann ich nur prüfen, wenn ich überhaupt das Faktische ganz faktisch bin und mögliche Wege *aus* ihm heraus in ihm selbst vorgezeichnet finde.

*

Beilage 6

Erste Fassung des § 19

Gehen wir ins Einzelne:

1) *Wie soll für die Ursprungswissenschaft vom Leben der Erfahrungsboden beigestellt werden?* und

2) was heißt: das so Beigestellte soll ursprungswissenschaftlich bearbeitet werden, in seinem ursprünglichen Hervorgang aus dem Ursprung erkannt werden;

3) wie gewinne ich überhaupt den Ursprung, *den ich doch irgendwie schon haben muß*, um echt aus ihm entspringend das Leben, das faktische, in all seinen Dimensionen und Vielgestaltigkeiten, die wir uns nur im Rohesten nahegebracht haben, zu erfassen.

Fassen wir die erste Frage schärfer ins Auge: Für die Ursprungswissenschaft soll der Erfahrungsboden beigestellt werden. Ist dieser im faktischen Leben zu gewinnen? Aber alle Erfahrbarkeiten und die daraus ausschneidbaren Sachgebiete sind aufgeteilt unter die Wissenschaften – der Wasgehalt der künstlerischen Welt, der Wasgehalt der religiösen, der wirtschaftlichen, der organischen Lebenswelt, der physischen, materiellen Welt. Aber sind denn diese Wasgehalte das Einzige, dem wir in der faktischen Orientierung begegneten? Und vor allem: wenn wir im faktischen Leben einen Erfahrungsboden fänden, wäre damit irgendetwas für das Ursprungsgebiet und seine Umgrenzung geleistet? Das faktische Leben soll doch gerade als entspringend erkannt werden. Mit dieser ersten Frage ist notwendig verknüpft die dritte: Wie gewinne ich überhaupt den Ursprung?

Im faktischen Leben leben wir – wir sind es selbst, es ist uns absolut das Nächste. Wie komme ich aus ihm heraus? Vor allem: wo liegen in ihm selbst faktische Charaktere und welche sind es, die gleichsam Voranzeigen und Hinweise sind, in welcher Richtung das faktische Leben aus sich selbst herausdrängt? Solange solche Motive in ihrer faktischen Gestalt nicht systematisch herausgestellt sind, bleibt die Idee der Phänomenologie reine Willkür, die Problematik als solche in ihrem Ansatz eine pure Konstruktion.

Das faktische Leben soll motivierende Hinweise und Richtungsvordeutungen geben für eine Bereitung des Erfahrungsbodens und die Gewinnung des Ursprungsgebietes. Dann löst sich schon eine Schwierigkeit, nämlich dann bedarf es gar nicht der Beistellung des faktischen Lebens in seiner Totalität, und wir sind von diesem hoffnungslosen Unternehmen von vornherein dispensiert. Aus ihm, dem faktischen Leben selbst, soll der Erfahrungsboden der Phänomenologie gar nicht herausgelöst werden, aber es muß selbst einer Wissenschaft, die aus ihm heraus will, Motive geben.

Wir sahen: die verschiedenen Sachgebiete, die sich aus den faktischen Lebenswelten herauslösen lassen, sind alle unter die Wissenschaften aufgeteilt. Also wird es vermutlich kein Wasgehalt eines Objektgebietes sein, was in der fraglichen Weise das Herausdrehen aus dem faktischen Leben motiviert. Es ist auch nicht einzusehen, welcher bestimmte Wasgehalt welcher bestimmten Lebenswelt oder gar welchen Objektgebietes einen Vorzug vor anderen haben soll: Naturobjekte, Objekte der Geisteswissenschaft, Weltausschnitte künstlerischen oder religiösen Lebens. Alle sind für das Niveau unserer Betrachtung gleichgeordnet, denn wir haben keine Theorien über das Leben, keine vorausgesetzten metaphysischen Standpunkte, von denen aus wir etwa alles Physische auf das Psychische zurückführen könnten, keine Wertgesichtspunkte und Systeme, in denen eines vielleicht, das Religiöse oder das Künstlerische, eine Vorzugsstellung zu eigen hätte. Und Sachgehalte, Wasgehalte führen immer nur wieder zu anderen.

Aber erschöpfte sich denn das, was wir im faktischen Leben antrafen, in bloßen Sachgehalten? Zeigte sich uns nicht da und dort ein merkwürdiges Wie des faktischen Lebens, ein Wiegehalt – so, wenn wir sprachen von der Zugespitztheit des faktischen Lebens auf ein jeweiliges Selbstleben? Das faktische Leben zeigt da ein Wie der Betontheit, das wir faktisch erfahren, das uns als Wiegehalt verfügbar wird, z. B. in und an einem bedeutenden Menschen, in dessen Selbstleben die Welt eine ganz neue Charakterisierung erfährt. Wir erfahren solche Menschen als Bereicherungen unseres Lebens, vielleicht auch als Gefahren; sie können ein Schicksal für uns werden. Wir erfahren diese Zugespitztheit an verschiedenen Menschen, am Künstler, Helden, an Heiligen, am genialen Forscher, ja, wenn wir näher zusehen: an jedem Menschen mehr oder minder ausgeprägt, und zwar so, daß sich zeigt: diese Betontheit und Zugespitztheit auf die Selbstwelt ist nicht von bestimmten Lebenswelten und ihrem Sachgehalt als solchem her bestimmt, sondern ist erfahrenderweise innerhalb verschiedener Lebenswelten antreffbar. Also das faktische Leben drängt hier gleichsam aus sich heraus eine gewisse funktionale Rhythmik, die nicht gebunden ist an bestimmte Lebenswelten, ein *Wie*gehalt, in dem sich das faktische Leben ausdrückt und zwar bezüglich seiner Dynamik, seiner dynamischen Struktur.

Ein *Struktur*gehalt, in dessen Sinn als solchem die *Selbst*welt eine besondere Rolle spielt; nehmen wir diese Hinweise fest in die Hand: *Strukturmoment »Selbst«*.

Die faktische Lebenserfahrung, wie immer sie weltmäßig nach ihrem Wasgehalt charakterisiert sein mag, hat eine strukturmäßige Gebundenheit an die *Selbstwelt*. Wie wäre es, wenn die Selbstwelt, und zwar in ihrer strukturmäßigen Funktion, zum Gegenstand wissenschaftlicher Forschung gemacht würde? Kann es so etwas geben? Wir sahen bereits, wie Selbstwelten erfahrbar und ausdrückbar werden in der Tatsache von Selbstbiographien, und weiter, wissenschaftlich erforschbar in der biographischen Geschichtsschreibung. Aber hier handelt es sich doch immer um diese oder jene bestimmte, besonders bedeutsame Selbstwelt in ihren bestimmten konkreten Lebensbezügen zu ihrer Lebenswelt.

Läßt sich nicht die Selbstwelt als Selbstwelt, nicht diese oder jene bestimmte, in ihren konkreten, einmaligen Bezügen zu ihrer Lebenswelt *wissenschaftlich erforschen* und aufgrund dieser Forschung etwas über den genannten Strukturcharakter ausmachen? Also aus den nicht- und vorwissenschaftlichen Selbsterfahrungen kann doch ein Erfahrungsboden herausgelöst und ein Sach- und Objektgebiet bereitet werden.

Der Versuch, *historisch* den verschiedenartigen Motiven, den Wegen und Formen nachzugehen, aus denen und in denen dann versucht wurde und wird, aus dem Umkreis der spezifischen nichtwissenschaftlichen Selbstwelterfahrungen einen Erfahrungsboden zu gewinnen mit dem Absehen auf eine objektive Wissenschaft von der Selbstwelt, diese Aufgabe fällt aus dem Rahmen dieser systematischen Betrachtungen. Aber nicht nur das – die Aufgabe wäre gleichbedeutend mit einer Geschichte der Psychologie in allen ihren philosophischen und nichtphilosophischen, literarischen, künstlerischen, religiösen Ausprägungen. Und zu einer solchen, die unter dem berührten Grundaspekt des Verfolgs des Prozesses wissenschaftlich theoretischer Objektivierung der Selbstwelt die Geistesgeschichte erforschte, fehlt heute noch alles – und in erster Linie die Hauptsache: ein prinzipielles Herausarbeiten des systematischen Problems und seine radikale Erledigung, was selbst zunächst eine Aufgabe für eine ganze Generation darstellt.

Statt einer solchen geschichtlichen Betrachtung, die notwendig nicht nur fragmentarisch, sondern auch in vielem Prinzipiellen noch unklar ausfallen müßte, sei auf zwei konkrete, auf den ersten Blick belanglose Tatsachen der allerjüngsten geistesgeschichtlichen Vergangenheit hingewiesen, so daß sich das Problem in einer uns leicht zugänglichen Gestalt darstellt, allerdings zugleich in einer verwickelten, die typisch ist und die Verwirrung auf die Spitze treibt, daher um so instruktiver, vor allem für die Herausstellung der letzten einfachen Motive der Verwirrung. Einmal: der Streit um die historische Methode – Lamprecht (Geschichte – »angewandte Psychologie«) – Ende der neunziger Jahre: Frage ist dabei, ob die experimentelle Psychologie die wissenschaftliche Grundlage der Geisteswissenschaften darstellen könne. Und dann: 1913 die Stellungnahme der Philosophen gegen die Besetzung philosophischer Lehrstühle mit Experimentalpsychologen und die Forderung der Errichtung eigener Lehrstühle und Institute für Psychologie. Die zweitgenannte Tatsache: für viele lediglich eine Angelegenheit des Brotneides; die erste: eine interne Krisis der Geschichtswissenschaft. In Wirklichkeit sind beide Tatsachen typische Äußerungen einer tiefwurzelnden prinzipiellen Verirrung des Geistes überhaupt – mit der er während des ganzen Verlaufs seiner eigenen Geschichte behaftet ist und die auch heute noch nicht zur radikalen Überwindung gebracht ist.

Es muß doch irgendein berechtigter Kern liegen in den immer neu durchbrechenden und heute besonders lebhaften Aspirationen der empirischen Psychologie, sich als Grundwissenschaft der Philosophie überhaupt und der Geisteswissenschaften im besonderen zu etablieren und zu behaupten. Der historische Verlauf dieses in seiner geistesgeschichtlichen Tragweite nicht hoch genug einzuschätzenden Konflikts ist erst vom Boden eines Verstehens der sachlichen Probleme betrachtbar.

Sowohl die erstgenannte Tatsache und die Äußerungen der Philosophen dazu, ebenso wie die zweite, zeigen, daß die Zusammenhänge weit entfernt sind von einer radikalen Erfassung. Typisch: der Unbegriff von Psychologie, den Rickert sich zurechtgemacht hat und der die ganze *Unzulänglichkeit* seiner Theorie der naturwissenschaftlichen und geschichtswissenschaftlichen Begriffsbildung einsehen läßt, was letztlich seine Wurzel hat in der ganz unvollkommenen Bearbeitung der prinzipiellen Fragen: *Begriff, Begriffsbildung, Bedeutung, Ausdruck.* Dazu: die einseitige mechanisch-atomistische Auffassung der Psychologie, die überhaupt ein Grundgebrechen des modernen Kantianismus ist, allerdings zugleich nahegelegt durch Verirrungen und verirrte Aspirationen und prinzipielle Unklarheit der experimentellen Psychologie.

Wir bleiben also im *inhaltlichen systematischen* Zusammenhang der Untersuchung und es soll lediglich zu Zwecken konkreter Exemplifizierung auf historische Erscheinungen der Problementwicklung, d.i. im Grunde Problemverwirrungen, verwiesen werden.

Wir lassen uns von der Merkwürdigkeit des faktischen Lebens – Zugespitztheit seiner auf eine jeweilige Selbstwelt – leiten, nehmen sie als Motiv für ein schärferes Hinsehen auf diese Betontheit der Selbstwelt und zunächst auf diese selbst. Es soll gefragt werden (unser Absehen geht doch auf ein mögliches Gegenstandsgebiet für eine Wissenschaft vom Ursprung des Lebens, also von etwas, in dem das Leben irgendwie zentriert): Wie ist im Ausgang von den nichtwissenschaftlichen Erfahrungen innerhalb der Selbstwelt, auf dem bereiteten Boden solcher Erfahrungen, eine objektive Wissenschaft von der Selbstwelt möglich? Genauer: Welches sind die notwendigen Schritte in der Genesis einer solchen Wissenschaft aus Selbstwelterfahrungen?

Nicht im Absehen auf historische Darstellung, sondern lediglich zu Zwecken konkreter Exemplifizierung und *Näherbrin-*

gung des Problems sei Geschichtliches berührt. Rein sinngenetisch betrachtet ist der Prozeß der Ausformung theoretisch-wissenschaftlicher Gegenstandsgebiete aus nichtwissenschaftlichen Welterfahrungen ein stufenreicher und je nach den Sachsphären besonders verwickelter Prozeß, der für die faktisch geschichtliche Realisierung vielerlei Möglichkeiten von Hemmungen, Rückfällen, Irrungen und prinzipiellen Verkehrtheiten bietet, die alle dann für Jahrhunderte sich festsetzen und das Leben bestimmen können. Kein Gebiet der Wissenschaftsgeschichte, sofern sie unter diesem Aspekt systematisch erforscht würde, wäre instruktiver als die *Geschichte der Psychologie*, weil gerade hier (aus jetzt schon einsichtigen Gründen: Zusammenlaufen der Lebensgehalte in der Selbstwelt) die Möglichkeiten des Hereinspielens der verschiedenartigsten Motive besonders groß ist. Für unsere historische Situation ist das Problem besonders bedeutsam, weil wir gerade jetzt im entscheidenden Suchen stehen und weil nach unserer Überzeugung die Phänomenologie berufen ist, hier radikale Arbeit zu leisten und den Augiasstall zu säubern.

Näherhin haben die folgenden historischen Verweisungen im Zusammenhang des sachlich leitenden Problems den Zweck, die Einsicht zu erwecken, daß nur radikale Problemstellung aus der gegenwärtigen Problemverwirrung herausführt.

In den beiden namhaft gemachten Tatsachen kommt zum Ausdruck:

1. die Psychologie prätendiert die Funktion der Grundlegung der Geisteswissenschaften;
2. sie wird von den schaffenden Historikern zurückgewiesen;
3. sie prätendiert ebenso prinzipielle Bedeutung für die Philosophie und wird vielfach so aufgefaßt und betrieben [vor allem ist der Gedanke leitend und zum Teil nicht unberechtigt (richtig verstanden), daß alle streng logische Methode notwendig leer und ohne Voraussetzung abstrakt, letztlich Konstrukt bleibt, wenn Erkenntnistheorie (als Theorie) wirklich strapaziert wird];

4. von anderen zurückgewiesen, und zwar nicht als besondere Geisteswissenschaft, sondern als Naturwissenschaft.

Die Betontheit der Selbstwelt im faktischen Leben spiegelt sich wider in den scharfen Kämpfen und Bemühungen um eine Wissenschaft von ihr und die fundamentale Rangstellung, die ihr zum Teil zugesprochen, zum Teil bestritten wird. Problem ist: Selbstwelt als mögliches Gegenstandsgebiet einer Wissenschaft und bei ihrer Betontheit und funktionalen Bedeutung als Gegenstandsgebiet vielleicht der gesuchten Ursprungswissenschaft. Jedenfalls geht es um eine Wissenschaft, die auch heute noch problematisch ist.

*

Beilage 7

Zu S. 106:

Die Schilderungen haben das Ziel, hinzuführen, sehen zu lernen das faktisch Erfahrene in seiner vollen Konkretion unter Fernhaltung aller Theorie und theoretischen Erklärungsversuche (keine Zuteilung des Primats an die Theorie). (Es mögen richtige Momente in ihnen liegen, aber sie haben in unserer radikalen Betrachtung keine Stelle.)

Das Gesehene festhalten, immer neu lebendig sich vergegenwärtigen und im Sinnzusammenhang verstehen und verstehen die Weise, in der das Erleben in ihnen aufgeht, ohne gerade ausdrücklich davon zu wissen – das besagt ja das *Aufgehen*!!

*

Beilage 8

Vertrautsein

Fragment von Verständlichkeit
Ursache aber das Erfahren selbst. Rätsel bietet
das *Herkommen von* und *Hinkommen zu*
»nicht objektive Ursachen«
Motivverfügbarkeit – Tendenzhorizont – Gehaltssinn (Idee)

Bezugssinn

wie ich im Bezugssinn lebe
↓ *Vollzugssinn*
Peripetie der Rolle der (Sinnführungen) | das Leben gravitiert
die Dominante | in diesen Bezügen

beim Vollzugssinn: *Selbstformen* und *Selbstgenügsamkeit* des Lebens

Stufen

Spontaneität

genealogische
Ausdrucksbezüge *zweifach – faktischer*
Lebenserfahrung –
Selbstleben echter Situationen –
Leben als konkrete Geschichte
(Gegenwart)
und diese Bezüge selbst Ausdruck
des Lebens an und für sich des Ursprungs

B. Lose Blätter aus dem Umkreis der Vorlesung

Blatt 1

Problemgruppen:
Sinn – Sinnzusammenhang;

Idee und Einheit eines Sinnes – Sinngegebenheit – fragmentarisch;

Sinnverstehen: Nachgehen den fragmentarisch verweisenden Zügen; dazu Problem der Beschreibung.

Begriff des »phänomenal« (← nur in der radikalen Innenbetrachtung, d.h. im Sinnverstehen der Erlebniszusammenhänge): im Sinnverstehen anschaulich gegebene Fragmentarische selbst, aber auch das, worauf es phänomenal, das heißt: *in dieser* Anschauungsgegebenheit selbst hinweist.

Gibt es auch Nichtphänomenales in der phänomenologischen Sphäre und ist es das eigentlich Psychologische, Psychische?

Was besagt in diesem Zusammenhang die Lehre *Husserls* von der *reellen* gegenüber der intentionalen Analyse?!

Problem der hyletischen Daten gar kein phänomenologisches, sofern sie aus *jedem* Sinnbezug herausgenommen, nur als Daten – Dinge – genommen werden.

Phänomenologisch, was in dieser Methode überhaupt zugänglich wird und werden kann.

Erleben und *Sinn* – Leben.

Wesen und Sinn.

(›*Wesen*‹ zu gebrauchen für das Ausdrückende selbst – oder überhaupt zu vermeiden)

Sinn und ›Sinneinheit‹ (wichtig für das Problem des Zufalls!)

Stellen wir ganz allgemein die Wissenschaft unter die Idee der Ordnung, so ergibt sich für eine Ursprungswissenschaft eine ganz eigene; die Idee der generellen Klassifikation der Erlebnisse ist keine genuin phänomenologische, sondern ein unphänomenologisches *Material*; *Phänomene* zum ›Material‹ für die rechnende Technisierung – aus lediglich formalen oder sonstwie nicht ursprungsmäßigen Motiven entsprungen.

Ich falle aus der echten Tendenz, die im Verfolg des »Intentionalen« liegt und ursprungsmäßig des Sinnzusammenhanges, heraus in schlechte Verdinglichungen der Erlebnisse, weil ich mit dem Sinnmäßigen vor allem den notwendigen Bezug, der zu Erlebnissen gehört, »Welt« verloren habe.

(Idee der ursprungsmäßigen Morphologie und Genealogie der Phänomene)

Phänomenologische Begriffsbildung:

Kann ich fragen, welche Rolle die Erlebnisse spielen bei der *phänomenologischen* Begriffsbildung, ohne die Erlebnisse selbst nach ihrem Grundsinn bestimmt zu haben?

*

Blatt 2

Was besagt die *vermittelte Unmittelbarkeit* bzw. unmittelbare Vermitteltheit?
Die notwendige Anschauungsbestimmung in Dialektik, die es selbst geeignet macht als Ausdrucksform (sinnmäßig) der reinen Anschauung.

← *Phänomenologische Anschauung und Dialektik*
↓

*Vor*gebende Anschauung – reine phänomenologische Anschauung und beides noëmatisch
– formallogische Bestimmbarkeit beider!
– dialektische Ausdrückbarkeit beider!

} Welches sind die Strukturmomente eines phänomenologischen Begriffs? Notwendig in ihm die Perspektive auf Leben an und für sich (was heißt das?) und seine *organischen* Bezüglichkeiten
funktionalen
(noch besseres ihm geistig entlehntes Wort zu finden!)

Ist Anschauung jeder Art »unbestimmt«?

Was heißt »unbestimmt«?

Was heißt »Anschauung der unmittelbaren Sinneswelt« (Hegel)? Ist *Umwelt* gemeint oder ein Empfindungsfeld (Stumpfs Erscheinungen?)

Wenn Umwelt, dann sehe ich Bücher, Häuser u.s.f. – ist das »sinnlich«?

*

Blatt 3

Phänomenologische Anschauung

Verstehen – als Anschauung – Mitgehen mit und in der Fülle einer Situation und *Verfolgbarkeiten* des Tendenzhorizontes; *Bezugseinheiten* immer in ihrer fragmentarischen Vor- und Rückweisung.

Im phänomenologischen Verstehen hat sich das Leben selbst im sinngenetischen Ausdruck seines Ursprungs;

Anschauend: weil das Verstehen selbst dabei ist in den Sinnzusammenhängen der Aktvollzüge – Situationseinheiten, Tendenzen und Motive;

anschauendes Vor- und Rückgreifen – im Sinne des prozeßartigen *Mitgehens.*

Mitgehenkönnen – Vertrautsein – ›Liebe‹.

Liebe als *Motiv*grund des phänomenologischen Verstehens – in seinem Vollzugssinn notwendig mitgegeben.

*

Blatt 4

Verstehen

Vortheoretische Selbstwelterfahrung – ihr Charakter: Verstehen. (*Kritische Besinnung* deshalb)

Faktische Lebenserfahrung: lebe in Bedeutsamkeitsverflechtungen selbstgenügsamer Ausmessung; inhaltlich und artikuliert das Leben an sich; das Leben ist »weltlich gesinnt«, ohne dabei ein unabgehobenes Michselbsthaben im aktuellen Erfahren; das Mich und das Haben nicht ausgeformt, sondern nur in dem Motiv – Leistungen erfahrbar und erfahren.

Der Satz, daß jedes Bewußtsein von etwas zugleich Bewußtsein seiner selbst sei, worin man die letzte Identität des Bewußtseins, sein Prinzip, sehen will, ist eine formale Objektivierung und damit nichtssagend, ein leicht handliches Surrogat für einen reichen Phänomen*komplex*, den es nun endlich einmal in der Philosophie zu fassen gilt, statt nur immer in neuen Varianten um ihn herumzureden. Um ihn aber zu fassen, muß man ihn überhaupt erst einmal zu Gesicht bekommen und das allein ist schon eine verwickelte Aufgabe.

Im Erinnern lebt das Leben in einer Artikulation seiner, die in es selbst eine Distanzierung bringt dergestalt, daß das weltmäßig Erfahrene – in sich auffangend die Bezüge des Erfahrenhabens; (ich erfahre, wie es war, d. h. wie ich war, lebend war – etwas habe, wie es mich anging.) (vgl. II. u. I.)

Im Erinnerten erfahre ich ein Fragment der Verständlichkeit meiner selbst (daß darin sich das Selbst »ausdrückt«), aber ohne ausdrückliche, gar objektive Zuordnung,. Ich brauche nicht auf mich zu reflektieren; ich brauche sie nicht zurückbeziehen auf –

1. der Bezugssinn des Mich-dabei-*Habens (Verstehen)*;

2. der Sinn des Selbst – *Bedeutsamkeitszusammenhang mit Hinweisung auf Situationsstruktur;*

[ad 1) *Verstehen* weiter klären; *seine Ausformung als Grundhaltung;*

ad 2) *Situations*begriff näher klären – Ausformung seiner als Gegenstandsart]

3. Leben und *Selbstwelt.* Bedeutsamkeitsbezüge in einer bezughaften Sammlung (Komplex);

4. Steigerung des Verstehens – *Motiv* – Tendenz (vgl. Zettel »Verstehen«[1]); *Ausdruck* von *Erlebnis*zusammenhängen – *Selbst*bezüge *auf Verständlichkeiten:* Leben im Thema. Wohin die Weise des Betroffen*seins* (dieses *Sinn-Erleben*) *von Bedeutsamkeiten für ein Selbst in Situationen*; Sphäre der Verständlich-

[1] [Im Nachlaß nicht auffindbar.]

keit (*Aufnahme der Urform* der »Selbstgenügsamkeit«): Leben führen, Leben gewinnen – erraffen – verlieren;

5. Nichtübersteigerung und Zurücknahme der *Ichbetonung – ausdrucksgenetisch – in der Zurücknahme näher dem Ursprung*;

6. Ausdruckszusammenhang genetisch überhaupt zwischen aktuell faktischen Situationen; *geschichtliches* Leben; *Urgeschichte*, Leben an und für sich;

7. »analog« für die Situation und alle konstitutiven *Bezugseinheiten*.

*

Blatt 5

Objektivität – Verdinglichung

Objektivität: aus dem Ursprung und Lebensbedeutsamkeiten – *Eigenzusammenhang*;

Objektivität: dingverhaltgeleitete Ausdrucksgestalten eines *Seienden*; Dingverhalte *entinnerlicht* – ich kann von einem zum anderen, an ihm entlanggehen. Die Dingverhalte als Verhalte sind für die Dingerfassung selbst ein Letztes. Es genügt sich im *Entlanggehen* und zwar immer in einem *Rahmen*, d. h. die dingverhaltsbestimmende Objektivierung genügt ihrer eigenen Tendenz immer radikaler, je umfassender, aufnahmefähiger der Rahmen ist, je länger der mögliche Weg ist von einer Dingvereinzelung *im Rahmen* zum umlaufenden *Rahmen selbst*.

Die verdinglichende Objektivierung erreicht ihre reine Ausprägung, wenn sie entdeckt den am weitesten umlaufenden Raum letzter formal-genereller Allgemeinheiten.

Verdinglichung – keine Bewertung – in sich keine *dingvereinende Tendenz*. Sie ist aber eine Tendenz, die vermöge ihres Hinausgehens in das *Allgemeinste* mit dem Allgemeinsten das Prinzipielle und Ursprüngliche vortäuscht und so immer wieder die Philosophie *hinters* Licht *führt*.

Verdinglichung das Leben überhaupt *betreffend (Gegebenheit)*; das *Psychische* als verdinglichende Objektivität; die Selbstwelt in der verdinglichenden Psychologie – in ihrem Verlust von »Selbst-« und »Welt«-charakter.

*

Blatt 6

Die »Gegebenheit« des Ich und die Überschätzung seiner Rolle in der Phänomenologie

»In unserem Erleben selbst – und indem wir unseres faktischen Erlebens inne werden – vermögen wir das eine alle Erlebnisse ›habende‹ und ihnen identisch [?] zugeordnete Ich zu erfassen. Nicht um eine Supposition handelt es sich hier – zu der uns nichts in der Welt berechtigen könnte –, sondern um einen unmittelbaren und unbezweifelbaren phänomenologischen Befund. In jedem Erleben steckt [?] das reine Ich und kann uns in ihm jederzeit zur Selbstgegebenheit kommen.«[1]

Alles fraglich! Lediglich Theoretisierung und Substruktion.

Es gibt Erlebnisse – ich denke da nicht an hyletische Daten, sondern konkrete Situationen des Lebens –, in denen das reine Ich mit dem besten Willen nicht steckt, so daß es zur Selbstgegebenheit komme.

Zur Selbstgegebenheit kommt nur die eigene konstruktive Substruierung auf *Grund der Definition* – jedes Erlebnis ist Erlebnis eines Ich.

Abgesehen davon, daß damit überhaupt nichts gewonnen ist, es zeigt sich darin, daß aus der formal zurechtgelegten Beziehung konkrete Ich-, genauer: Situationsprobleme überhaupt nicht gestellt sind.

[1] A. Reinach, Paul Natorps Allgemeine Psychologie nach kritischer Methode Bd. I. In: Göttingische gelehrte Anzeigen. 176. Jg. (1914). Nr. IV, S. 198.

Verbaut diese starre Ichsubstruktion – analog wie der alte Substanzbegriff, den man z. T. oft noch fruchtbarer finden möchte, z. B. bei *Aristoteles* – jedes lebendige Verstehen. Stattdessen immer Rahmenbetrachtung.

Auch ist nichts gewonnen, wenn man schon auf falschem Wege ist, in einer äußerlich objektiven Ergänzung – Kennzeichnung des Lebens – das Ich zu einer Person zu objektivieren.

*

Blatt 7

Phänomenologie und Leben – interpretatives Verstehen – »Idealtypus«

Apriorisch notwendige Sinnmöglichkeiten des Lebens – dabei immer als Ausformungen einer Idee und nur in diesem möglichen Ausformungsbezug als lebendiger Prozeß verstehend zu betrachten.

Was das Leben überhaupt sinnmäßig *kann* – was normiert und umgrenzt dieses »kann« durch »Fakta« (woher diese bestimmt – Rückbezüglichkeit des Lebens zeigt sich hier) bezüglich der Widerspruchslosigkeit oder Widersinnigkeit! –, hier ist auch ein Weg zur Eidetik des Einmaligen – besondere Ausdrucksgestalten, in denen ein typischer Reichtum von Sinnbezügen sich ausformt, überempirische Möglichkeiten sichtbar machend.

Deskriptiv verstehende Grundhaltung: Brücke von der rein formallogischen Anschauung zum *Ausdruck* – selbst ein Sinnbezug, nichts Unmittelbares, ein Aneinanderkleben von heterogenen Stücken.

Interpretation der Sinnzusammenhänge:

z. B. Umwelterleben – aber noch engere und sinnliche Anschauung (Wahrnehmung) in seiner absoluten Lebensbedeutung, z. B. für das Religiöse, für das Wirtschaftliche oder für theoretische Naturerkenntnis.

Interpretation: Verstehen als notwendig den Sinn durchforschendes Verstehen der *Rollenbezüge*, ihrer apriorisch sinnhaften Relevanz für: Idee von Erlebnissen. Auf das verstehende Fragen spricht eine Sinnzugehörigkeit an. Wie muß phänomenologisch gefragt werden?

Noch zu allgemein: noch schärfer in die Erlebnisstrukturen eindringen! Als vertraute sind sie Determinanten des Sinnzusammenhangs. *Unter* den Determinanten *eine* Dominante (die Bezüge aber sinnhaft lebensstrukturmäßig!!).

Für die Phänomenologie notwendig eine eigene Richtung der Anschauung – eigene *Richtung*, Richtungsänderung, Herausdrehen, Sichhineinstellen in die Erlebnisse selbst (vgl. Vorweisung). Zunächst *Vorform* (erster Anhub): in das Leben selbst, in seiner Zugrichtung bleibend, sich dazu in sie selbst stellend und gestellt in ihr miterfahrend den »Zug« und die Richtung und das, was an ihrem Wege liegt.

Bedeutsamkeiten sind *Ausdrucks*gestalten von Sinnzusammenhängen, die einer Idee entfließen, in ihr ihre spezifische Einheit erhalten.

»Nicht die ›*sachlichen*‹ Zusammenhänge der ›*Dinge*‹, sondern die *gedanklichen* Zusammenhänge der *Probleme* liegen den Arbeitsgebieten der Wissenschaften zugrunde: wo mit neuer Methode einem neuen Problem nachgegangen wird und dadurch Wahrheiten entdeckt werden, welche neue bedeutsame Gesichtspunkte eröffnen, *da* entsteht eine neue ›Wissenschaft‹«[1].

Also jedes »Sachgebiet« ist keine Dingsphäre (einfach daliegend), sondern ein »gedanklicher« Zusammenhang von Problemen. Sachgebiet selbst ein *Problem*: Vorwurf durch und für den so und so tendierten Prozeß der Theoretisierung!

[1] M. Weber, Die »Objektivität« sozialwissenschaftlicher und sozialpolitischer Erkenntnis. In: Archiv für Sozialwissenschaft und Sozialpolitik. 19. Bd. (= Neue Folge I. Bd.)/1904, S. 41.

Inwieweit und in *welcher Weise* können persönliche, weltanschauliche Überzeugungen das Sinnverstehen alterieren? Sie müssen vor allem in der wissenschaftlichen Forschung als solche gekennzeichnet und scharf präzisiert, ihre Reichweite bestimmt werden. Es ist für jedes schöpferische Arbeiten, auch für die Wissenschaften, das lebendige Leben in Überzeugungen und Gesinnungen notwendig. »*Gesinnungslosigkeit* und *wissenschaftliche* ›Objektivität‹ haben keinerlei innere Verwandtschaft«[2].

Die Trennung von wissenschaftlicher Objektivität und persönlicher Wertung (aus letzten Positionen) ist in der Philosophie besonders schwierig und stellt die höchsten Anforderungen (weil die *»Tatsachen«* und ihre Erfassung ganz radikal anders geartet sind).

Bedeutsamkeitszusammenhänge können in »Vereinzelung« verstanden und auf ihre Zurechnung in »bedeutsame« hin untersucht werden (historisch).

Sinn anschauendes Verstehen nimmt mit die sinnmäßige Rhythmik aus diesen Zusammenhängen – Rhythmik (nicht genus!) [verläßt nur die Wege und Stationen ansetzender *Verdinglichung*].

Konstruktion idealtypischer Sinnzusammenhänge – ihre mehrfachen sinnmäßigen *echten Möglichkeiten*, die den *Reichtum der Idee* ausdrücken und damit ihre merkwürdige Struktur *andeuten*! Diese »Konstruktion« ist nach Seiten des faktischen Lebens und besonders der Objekteinstellung *Lockerung*, Freimachen der Bezüge, in die sie sich *losläßt*. Konstruktion hat hier nichts vom Nebensinn des Erkünstelten, sondern des echten *Sichbauenlassens* selbst.

Idealtypus:

klingt mit die Zuordnung zu *dem, wofür* »Ideal«; inhaltlich eine *»Utopie«*, »die durch *gedankliche Steigerung* bestimmter Ele-

[2] A. a. O., S. 33.

mente der Wirklichkeit gewonnen ist«[3]. Was heißt »Steigerung«, gedankliche Steigerung?

»der idealtypische Begriff [...] *ist* keine ›Hypothese‹, aber er will der Hypothesenbildung die Richtung weisen. Er *ist* nicht eine *Darstellung* des Wirklichen, aber er will der Darstellung eindeutige *Ausdrucksmittel* verleihen«.[4] Inwiefern bedarf Darstellung solcher Ausdrucksmittel?

Der Idealtypus »wird gewonnen durch einseitige *Steigerung eines oder einiger* Gesichtspunkte und durch Zusammenschluß einer Fülle von diffus und diskret, hier mehr, dort weniger, stellenweise gar nicht, vorhandenen *Einzel*erscheinungen, die sich jenen einseitig herausgehobenen Gesichtspunkten fügen, zu einem in sich einheitlichen *Gedanken*bilde.«[5] »Zusammenschluß« von Einzelerscheinungen? »Gesichtspunkte«? Sich Gesichtspunkten fügen!? Gedankengebilde? – Rohe Charakterisierungen!!

»ob es sich [bei der Konstruktion von Idealtypen] um reines Gedankenspiel oder um eine wissenschaftlich fruchtbare Begriffsbildung handelt, kann a priori niemals entschieden werden: es gibt auch hier nur einen Maßstab: *den des Erfolges* für die Erkenntnis konkreter Kulturerscheinungen in ihrem Zusammenhang, ihrer ursächlichen Bedingtheit und ihrer *Bedeutung*. [Besteht dieser Maßstab auch in der Phänomenologie *zu Recht* – heißt ›Erfolg‹ hier: Verwertbarkeit für das Verstehen des Lebens?] Nicht als Ziel, sondern als *Mittel* kommt mithin die Bildung abstrakter Idealtypen in Betracht.«[6] Gilt das auch für die reine Phänomenologie!

»idealer *Grenz*begriff« [›Grenze‹?], »an welchem die Wirklichkeit zur Verdeutlichung [›Verdeutlichen‹?] bestimmter bedeutsamer Bestandteile ihres empirischen Gehaltes gemessen,

[3] A.a.O., S. 64.
[4] A.a.O., S. 64f.
[5] A.a.O., S. 65.
[6] A.a.O., S. 67.

mit dem sie verglichen wird. [Sinn dieses ›Messens‹ (Coinzidenz!?)] Solche Begriffe sind Gebilde, in welchen wir Zusammenhänge unter Verwendung der Kategorie der objektiven Möglichkeit [›objektive‹?] konstruieren, welche unsere, an der Wirklichkeit orientierte und geschulte *Phantasie* als adäquat *beurteilt.*«[7]

»Ohne den viel erörterten und durch Mißbrauch stark diskreditierten Begriff des ›typischen‹ hier prinzipiell analysieren zu können, entnehmen wir doch schon unserer bisherigen Erörterung, daß die Bildung von Typenbegriffen im Sinn der Ausscheidung des ›Zufälligen‹ auch und gerade bei *historischen Individuen* ihre Stätte findet. Nun aber können natürlich auch diejenigen *Gattungs*begriffe, die wir fortwährend als Bestandteile historischer Darstellungen und konkreter historischer Begriffe finden, durch Abstraktion und Steigerung bestimmter ihnen begriffswesentlicher Elemente als Idealtypen geformt werden. Dies ist sogar ein praktisch besonders häufiger und wichtiger Anwendungsfall der idealtypischen Begriffe und jeder *individuelle* Idealtypus setzt sich aus begrifflichen *Elementen* zusammen, die gattungsmäßig sind und als Idealtypen geformt worden sind«.[8]

In der Geschichte und im faktischen Leben keine reine Typenbildung, sondern allenfalls Einschmelzung der nicht typenmäßigen, objektfassenden Elemente in mehr oder minder echte herrschende Typen.

↓ dagegen ↓

in der Phänomenologie anzustreben echte, radikale *Typen* – in voller *Reinheit. Maßstab für die Reinheit?* Typen *wovon* – hat das »wovon« in der Phänomenologie einen berechtigten Sinn? Schleicht sich hier doch nicht wieder das Gattungsmäßige ein? Oder gehört zum Typus eben: der *Typus für* und ist das phänomenologisch letzte, *was*, das Typus sein wofür – typisierend er-

[7] A.a.O., S. 68.
[8] A.a.O., S. 75.

möglichend – selbst seinem Grundwesen nach in der Möglichkeit steht der typisierenden Funktion und Betrachtbarkeit.

»Je mehr es sich um einfache *Klassifikation* von Vorgängen handelt, die als Massenerscheinungen in der Wirklichkeit auftreten, desto mehr handelt es sich um *Gattungs*begriffe, je mehr dagegen komplizierte historische Zusammenhänge in denjenigen ihrer Bestandteile, auf welchen ihre spezifische *Kulturbedeutung* ruht, begrifflich geformt werden, desto mehr wird der Begriff – oder das Begriffs*system* – den Charakter des *Ideal*typus an sich tragen. Denn *Zweck* der *ideal*typischen Begriffsbildung ist es *überall*, *nicht* das Gattungsmäßige, sondern umgekehrt die *Eigenart* von Kulturerscheinungen scharf zum Bewußtsein zu bringen.«[9]

»Gattungsbegriffe – Idealtypen – idealtypische Gattungsbegriffe – Ideen im Sinne von empirisch in historischen Menschen wirksamen Gedankenverbindungen – Idealtypen solcher Ideen – Ideale, welche historische Menschen beherrschen – Idealtypen solcher Ideale – Ideale, auf welche der Historiker die Geschichte bezieht; – *theoretische* Konstruktionen unter *illustrativer* Benutzung des Empirischen – *geschichtliche* Untersuchung unter Benutzung der theoretischen Begriffe als idealer Grenzfälle – dazu dann die verschiedenen möglichen Komplikationen [...]: lauter gedankliche Bildungen, deren Verhältnis zur empirischen Wirklichkeit des unmittelbar Gegebenen [?] in jedem einzelnen Fall problematisch ist: –«[10]

Hieraus erhellt die Verschlungenheit der begrifflich methodischen Problematik der Kulturwissenschaft.

»Das Verhältnis von Begriff und Begriffenen in den Kulturwissenschaften bringt die Vergänglichkeit jeder solchen Synthese mit sich. Große begriffliche Konstruktionsversuche haben auf dem Gebiet unserer Wissenschaft ihren Wert regelmäßig gerade darin gehabt, daß sie die *Schranken* der Bedeutung

9 A.a.O., S. 76.
10 A.a.O., S. 78.

desjenigen Gesichtspunktes, der ihnen zugrunde lag, enthüllten.«[11]

Was heißt hier das »historische Verstehen« überhaupt? »Synthese« (formal und objektivierend zu verstehen) in der Phänomenologie sinnlos!!

»[...] da wirklich definitive historische Begriffe bei dem unvermeidlichen Wechsel der leitenden Wertideen als generelles Endziel nicht in Betracht kommen [wird man glauben müssen], daß eben dadurch, daß für den *einzelnen*, jeweils leitenden Gesichtspunkt scharfe und eindeutige Begriffe gebildet werden, die Möglichkeit gegeben sei, die *Schranken* ihrer Geltung jeweils klar im Bewußtsein zu halten.«[12]

*

Menschliches Verhalten – eigene Zusammenhänge und Regelmäßigkeiten, »deren *Ablauf verständlich* deutbar ist«.[13]

»Ein durch Deutung gewonnenes ›Verständnis‹ menschlichen Verhaltens enthält zunächst eine spezifische, sehr verschieden große, qualitative ›Evidenz‹. Daß eine Deutung diese Evidenz in besonders hohem Maße besitzt, beweist an sich noch nichts für ihre empirische Gültigkeit. Denn ein in seinem äußeren Ablauf und Resultat gleiches Sichverhalten kann auf unter sich höchst verschiedenartigen *Konstellationen* von Motiven beruhen, deren verständlich-evidenteste nicht immer auch die wirklich im Spiel gewesene ist. Immer muß vielmehr das ›Verstehen‹ des Zusammenhangs noch mit den sonst gewöhnlichen Methoden kausaler Zurechnung, so weit möglich, kontrolliert werden, ehe eine noch so evidente Deutung zur gültigen ›verständlichen Erklärung‹ wird. Das Höchstmaß an ›Evidenz‹ besitzt nun die zweckrationale Deutung. [...] Das

[11] A. a. O., S. 81.

[12] A. a. O., S. 82.

[13] Max Weber, Ueber einige Kategorien der verstehenden Soziologie. In: Logos. Intern. Zeitschr. f. Philosophie der Kultur. Bd. IV (1913), S. 254.

›Verständliche‹ hat für die empirischen Disziplinen flüssige Grenzen.«[14]

»Das für die verstehende Soziologie spezifisch wichtige Handeln nun ist im speziellen ein Verhalten, welches 1. dem subjektiv gemeinten Sinn des Handelnden nach auf das *Verhalten Anderer* bezogen, 2. durch diese seine sinnhafte Bezogenheit in seinem Verlauf *mitbestimmt* und also 3. aus diesem (subjektiv) gemeinten Sinn heraus verständlich *erklärbar* ist.«[15]

Die Nachbarschaft des Sinnhaften (rein Verstehbaren)!

»Es sind für die Soziologie 1. der mehr oder minder annähernd erreichte Richtigkeitstypus, 2. der (subjektiv) zweckrational orientierte Typus, 3. das nur mehr oder minder bewußt oder bemerkt, und mehr oder minder eindeutig zweckrational orientierte, 4. das nicht zweckrational aber in sinnhaft verständlichem Zusammenhang, 5. das in mehr oder minder sinnhaft verständlichem, durch unverständliche Elemente mehr oder minder stark unterbrochenem oder mitbestimmtem Zusammenhang motivierte Sichverhalten, und endlich 6. die ganz unverständlichen psychischen oder physischen Tatbestände ›in‹ und ›an‹ einem Menschen durch völlig gleitende Uebergänge verbunden.«[16]

»die Beziehungen zur ›Psychologie‹ sind für die verstehende Soziologie in jedem Einzelfall verschieden gelagert. Die objektive Richtigkeitsrationalität dient ihr gegenüber dem empirischen Handeln [...] als Idealtypus, durch Vergleichung mit welchem die kausal relevanten Irrationalitäten [im jeweils verschiedenen Sinn des Worts] zum Zweck der kausalen Zurechnung festgestellt werden.«[17]

*

[14] Ebd.
[15] A.a.O., S. 255.
[16] A.a.O., S. 260.
[17] A.a.O., S. 261.

Blatt 8

Merkpunkte für die Umarbeitung

»Zugespitztheit« ihrerseits ursprünglich rückverstehen als eine Gestalt der Weltausbreitung der *personalen Existenz.*

Personale Existenz nicht isolieren im Sinne irgendwelcher *Ichphilosophie.*

Verfolg der Zugespitztheit; ihre methodische Bedeutung als Leitfaden so zu verstehen, daß phänomenologisch die Dissoziation des Lebens immer mehr rückgängig gemacht wird – ausgehend von der *faktischen Lebenserfahrung*, aus der selbst zunächst phänomenale Grundgegebenheiten im Sinne der Anschauung ausscheidbar werden.

Das Ausdrucksproblem, das im Vorliegenden berührt ist, bedarf einer weitgehenden Durcharbeitung, um die Zugespitztheit phänomenologisch klar und fruchtbar als Leitfaden benutzen zu können, *nicht aber umgekehrt*; insofern ist die vorliegende Form der Vorlesung (W.S. 1919/20) prinzipiell verfehlt und notwendig unklar; desgleichen auch die Ursprungsidee.

Bei der phänomenologischen Anschauung der faktischen Lebenserfahrung ihre Totalität (im Ganzen einer Ungegliedertheit) auch bezüglich der Selbstwelt zu studieren – auch für Bedeutsamkeit (compositum mixtum) [Scheler][1]; ferner das Eigentümliche der »Lebensgemeinschaft«[2].

*Mit*vollzug der in der Bedeutsamkeit spezifisch lebenden Akte – *»Mit«*-Charakter der Bedeutsamkeit; nicht aber auf Mitteilung beruhend, in dem das ›Mit‹ zur phänomenalen Gegebenheit käme (Scheler, Sympathiegefühle)[3]

[1] M. Scheler, Der Formalismus in der Ethik und die materiale Wertethik. Mit besonderer Berücksichtigung der Ethik I. Kants. Teil II. In: Jahrbuch für Philosophie und phänomenologische Forschung. Bd. II (1916), S. 305 ff. u. 309 ff.

[2] A. a. O., S. 404 ff.

[3] M. Scheler, Zur Phänomenologie und Theorie der Symphathiegefühle und von Liebe und Hass. Mit einem Anhang über den Grund zur Annahme der Existenz des fremden Ich. Halle 1913, S. 128.

Das dadurch gegebene Verborgensein des eigenen, individuellen Seelenlebens.

Zugespitztheit in der vorliegenden isolierten Betonung noch zu sehr Nachklang einer anfänglichen ichlich-transzendentalen Orientierung –

sie wird phänomenologisch erst wirksam, wenn sie genommen wird im Prozeß der Ausschneidung des *Anderen (Fremden) und des Selbst.*

»Gesamtstrom des individuellen Seelenlebens«, aus dem »gleichzeitig« Eigenes und Fremdes auftaucht (Scheler); der seelenhafte Hintergrund in meiner Umwelt (was sie denkt, *ihre* Anschauungen u. s. f.).

Gliederung:

Vordeutung auf das prinzipiell Letzte – Ursprungsproblem mit absoluter Anschauung;

Umwelterfahren – Bedeutsamkeit – Situation;

Ausschneiden aus Bedeutsamkeit: reines Werterfahren (vgl. Zettel »Bedeutsamkeit«, 10)[4]

Reine Wert- und Gutwirklichkeiten

Stellungnahme

Handlung u.s.f. Korrelative Wissens- und Lebenserfahrungsschichten.

Ausschneiden aus *Bedeutsamkeits- und Werterfahren*: theoretisches Erfahren: Kenntnisnahme, Erkenntnis, Explikation; damit Vermischung zeigen und zwar solcher *des Lebens selbst*, also Rückkehr ins Volle und Reine.

Gebrauch des Wortes »Leben« zu verdeutlichen als zunächst nur *formal anzeigend*, mit der Spitze gegen eine verdinglichende Philosophie (vgl. Zettel »Leben«)[5]

[4] [Im Nachlaß nicht auffindbar.]
[5] [Im Nachlaß nicht auffindbar.]

Prinzipielles:
für die schärfere Fassung der Grundbegriffe ihre existenzielle Explikation, z. B. Um-, Mit-, Selbst»welt«;

kein »Monismus« der Existenz, weil Monismus etwas objekthaft Einstellungsmäßiges besagt und man mit solcher Charakterisierung das Ganze von Grund aus nicht versteht.

ANHANG B

I. ERGÄNZUNGEN ZUR AUSGEARBEITETEN VORLESUNG AUS DER NACHSCHRIFT VON OSKAR BECKER

Ergänzung 1

Das phänomenologische Ursprungsgebiet

Das Ursprungsgebiet der Philosophie ist kein letzter Satz, kein Axiom. Es ist auch nicht die Idee des reinen Denkens (wie *H. Cohen* und *Natorp* meinen). Auch nichts Mythisches oder Mystisches (d. h. nur religiös Erfaßbares). Es kann nur durch die urwissenschaftliche Einstellung zugänglich gemacht werden. – Das Ursprungsgebiet ist uns nicht gegeben. Wir wissen nichts von ihm aus dem »praktischen Leben«. Es ist uns fern, wir müssen es uns *methodisch* näher bringen.

Also: 1) Das Ursprungsgebiet, das Gegenstandsgebiet der Phänomenologie ist im »Leben an sich« nicht gegeben.

2) Es ist nur durch wissenschaftliche Methode zu erreichen. Welche methodischen Ansätze sind zu machen, um aus »dem Leben an sich« das Urgebiet, das »Leben *an und für sich*« zu entdecken? – Wir sehen uns zunächst das »praktische Leben« an. Es ist »selbstgenügsam«. – Das Ursprungsgebiet ist wesensmäßig *nie* gegeben im Leben an sich. Es muß immer von Neuem erfaßt werden. Daher die immer neuen »radikalen« Tendenzen in der Philosophie im Laufe ihrer Geschichte. –

*

Ergänzung 2

Ein Bibliothekar findet in dem Einband eines zerlesenen Bandes einige Blätter mit alten Schriftzeichen – es stellt sich heraus, es ist eine alte Papsturkunde. Durch diesen Fund wird ein uns bisher unbekannter historischer Zusammenhang aufgehellt. –

Luthers Handexemplar des Römerbriefs lag lange unbeachtet in der kgl. Bibliothek in Berlin. Eines Tags wurde man auf die darin befindlichen Randbemerkungen aufmerksam und man sah, daß es sich um Notizen Luthers für seine Vorlesungen handelte, die man dadurch rekonstruieren konnte. – –

Allgemein ergibt sich das Problem der historischen »Quellen« (die Quellenkunde, Quellenkritik etc.). Eine bestimmte Vorfindlichkeit erhält die Funktion einer »Quelle«. Von da aus kann die Vergangenheit selbst aufgefaßt werden. Dazu muß ich ein gewisses Bild von der Vergangenheit haben, sie bekundet sich schon vorher in einer gewissen Gestalt. –

Die Art und Weise des Schauens der Geschichte hat selbst eine Geschichte (Historiographie). Diese kann wieder eine Geschichte haben usw. Es sind hier verschiedene Verhältnisse möglich.

Alles dies führt auf die Phänomenologie des historischen Verstehens. – –

Im *künstlerischen* Schaffen und Genießen kommen neue Bekundungen zustande. Auch diese haben ihre Geschichte. Problem der Kunstgeschichte.

Im *religiösen* Erleben haben wir wieder eine andere Art von Bekundung (in Kulten, Riten, Gebeten) – Problem der Religionsgeschichte. – –

Das, was in der Bekundungsfunktion steht, kann sich wieder selbst bekunden. Es gibt eine Verschiebung oder Verlagerung der Bekundungsschichten; ferner ein Umspringen des Bekundungszentrums.

*

Ergänzung 3

Der Anfang der Biographie liegt in der Renaissance (*Vasari*, Künstlergeschichten; wie Hagiographie etc. – vgl. *J. Burckhardt*, Die Kultur der Renaissance). Ein originaler Ausdruckszusammenhang der Selbstwelt besteht in der *Kunst*. In der wissenschaftlichen Biographie spielt das künstlerische Moment in eigenartiger und notwendiger Weise mit hinein. (Vgl. z. B. die Darstellungen *Goethes* von *Gundolf* und *Simmel*.)

*

Ergänzung 4

Diese altchristliche Errungenschaft wurde durch das Eindringen der antiken Wissenschaft in das Christentum verbildet und verschüttet. Von Zeit zu Zeit setzt sie sich in gewaltigen Eruptionen wieder durch (wie in *Augustinus*, in *Luther*, in *Kierkegaard*). Die mittelalterliche Mystik ist allein von hier aus zu verstehen. *Augustinus* hat in den »Confessiones«, den »Soliloquia«, in »De civitate Dei« die zentrale Bedeutung der Selbstwelt für das christliche Urerlebnis zur Geltung gebracht. Er ist dann aber im Kampf mit der Dogmatik erlegen. Man sagt, *Augustin* sei ein Vorläufer *Descartes'*. Aber *Augustin* sah die Selbstwelt viel tiefer als *Descartes*, weil dieser schon von der modernen Naturwissenschaft beeinflußt ist. Sein Wort »crede ut intelligas« soll heißen: das Selbst soll sich erst im vollen Leben verwirklichen, ehe es erkennen kann. In den Worten »inquietum cor nostrum« ist ein ganz neuer Aspekt des Lebens gegeben. – Der Kampf zwischen *Aristoteles* und dem neuen »Lebensgefühl« setzt sich in der mittelalterlichen Mystik fort und schließlich in *Luther*. –

Welche Möglichkeiten kommen nun in den Erscheinungen der Selbstbiographie jeder Art und der biographischen Forschung zum Ausdruck?

Wir fanden, daß mit der Darstellung des Selbst zugleich das, *was* das Selbst erlebt, *seine* Welt, in der es lebt, gegeben ist. Das gelebte Leben und sein Aspekt ist der Widerschein des Rhythmus des Selbstlebens. Dieser Wechselbezug ist echt und lebendig, nicht theoretisch. In der Selbstbiographie zeigte sich, daß sich das faktische Leben verlegen kann mit seinem Schwerpunkt in die Selbstwelt; daß es sich auf die Selbstwelt zuspitzen kann, in ihr zentriert sein kann. Doch geschieht dies nicht absichtlich, das Selbst beobachtet sich nicht in bewußter Weise, sondern es liegt implicite im faktischen Ablauf des Lebens selbst. Nicht nur bei bedeutenden Persönlichkeiten hat die Selbstwelt diese besondere funktionale Tendenz, sondern *jedes* seelische Leben lebt in irgendeiner Art zentriert in einem Selbst – wenn auch in unabgehobener Weise. Dieses Phänomen wird leicht verdeckt, so daß man glauben kann, das ganze Leben sei bestimmt durch die Umwelt. Aber die nähere Betrachtung zeigt die Zugespitztheit des faktischen Lebens auf ein Selbstleben. Von da aus erscheint die Selbstgenügsamkeit und der Bekundungscharakter des Lebens in neuer Beleuchtung.

Was bedeutet das: »Das faktische Leben ist zugespitzt auf das Selbstleben«? Das Selbstleben tritt immer in einem bestimmten Aspekt der »Welt« gegenüber. Im Selbst haben wir immer sich durchdringende Situationen, in denen der Charakter der Welt sich bekundet. Der Ausdruckszusammenhang, in dem sich die Welt gibt, ist eine Funktion des bestimmten Situationszusammenhangs der Selbstwelt.

*

Ergänzung 5

Wir haben die Zugespitztheit auf die Selbstwelt im praktischen Leben als faktisch aufgewiesen. Eine Anweisung, das zu sehen, liegt schon darin, daß die räumlichen Ansichten eines Raumdings verschieden sind. Ferner: Ein Konzert wirkt verschieden auf mich, wenn ich in anderer Stimmung bin. – Es besteht ein Zusammenhang zwischen dem Bekundungscharakter der Selbstwelt und dem Bekundungscharakter der gelebten Welt. Alles, was dem Leben »erscheint«, hat einen Bekundungscharakter. – Es besteht also ein Zusammenhang zwischen der Zugespitztheit des Lebens auf die Selbstwelt und dem Bekundungscharakter der erlebten Welt.

Auch die »Selbstgenügsamkeit« des Lebens steht in Beziehung zur Selbstwelt. Aus der Selbstwelt laufen also Lebenstendenzen heraus, und ihre Erfüllungen erstrecken sich wieder bis auf die Selbstwelt.

Vielleicht stehen daher auch Selbstgenügsamkeit und Bekundungszusammenhang in Zusammenhang; denn sie hängen beide mit der Zugespitztheit des Lebens auf die Selbstwelt zusammen. Doch ist hier vor einem *Schlusse* zu warnen; der Bestand dieses Zusammenhangs muß aus der Anschauung selbst geschöpft werden. –

Wie Wissenschaft ein Bekundungszusammenhang ist, in den eine Lebenswelt eingeht, wollen wir nun an *faktischen* Beispielen aus dem Leben zeigen: – (Man kann einwenden: das faktische Leben ist »voraussetzungsvoll«. Das kann ich aber nur sagen, wenn ich von *außen* her dem faktischen Leben gegenüberstehe. *In* ihm selbst stehend, kann ich nicht aus ihm heraus, es ist ein völlig geschlossener Zusammenhang.)

Beispiele: Wir sehen auf einem Spaziergang eine blumige Wiese. Diese kann Objekt der Botanik sein. – Bilder von Rembrandt, mit ästhetischem Genuß angeschaut, können kunstwissenschaftlich behandelt werden. – Ein religiöses Erlebnis kann Objekt eines theologischen Traktats werden. – –

Wenn das faktische Leben Wissenschaft treibt, so geht es in seinem Bogen weiter: Ich kann gleich auf dem Spaziergang botanische Beobachtungen anstellen. – Die Wissenschaft läßt sich einen bestimmten Ausschnitt aus der Lebenswelt geben. Das faktische Leben ist sich nicht ständig bewußt, daß etwas da ist;

es lebt gerade ohne solche »Feststellung« in der Welt. – Die faktische Lebenswelt soll eingehen in den Zusammenhang der Wissenschaft – Wissenschaft ist die *konkrete Logik* eines aus einem *Erfahrungsboden* ausgeformten *Sachgebiets*. –

Das faktische Leben lebt unreflektiert, untheoretisch. Wie hebt sich hieraus ein Erfahrungsboden heraus? (Wir weisen verschiedene Phänomene auf und benennen sie dann – wir müssen jeden Satz nachprüfen in der Anschauung.)

In dem Bekundungszusammenhang der Wissenschaft drückt sich etwas aus, das vorher nicht ausgedrückt war. Was ausgedrückt werden soll, muß irgendwie vorher zugänglich sein – »erfahrbar«. – (Das Wort »Erfahrung« ist sehr belastet in der philosophischen Terminologie, bes. des 19. Jahrhunderts. – Wir deuten hier nur vorläufig auf das Phänomen hin.) – Das faktische Leben ist ein lebendiger Zusammenhang von Tendenzen. Erfahrung ist ein bestimmtes Verhalten, in dem mir etwas in der Lebenswelt zugänglich wird; in der Weise, daß ich das, was ich sehe, mir irgendwie *»zueigne«*, so daß das Erfahrene in der Gestalt, wie es mir erscheint, *»verfügbar«* wird; verfügbar im doppelten Sinn: *aktiv* (daß ich darüber verfügen kann) und *passiv* (daß das faktisch in meinen Besitz Eingegangene für die weiteren Erfahrungen im Laufe des Lebens irgendwie bestimmend wird [*nicht* im Sinne einer psychologischen Disposition]). Diese Verfügbarkeit ist ein (wenn auch schwer) zu erblickendes Phänomen; von ihr können bestimmte Tendenzen auslaufen, ohne daß ich in den Tendenzen lebe. – – In diesem Sinne spricht man von politischer, religiöser usw. Lebenserfahrung. (Religiöse Lebenserfahrung erfaßt mich in meinem innersten Selbst, die Erfahrung tritt in die unmittelbare Nähe meines Selbst, ich *bin* sozusagen diese Erfahrung.)

Das faktische Leben lebt in beständigen Erfahrungen. Verfügbarkeiten erwachsen, diese reagieren aufeinander, es bildet sich ein Rhythmus aus, ein Habitus des Erfahrens der Selbstwelt. Dadurch treten die Erfahrungen selbst in einen bestimmten Erfahrungszusammenhang. Die Verfügbarkeiten stehen in einer unverrückbaren Stelle in meiner Selbstwelt, dadurch gewinnen sie bestimmte Möglichkeiten des Motivierens. Die Selbstwelt hat eine bestimmte Weise des Reagierens auf die Erfahrung. – Es gibt einen eindeutigen Zusammenhang (in der Zeit) in meinem Selbstleben auch zwischen den disparatesten Erfahrungen. Wie hebt sich hieraus ein Erfahrungsboden heraus? Wissenschaft will einen *allgemeingültigen* Zusammenhang. Wie kann aus dem Durcheinander der Lebenserfahrung ein einheitlicher, gleichmäßiger Erfahrungsboden herauswachsen? Wie kommt die Gleichartigkeit der Erfahrung zustande? – In der Botanik zum Beispiel muß ein einheitlicher Erfahrungsboden da sein. Ich habe mich vielleicht also über Blumen gefreut, von fremden Gewächsen gehört etc. Aber alle diese verschiedenen Situationen sollen jetzt aus dem neuen »sachlichen« Zusammenhang herausfallen. Ich kann die genannten Erfahrungen (als persönliche) gewissermaßen von mir abstoßen, meine persönlichen Beziehungen zu ihnen abbrechen, die betreffenden Verfügbarkeiten gehen mich nichts mehr an – (z. B. ich habe vorhin den Lastwagen durch das Fenster auf der Straße fahren sehen. – Jetzt sehe ich nur noch einen Körper, der sich bewegt). Meine Beziehungen zum Erfahrenen sind abgeschnitten. Die Verfügbarkeit verschwindet nicht als Ganzes, aber der Bezugscharakter zu meiner Selbstwelt ist gestört. Allen Erfahrungen kann das geschehen, daß sie kein Verhältnis mehr zur Selbstwelt haben. Diese Antastung ist der erste Schritt zur Zerstörung des Umwelt-Lebens. Die Durchstreichung der Bezüge der Erfahrung zur Selbstwelt ist zugleich eine *positive* Charakterisierung für sie: und zwar eine Charakterisierung als bloße *Sache*. Jetzt besteht die Möglichkeit für sie, in ihrem *Sachcharakter* und ihrem *Sachzusammenhang* betrachtet zu werden. Die Erfahrungen sind ja jetzt frei geworden von »mir« und können in »ihren« Zusammenhang treten.

So kann aus dem *»Erfahrungsboden«*, der noch ein wirres Durcheinander ist, ein *»Sachgebiet«* herausgearbeitet werden. Die Wissenschaft setzt schon in Regionen ein, wo man sie noch gar nicht vermutet. Nur unter der *Tendenz* der Wissenschaft kann ich aus dem Durcheinander des Erfahrungsbodens Zusammengehöriges herausnehmen. Das ist schon eine Leistung der Wissenschaft. Andererseits ist der Charakter einer bestimmten Wissenschaft, z. B. der Botanik, nicht eine willkürliche Erfindung, sondern er ist seinerseits vom Charakter des Erfahrungsbodens bestimmt. Schon in der umweltlichen vorwissenschaftlichen Erfahrung treiben uns besondere Motive zur Wissenschaft; ohne daß wir durch Erfahrungsboden und Sachgebiet hindurchgehen, in irgendeiner »absoluten Weise«. Aus diesen Motiven stammt in bestimmtem Ausmaß die Tendenz der Wissenschaft.

*

Ergänzung 6

Wir haben also das Problem: Für eine bestimmte Wissenschaft soll ein bestimmter Erfahrungsboden gegeben werden. Die Bereitung des Erfahrungsbodens geschieht schon von der Tendenz der betreffenden Wissenschaft aus. Andererseits soll diese Tendenz gerade aus dem betreffenden Sachgebiet motiviert sein. Es besteht also eine Rückbezüglichkeit bei jeder Wissenschaft, und das ihrem Grundsinn nach.

(Man denke an die Entdeckung der Gesetze des freien Falls durch *Galilei*, wodurch plötzlich die gesamte Problematik der mathematischen Naturwissenschaft entsprang. – Oder bei den Geschichtswissenschaften: *Herder*, *Winkelmann*, *Niebuhr*, *Wolff*, *Schleiermacher*. Vor ihnen tauchte die Idee der Geschichte auf, aus der sich dann ihre konkrete Logik ergab.)

Also: die Idee einer Wissenschaft stammt aus ihrem Sachgebiet und trotzdem wird das Sachgebiet erst ausgeformt unter der Tendenz dieser Idee. –

*

Ergänzung 7

Zwei Tatsachen aus der jüngsten Vergangenheit beleuchten grell die gegenwärtig herrschende Verworrenheit in der Problematik der Selbstwelt.

1) Der Streit um die historische Methode, der im Anschluß an *Lamprechts* »Deutsche Geschichte« (Band I) entbrannte. *Lamprecht* vertrat die These: Geschichte ist angewandte Psychologie, muß sich auf Psychologie stützen, und zwar auf die »exakte«, experimentelle Psychologie (die *Wundt* begründete); denn diese ist allein wissenschaftliche Psychologie. Dagegen wandten sich *Windelband*, Rickert u. a. (Vergl. bes. *Rickert*, »Die Grenzen der naturwissenschaftlichen Begriffsbildung«. *Rickert* versteht das Problem prinzipiell. Er legt einen falschen Begriff von Psychologie zugrunde; behandelt die Probleme der Begriffsbildung nicht radikal und berücksichtigt nur die historische *Darstellung*, aber nicht die Forschung.)

2) Im Jahre 1913 protestierten die deutschen Philosophen (unter Führung von *Natorp*, *Rickert* und *Husserl*) gegen die Besetzung philosophischer Lehrstühle mit experimentellen Psychologen und forderten eigene Lehrstühle für die experimentelle Psychologie.

Diese beiden Ereignisse sind ein Symptom für den Tiefstand der Philosophie der Gegenwart und die Unklarheit, die über die Verhältnisse der Wissenschaften untereinander herrscht. –

Die Mannigfaltigkeit der Zugänge zur Selbstwelt ist sehr groß. Der Prozeß der Theoretisierung, der zu ihr führt, ist lang und besonders schwierig; auf jeder seiner zahlreichen Stufen sind Hemmungen, Rückschläge, Verbildungen möglich. Das Motiv, hier Ordnung zu schaffen, war eines, aus denen die Phänomenologie entsprang. –

Erst allmählich bilden sich im Laufe der Geistesgeschichte theoretische Begriffe aus, die bestimmte Sachgebiete im Akt des Erfahrenen auswählen. *Thales* nimmt z. B. noch eine einzelne umweltliche Vorgefundenheit, das Wasser, zum Mittel einer universellen Welterklärung, ähnlich andere Vorsokratiker.

Demokrit bildet zuerst den Begriff der Psyche und ordnet ihn in seine Atomtheorie ein. Die rundesten und glattesten Atome bilden nach ihm die Seele.

Plato sagt: die Seele flieht das Böse und spürt dem Guten nach; er spannt sie also in einen Wertgegensatz ein. – Ferner vergleicht er die Seelenvermögen (-funktionen) mit den Ständen, den Betätigungsformen im Staat.

Aristoteles: die Seele ist die erste Entelechie *des* Körpers, der seiner Potenz nach lebt. Die Seele ist also das Prinzip des Lebens.

Die *Stoa* bildet die Lehre von den Affekten aus.

Im *Christentum* gelangt die Selbstwelt zu einer ganz neuen Bedeutsamkeit. Das zeigt sich philosophisch bei *Augustin* (Confessiones u. a.) und weiterhin im Mittelalter, besonders in der mittelalterlichen *Mystik*.

In der neueren Zeit werden noch lange dieselben Begriffe und theoretischen Mittel auf das Seelische angewandt wie im Altertum und Mittelalter. So auch noch in der *Anthropologie des 15. und 16. Jahrhunderts*. Dann bringt doch die Entstehung der modernen Naturwissenschaft seit der Renaissance eine neue Tendenz auch in die Psychologie. Es wird eine genaue Abgrenzung des Seelenlebens vom Naturgeschehen notwendig. In der *englischen Psychologie (Locke)* wird das Seelische durch die Art, wie es erfahrbar wird, charakterisiert in der Lehre vom »inneren Sinn«. Man denkt sich ferner die psychischen Phänomene Gesetzen unterworfen, analog den physikalischen Gesetzen. Es entsteht die *Assoziationspsychologie*, die ihren Höhepunkt in *Hume* erreicht. – *Kant* steht wesentlich unter ihrem Einfluß, wenn sich bei ihm auch in der »Kritik der Urteilskraft« eine Verbindung mit der Teleologie anbahnt, die aber noch nicht ausdrücklich auf seine Psychologie wirkt.

Die Psychologie des *deutschen Idealismus* ist implizite in seiner Gesamtphilosophie enthalten, sie enthält wichtige, aber zumeist noch ganz übersehene Einsichten.

Die Idee des gesetzlichen Zusammenhangs der psychischen Erscheinungen ist der leitende Gedanke der *wissenschaftlichen Psychologie des 19. Jahrhunderts.* Die transzendentale Ästhetik *Kants*, aufgefaßt als Subjektivität von Raum und Zeit, wirkt auf *Johannes Müller*, der sie physiologisch interpretierte. Von ihm datiert überhaupt die enge Verbindung von Physiologie und Psychologie (»nemo psychologus nisi physiologus«). – *E. H. Weber* entdeckt das sogenannte Weber'sche Gesetz über den Zusammenhang von Reiz- und »Empfindungsgröße«. – *Fechner* entwickelt von hier aus die »Psychophysik«, die Lehre von der Messung der psychischen Phänomene und ihrer funktionalen (im mathematischen Sinn) Abhängigkeit von den physikalischen Reizgrößen. – Vor ihm hatte schon *Herbart* diese Idee auf die Spitze getrieben, indem er alles psychische Geschehen zurückführt auf eine Bewegung einfacher Vorstellungen im leeren Raum des Bewußtseins unter antreibenden und hemmenden Einflüssen. – *Helmholtz* begründet die physiologische Optik und Akkustik, doch immer im Zusammenhang mit vermeintlichen »erkenntnistheoretischen« Problemen: ob die Sinnwahrnehmungen »Abbilder« oder »Zeichen« der wirklichen Objekte seien. – *Wilhelm Wundt* gründet das erste Institut für experimentelle Psychologie in Leipzig. Er beschäftigt sich auch mit den »höheren psychischen Tätigkeiten«. Er sieht ein, daß sie nicht aus den Empfindungen erklärt werden können und führt deshalb die »schöpferische Synthese« ein. – Sein Schüler *Külpe* beschäftigt sich besonders mit der Psychologie der Denk- und Willensvorgänge. – Die Grundtendenz dieser modernen »experimentellen« Psychologie besteht in der Erklärung des psychischen Geschehens durch einen einheitlichen gesetzlichen Zusammenhang und durch dessen Regulation durch letzte fundamentale Bedingungen, die in letzten Zusammenhängen letzter psychischer Elemente ihre Wurzel haben. Man kommt so zu einer psychischen Kausalität, nach der »causa aequat effectum«. Das führt dann zu einer Einordnung der psychischen in die physiologische und physikalische Gesamtkausalität der Natur. –

Der Anspruch der modernen Psychologie geht nicht nur, wie wir sahen, auf die Begründung der Geschichtsforschung, sondern auf die des Erkennens und damit jeder Wissenschaft überhaupt. Denn es sei ja jedes Erkennen psychisches Geschehen. Die einen Gegner lehnten diesen Anspruch radikal ab, andere ließen die Psychologie als Propädeutik der Philosophie zu. Der Kampf gegen den »Psychologismus« wurde überspannt. Die *neukantische* Philosophie bewegt sich in Konstruktionen, ohne über das wirkliche Erkennen etwas festzustellen, indem sie es als bekannt voraussetzt und ihre Kenntnis davon einfach der Vulgärpsychologie entnimmt. So herrscht auf beiden Seiten Verwirrung.

Um die Gründe dieser Verwirrung zu finden und sie zu überwinden, müssen wir den faktischen Tendenzen der heutigen Psychologie näher nachgehen. Dann haben wir zu untersuchen, ob diese Tendenzen und Motive *echt* sind, wenn sie es nicht sind, welche dann die wahrhaft echten Motive und Tendenzen sind, und durch welche methodischen Mittel sie zu einer Wissenschaft gestaltet werden können. So können wir dann das Problem der theoretisch-wissenschaftlichen Behandlung der Selbstwelt zu lösen versuchen. –

Wir müssen noch einiges aus der Geschichte der neuesten Psychologie nachtragen.

William James und der jüngere *J. St. Mill* verließen die Assoziationspsychologie und erkannten, daß es im Psychischen höhere Komplexe gebe mit eigener Qualität, die nicht aus einer Summierung der Qualitäten der Elemente abgeleitet werden kann. So kam *Mill* in seiner »Logik« zu einer »psychischen Chemie«. – *Spencer* baute – *Aristotelische* Tendenzen in moderner Form wiederbelebend – die Psychologie in die Biologie ein (Milieubestimmung usw.). – *Taine* zog die psychopathischen Erscheinungen zur Erklärung des normalen Seelenlebens heran. –

In der modernen Psychologie zeigt sich das Bestreben, sich die Elemente des Psychischen selbst zu geben und sie nicht aus der Metaphysik u. ä. zu übernehmen. Von hier aus kam man auf eine *beschreibende* Psychologie als Grundlage der erklärenden (*F. Brentano* in den 70-er, *Dilthey* in den 90-er Jahren, klassische Durchführung bei *Th. Lipps*). Maßgebend war das Bestreben, jede Konstruktion fernzuhalten, doch kam man zu keiner prinzipiellen Klarheit über das Verhältnis der beschreibenden zur erklärenden Psychologie. Man unterschied die Analyse der Bestandteile (Beschreibung) und die der Bedingungen (Erklärung) des Seelenlebens. Nach *Ebbinghaus* ist das Psychische ein gesetzlicher Zusammenhang, dessen Gesetze wir erkennen wollen zur Befriedigung unseres Kausalitätsbedürfnisses. Allerdings trennt besonders *Wundt* physische und psychische Kausalität. Im Hintergrund wirkt bei allen dann doch noch die so sehr bekämpfte Assoziationspsychologie fort. (Die Assoziationsgesetze wie: »das faktische Zusammentreffen zweier Empfindungen bewirkt, daß beim Wiederauftreten der ersten die zweite regelmäßig ihr folgt«, ist ein typisches Kausalgesetz.) –

Welche Tendenzen liegen also der neusten Psychologie faktisch zu Grunde?

1) Die bewußte Tendenz auf Fernhaltung der Metaphysik, die berüchtigt ist. Die Psychologie will ein in sich gegründetes Sachgebiet.

2) Daneben aber eine zweite Tendenz: die psychischen Gesetze sind nicht unmittelbar gegeben, sondern zu erschließen. Bedingungen müssen hypothetisch angesetzt werden und daraus dann das faktische Geschehen erklärt werden.

Man braucht auch Elemente des Geschehens, in denen sich das Gesetzliche festsetzt, zwischen denen die gesetzlich bestimmten Vorgänge sich abspielen. – Diese Elemente werden verschieden angesetzt. Früher waren es einfache Vorstellungen, dann Empfindungen, jetzt unauflösliche, komplexere Einheiten. Prinzipiell richtig sind die Ideen des Elements und der Kausalität (mit dem Prinzip: causa aequat effectum).

Hieraus ergibt sich nun die psychologische *Methodik*: Es sind die Bedingungen herauszustellen, unter denen gewisse Regelmäßigkeiten des Geschehens zu konstatieren sind. Zu diesem

Zwecke muß man die Bedingungen *isolieren* und variieren, um die Tragweite jeder einzelnen zu erfahren. Daher kommt man: 1) zum *Experiment*; d.h. zur objektiv normierten Variation der Beobachtungsbedingungen. Das Experiment ist *nicht* notwendig messend. 2) zur Idee der *Messung* »psychischer Größen« (»Psychophysik« von *Fechner* begründet). Die Ideen »psychisches Maß«, »Intensität« usw. bleiben aber noch ungeklärt. – 3) *zur Statistik;* d.h. zu einer Klassifizierung und Zählung zahlreicher beobachteter Fälle und zur Anwendung der Wahrscheinlichkeitsrechnung auf dieses Material. ––

Es fragt sich nun: sind diese angegebenen faktischen Tendenzen der heutigen Psychologie *echt motiviert*?

Die moderne Naturwissenschaft hat die Psychologie stark beeinflußt, von ihr hat die Psychologie ihre Methode übernommen. Das Bestreben der Psychologie, sich ein objektives Gegenstandsgebiet herauszuheben, ist berechtigt. Aber dieses Motiv wird *unecht*, wird *verfälscht* dadurch, daß die naturwissenschaftliche Methode auf das psychische Gebiet übertragen wird. Damit wird gerade das Grundmotiv der modernen Naturwissenschaft übersehen, dem diese ihre Größe verdankt, nämlich sich den Sinn ihres Gegenstandsgebietes und ihrer Methode aus dem Sinn der Erfahrungswelt vorgeben zu lassen. Das hat gerade die Psychologie für sich, für ihr eigenes Sachgebiet *nicht* getan. Sie hat nicht gefragt, welche Motive ihr aus ihrer eigenen genuinen Erfahrungswelt erwachsen. Sie hat die radikale Frage nach dem Grundsinn ihrer Erfahrungswelt *nicht* erhoben. –

*

Ergänzung 8

Das formale Etwas ist Korrelat des Prozesses der Formalisierung. Dieser Prozeß ist absolut frei, nicht gebunden an eine bestimmte Stufe der Theoretisierung. Die Logik hielt ihn zumeist für die allgemeinste Gattung; als ob der Prozeß der Formalisierung bestimmte Stufen der Theoretisierung voraussetze. *Husserl* hat den fundamentalen Unterschied zwischen Generalisierung und Formalisierung aufgewiesen (»Logische Untersuchungen«, I. Band, Schlußkapitel, *»Ideen«, § 13*)[1]. – Dagegen ist das Etwas als Unbestimmtes in einem Bedeutungszusammenhang denkbar erfüllt, geladen mit Leben, so daß es einen drohenden, beängstigenden Charakter annehmen kann. – Die faktische Lebenserfahrung geht also auf in Bedeutsamkeitszusammenhängen. Existenz ohne Bedeutsamkeit hat gar nicht die Möglichkeit der Motivierung. Existenz als das, was »voll bestimmt« ist, an dem »nichts unbestimmt ist« (d. h. Existenz im Sinne des Existentialurteils, so, wie es die *Marburger Schule* versteht), kann niemals im faktischen Leben auftreten. – Doch können theoretische Zusammenhänge in einer gewissen Umbildung ins Umweltliche doch wieder in das faktische Leben eintreten. – Die elektrodynamischen Gesetze können z. B. einen bestimmten Physiker enorm interessieren, in Anspruch nehmen, in seinem faktischen Leben eine bedeutsame Rolle spielen. Damit gehen sie aber eben in einen Bedeutsamkeitszusammenhang ein. Darin zeigt sich wieder die Schrankenlosigkeit der Herrschaft des faktischen Erlebens, dem deshalb, weil es auf nichts »zugeschnitten« ist, alles und jedes zugänglich werden kann. Um die »Bedeutsamkeit« näher zu charakterisieren, können wir nicht anders verfahren, als Alles von ihr abscheiden, was sie *nicht* ist.

*

[1] Husserl, Logische Untersuchungen. Erster Theil: Prolegomena zur reinen Logik. Halle 1900, 11. Kap.: Die Idee der reinen Logik.

Husserl, Ideen zu einer reinen Phänomenologie und phänomenologischen Philosophie. Erstes Buch. Halle 1913, § 13.

Ergänzung 9

Die abgewehrten Tendenzen sind nicht zufällig. Das Abscheiden steht im Zusammenhang mit der Sicht des Phänomens selbst. Ich muß das Phänomen schon haben, ehe ich »gegensehen« kann. Trotzdem hat das »nicht« der Abscheidung eine produktive Bedeutung, denn dadurch realisiert man erst die spezifisch phänomenologische Situation. Die Langsamkeit und Schwierigkeit dieser Methode können keinen Einwand gegen den Sinn der Phänomenologie bilden. So evident die erfaßten Phänomene sind, so schwer ist die Stufenfolge des Weges aufzufinden, der zu ihrer Sicht führt und so schwer ist er zu beschreiben und auszudrücken. – Das phänomenologisch Sichtige darf nicht umgedeutet werden in das phänomenologische *Gegebene*. Z.B. erfasse ich als Phänomenologe das Unabgehobene und hebe es eben dadurch ab, obwohl es im Phänomen unabgehoben liegt. Ich darf mich nicht wundern, daß ich die unabgehobene Bedeutsamkeit nicht »sehe«. Das *sinnmäßig Notwendige*, aber Unabgehobene, daher *nicht Sichtige* ist zu unterscheiden von dem phänomenologisch Sichtigen.

(Das sind schon phänomenologische Betrachtungen, sie dienen uns aber hier nicht als Begründungsgrundlage; wir stoßen auf sie in unseren Deskriptionen, aber wir setzen sie nicht als gültig voraus für und vor unserer Beschreibung.)

Auf welche Weise kommen wir nun zum *Sinn* des Wirklichkeitsbewußtseins? Dadurch, daß wir fragen, ob in der faktischen Erfahrung mögliche Modifikationen liegen, die auf ihn hinweisen.

Ich kann in der faktischen Erfahrung *besinnlich nachdenken*, das Erfahrene mir zu Bewußtsein bringen. Ich kann darüber *berichten*, mit einem anderen mich darüber *unterhalten*. – Die *Kenntnisnahme* und *Kenntnisgabe* sind bestimmte Modifikationen der faktischen Erfahrung –, die aber nicht aus der faktischen Erfahrung herausfallen; sie bleiben im Stil des Erfahrens. Das zur Kenntnis Genommene sind nicht Sachverhalte, sondern Bedeutsamkeitsverhalte. – –

[Es sei hier ein Hinweis auf die *Grundmaximen der phänomenologischen Methode* eingeschaltet, ehe wir das schwierige Problem der Bedeutsamkeit weiter behandeln:

1) Das phänomenologisch Herausgestellte, Dargestellte, Niedergeschriebene etc. ist *abgehoben formuliert*, – dagegen ist das, *was* ausgedrückt wird, phänomenal in seinem Zusammenhang *nicht* (immer) gewußt, *nicht* Korrelat eines Wissens.

2) Phänomenologische Gegebenheiten, die wir herausheben, dürfen *nicht umgedeutet* werden in Ausdrücke, als entstünden sie erst dadurch, daß man sie ausdrückt. Phänomenologisch Vorgefundenes ist nicht Produkt, Resultat, phänomenologischer Einstellung, sondern nur die »Gesehenheit« ist die Schuld der phänomenologischen Einstellung.

3) Alles muß in seinem lebendigen Zusammenhang betrachtet werden, d. h. man muß die *ganzen Situationen* vor sich haben (nicht »Schreibtischphänomene«) – (Selbst bei der »logischen« Frage des »impersonalen Urteils« – »es regnet« – ist durch den Wasgehalt des Urteils eine ganz bestimmte Situation vorgeschrieben).

4) Eine *ständige Erneuerung* und *Verlebendigung* des Sehens ist notwendig. Im Fortgang der Betrachtung muß das Phänomen immer lebendig gehalten werden. – Diese Forderung scheint trivial, wird aber von der gegenwärtigen Philosophie oft verletzt. Man kann nicht durch »Erdachtes« »Grundlegungen« schaffen. Die Gegenstände der Philosophie müssen in ihrer Selbstgegebenheit gesehen werden. Es gibt keine Beweise in der Phänomenologie, da sie doch stets beschreibt. –

Hier erhebt sich das schwierige (noch nie behandelte) Problem der phänomenologischen Begriffsbildung.

5) Bei dem ständig sich neu zur Gegebenheit Bringen ist es dann auch notwendig, immer von neuem zu *sehen* und *»gegenzusehen«*. Aus dem positiven Haben des Phänomens müssen wir Abscheidungen vollziehen, das Gesehene immer schärfer abhe-

ben. Daraus gewinnen wir neue Motive des Ausdrucks und der Situation, in der das richtige Sehen sich vollzieht. – –] –

Wir kehren zum Problem des Sinnes der Wirklichkeit im faktischen Leben zurück.

Diese sind, fanden wir, in der *Bedeutsamkeit*. Darunter war nicht eine besondere Wichtigkeit gemeint, denn diese bezieht sich nicht auf den Wascharakter des Erfahrenen. Auch war Bedeutsamkeit nicht Korrelat eines Wertnehmens oder gar eines Werturteils. Man könnte zwar sagen, das faktische Leben sei emotional, nicht theoretisch. Doch so sehr auch das Wertnehmen im faktischen Leben eine Rolle spielt, so ist doch das als wirklich Erfahrene nicht phänomenal wertgenommen.

Bedeutsamkeit darf endlich nicht mit Zweckmäßigkeit und Zwecksetzung zusammengebracht werden. Denn das faktisch Erfahrene ist viel reicher als alle Zwecksetzungen, die ich mir vornehmen kann. Außerdem soll Bedeutsamkeit *jede* Erfahrung charakterisieren. –

Die Bedeutsamkeit steht in Beziehung zur Selbstgenügsamkeit des faktischen Lebens, worauf aber hier nicht näher eingegangen werden kann. –

Alle theoretischen Fassungen oder Begriffe können überströmt werden vom faktischen Leben. Sie werden dann nicht im »Als der Theorie« erlebt. –

Endlich gibt es das unbestimmte Etwas mit dem Horizont der Bedeutsamkeit.

Dieser in allen diesen Phänomenen und Abscheidungen sich bekundende Sinn von Bedeutsamkeiten wird erst später durch einen schroffen Gegenpol klar werden. – –

*

Ergänzung 10

Wir sahen, daß unsere Selbstwelt und Mitwelt erfahren ist, nicht im »als« der Abgehobenheit, noch weniger »als« psychisches Geschehen. Ich erfahre mich selbst immer nur in und durch meine Leistung, – genauer durch das von mir Geleistete, was in die Bedeutsamkeit des Lebens eingeht. Ich lebe in meinen Leistungen, nie in denen der anderen. »Ich« bin weder in der Weise einer Region noch in der der Zugänglichkeit des Erfahrens abgehoben. – Wie könnte uns eine solche Kenntnisnahme weiterführen? Sie ist merkwürdig als Phänomen auf der Grenze. Sie steht noch ganz im Bedeutsamkeitszusammenhang. Trotzdem ist sie eine Form, die das faktische Leben be[un]ruhigt, seinen Zug verlangsamt, entspannt. Der Erwartungszusammenhang verselbständigt sich, ohne daß er aus der Erfahrungswirklichkeit heraustritt. – Können wir diesem ersten Schritte nachgehen? Was wird sich daraus, aus dieser »Entspannung«, wenn sie radikal bis ans Ende mitgemacht wird, ergeben? Eine radikale Verselbständigung, die nur noch mit *einem* Faden am Leben hängt? Entfernen wir uns aber damit nicht schon wieder vom Erlebnis der Grunderfahrung? Bedarf es vielleicht keiner *Entspannung, sondern* einer äußersten *Anspannung* des Lebenszugs?? ––

Der Umkreis der Geltung der Kenntnisnahme ist unbeschränkt; sie ist absolut für das faktische Leben. Nur von den Idealwelten aus scheint sie fragmentarisch und relativ. Daher ist auch die Kenntnisnahme unerschütterlich durch theoretische Überlegungen. Auch in ihr liegt ein »als« der Charakterisierung. Alles, was mir begegnet, wird als »als« zur Kenntnis genommen. Das ist aber keine Generalisierung. – Ebenso sind die Selbstwelterfahrungen nicht als ein bestimmter Erfahrungszusammenhang oder gar als ein Sachgebiet gegeben. Ich erfahre mich lediglich in meinen Leistungen. –

Wir wollen methodisch und schrittweise aus dem faktischen Leben heraus (um zur Grunderfahrung der Selbstwelt zu gelangen). Wir fragen daher: Inwiefern ist die Kenntnisnahme eine

Modifikation des faktischen Lebens? Inwiefern tastet sie es an? Wir müssen dem Sinn der Kenntnisnahme als Modifikation des faktischen Lebens nachgehen und ihn radikal zu Ende führen. Wir fragen also im Einzelnen:

1) *Was* wird durch die Kenntnisnahme modifiziert?
2) *Wozu* wird »es« modifiziert?
3) *Wodurch* und *wie* vollzieht sich diese Modifikation?

Die Kenntnisnahme steht noch ganz im faktischen Leben und in seinen Bedeutsamkeitszusammenhängen. Es wird also *nichts* modifiziert? Das faktische Leben soll ja *selbst* unverändert erfaßt, mitgeteilt usw. werden. Die Kenntnisnahme ist höchstens anders *eingestellt* als das aktuelle Erfahren. Wenn das aktuelle Erfahren vorüber ist, nehme ich das, *was* ich erfahren habe zur Kenntnis. *Eine* Einstellung des faktischen Lebens modifiziert sich also zu einer anderen Einstellung (so wie die Wahrnehmung zur Erinnerung wird). Es ist »selbstverständlich«, daß ich *Alles* zur Kenntnis nehmen kann, allerdings mehr oder minder gut. – –

*

II. DER SCHLUSSTEIL DER VORLESUNG IN DER NACHSCHRIFT VON OSKAR BECKER

1. Die Dingerkenntnis. Ihre Ungeeignetheit zum Erfassen der Selbstwelt

Durch die Idee der Dingerfahrung werden wir also *nie* zur Grunderfahrung der Selbstwelt kommen, da in ihr Bedeutsamkeit enthalten sein muß. – Wir müssen also nochmals zum faktischen Leben zurückkehren und aus ihm heraus die Grunderfahrung der Selbstwelt entwickeln. – Aber der Umweg über das Dingerfassen war nicht überflüssig. Denn die Dingerkenntnis wird uns zur Folie dienen, von der sich die Grunderfahrung abhebt. –

Das Problem von der spezifischen Grunderfahrung der Selbstwelt ist als neues von der Phänomenologie gestellt worden. Daß hier in der zeitgenössischen Philosophie (es kommen für uns nur die *Marburger* und *Rickertsche* Schule in Betracht) keine Klarheit herrscht, zeigt sich an dem Problem der Gegebenheit. Dieses Problem ist kein spezielles, es hängt mit der Grundfrage einer möglichen Philosophie als Wissenschaft zusammen.

In der Modifikation des faktischen Lebens, die wir als Kenntnisnahme bezeichneten, waren wir, in radikaler Fortführung, gerichtet auf die Bestimmung eines Zusammenhangs, der ganz losgelöst ist vom Zusammenhang der faktischen Erfahrung. Die Tendenz des Lebens und die Tendenz auf Kenntnisnahme besteht fort, es wird noch immer Wirklichkeit erfaßt, aber der spezifische Sinn der Erfahrungswirklichkeit ist verloren. Die Bedeutsamkeitsstücke sind ihres Bedeutsamkeitskreises beraubt; sie sind »sozialisiert« oder »kommunisiert«, d. h. alle auf eine Ebene gestellt. Diese ganze Modifikation ist insofern speziell, als sie sich auf das Dingerkennen, das theoretische Verhalten bezieht; aber es gibt das Problem einer derartigen Modifikation ganz im Allgemeinen, für jede Art des (genuinen) Erlebens.

2. Das Problem der Gegebenheit – Kritik Natorps und Rickerts

Das Problem der Gegebenheit gliedert sich folgendermaßen:

1) Ich kann im Leben auf etwas gerichtet sein, ohne daß ich das, worauf ich gerichtet bin, im Charakter der *Gegebenheit*, des *Präsentseins* mir gegenüber stehend habe. (Das Problem wird spezialisiert auf die »Dinge« in der gegenwärtigen Philosophie. Die »Dingwelt« erscheint als Welt der Gegebenheit überhaupt. – Aber »Dinge« sind garnicht faktisch unmittelbar gegeben.)

2) Man muß unterscheiden: a) Etwas, das in seinem *Selbst* uns leibhaftig gegeben ist. b) Etwas, das zwar *selbst*, aber *nicht leibhaft* gegeben ist. c) Etwas, das *weder selbst noch leibhaft*, d. h. also *bloß symbolisch* gegeben ist.

3) Es ist zu scheiden: a) »Gegebensein« im Sinne des *von mir Gesetzten*, d. h. der Fall, *wo ich mir etwas »gebe«*. b) »Gegeben« im Sinn des mir (von außen) *Vorgegebenen*.

Wir besprechen nun die Behandlung des Problems der Gegebenheit in der gegenwärtigen Philosophie:

A) *»Gegebenheit« in der Marburger Schule (Natorp)*

Für die Marburger Schule ist das theoretische Denken, besonders das der Mathematik, der eigentliche Sinn des Bewußtseins. Bewußtsein ist Denken, Bestimmen, Setzen eines Gegenstands. Jedes Gegebene ist nur als im Denken bestimmt gegeben. Aus der Bestimmung entspringt erst die Gegebenheit. Die Denksetzung hat einen absoluten Vorrang. Das Erkennen ist Gegenstandsbestimmung, Setzen im Denken. Es gibt *nichts Vorgegebenes*. Es gibt Gegenstände erst im Denken und weil das Erkennen ein prinzipiell endloser Prozeß ist, ist der Gegenstand nie gegeben, sondern nur *seine Idee* (erst die *Fiktion* des ans Ende gelangten Erkenntnisprozesses gibt den Gegenstand). – Diese Auffassungen sind aus dem mathematischen Denken entstanden und von da aus verallgemeinert. – Allerdings geben auch die *Marburger* zu, daß das Denken immer »etwas« bestimmt, daß ihm also ein letzter Rest vorgegeben ist, – nämlich: die Empfindungen. Indessen: die Empfindungen *als* Empfindungen sind nur im Denken gegeben, gewonnen und bestimmt. Alles geht also in der *Reihengesetzlichkeit* des Denkens vor sich. Die Auflösung alles Gegebenen in reine Denkbestimmungen ist die Aufgabe des Denkens. Das Aposteriorische, Inhaltliche muß letztlich aus dem Apriorischen abgeleitet werden wie das Glied der Reihe aus der Reihengesetzlichkeit (vgl. *Natorp*, Besprechung von *Bauchs* »I. Kant«[1]).

Wir haben also *vier* für die Marburger Auffassung charakteristische Momente:

1) Denken als gesetzlicher Fortgang. Begriffsbildung bestimmt durch die Reihengesetzlichkeit des Denkens. Begriffsbildung *nicht* bestimmt aus einer genuinen Abstraktion. Kampf gegen die pyramidale Ordnung der Gegenstände in Gattungen und Arten (Polemik gegen *Aristoteles*. Ausspielen *Platos* gegen *Aristoteles*). –

2) Das Gegebene selbst ist ein Aufgegebenes, ein prinzipiell nie völlig zu bestimmendes X.

3) Der Begriff des Bewußtseins ist von der Objektivierung aus gesehen, als Setzung eines Gegenstandes, als Denkbestimmung.

4) *Neigung zur Dialektik*. Das Denken ist Organ der Gegenstandsbestimmung. Absolute Macht des Denkens, daß in sich selbst ruht und alle Gegenständlichkeiten bestimmt (Beziehung zu *Hegel*). –

Die Dialektik ist blind gegen die Gegebenheit. Die Idee der Dialektik ist grundverkehrt; sie beruht auf einer Verwechslung

[1] P. Natorp, Bruno Bauchs »Immanuel Kant« und die Fortbildung des Systems des Kritischen Idealismus. In: Kantstudien Bd. XXII, S. 426–459.

zwischen Gegenstandserfassen und Ausdruck, zwischen *Anschauung* und *Ausdruck*. Wird das Problem des Verhältnisses von Anschauung und Ausdruck gesehen und die Evidenz der Anschauung gesehen, so ist die Dialektik im Kern getroffen. (Das ist ein Hinweis auf die notwendige Auseinandersetzung der Phänomenologie mit dem *Neuhegelianismus*.) –

B) »Gegebenheit« in der »transzendentalen Wertphilosophie«

Rickert steht der Phänomenologie näher als die *Marburger*. Er betont den unaufhebbaren Gegensatz zwischen Form und Inhalt, Denken und Erfahrung, Verstand und Sinnlichkeit (vgl. *Kant*). – Es gibt bestimmte Gegebenheiten, die man nur anerkennen kann. Blau und Rot (als gesehene Farbflecken) kann ich nicht mehr rationalistisch verflüchtigen. Aber in dem »das ist blau« und »das ist rot« liegt etwas Gemeinsames, die Form des Wahrgenommenseins, d.i. eine spezielle Form der Bejahung; es ist die notwendige Form des Inhaltlichen, die Kategorie der Gegebenheit. – *Rickert* (in seinem: »Grenzen der naturwissenschaftlichen Begriffsbildung«) geht von der theoretischen Dingwelt aus. Das Problem der Gegebenheit erwächst aus dem Urteil über Wahrgenommenes, Tatsächliches; das sind Urteile, in denen ich einen Bewußtseinsinhalt als wirklich konstatiere. Hier liegt eine *Verwechslung*: *Rickert* meint den Sinn des Urteils, daß man bestimmte Tatsächlichkeiten in der faktischen Welt konstatiert; aber er verkehrt diesen Sinn in den eines Urteils über einen Bewußtseinsinhalt. Er verwechselt die Farbe an der Wand (transzendent) mit der Farbempfindung (immanent). *Rickert* erkennt ein Letztes, Irrationales unter dem Einfluß von *Lask* an; er stellt aber das Problem nur für die Gegebenheit eines Immanenten, eines Bewußtseinsinhaltes. Der Sinn des faktischen Erfahrens ist nicht festgehalten, sondern er behandelt die Empfindungsdaten.

Natorp und *Rickert* gehen also beide nicht vom faktischen Erfahren aus. –

[C) *Avenarius'* Problem der reinen Erfahrung wäre noch zu erwähnen.]---

3. Primat des Lebens an sich. – Neue Frage nach der Grunderfahrung von der Selbstwelt

Das Problem der Gegebenheit darf nicht auf *Dingerkennen* oder gar auf »Objektbestimmen« eingeschränkt werden. Es muß *das Primat des Lebens (an und für sich) überhaupt* anerkannt werden. Von hier aus wird erst der Prozeß der Situationsumbildung verständlich.

Es erhebt sich nun die Frage: Innerhalb des *Dingerkennens* kommen wir zu keiner spezifischen Erfahrung mehr, denn in ihm ist ja Alles nivelliert. Wir müssen also auf das faktische Erfahren neuerdings zurückgehen. Wir müssen erforschen, wie sich Umwelt, Mitwelt, Selbstwelt abheben und ausformen und ob sie sich vielleicht zugleich ausformen. Wie sieht die Grunderfahrung der Selbstwelt aus? Was ist durch sie für die theoretische Wissenschaft von der Selbstwelt vorgezeichnet? Ist mit der theoretischen Bestimmung der Selbstwelt das *Ursprungsgebiet* selbst bestimmt? Oder kehrt hier nicht dasselbe Problem auf einem höheren Niveau wieder? Werden wir nicht ein zweites Mal zurückgeworfen? – In der Tat, das Phänomen der Zugespitztheit (auf die Selbstwelt) zeigt sich wiederum in der Grunderfahrung und der Theorie der Selbstwelt selbst. Wir erhalten ein neues Problem in unserer alten Richtung. Wir stehen vor der Frage nach der *neuen Grunderfahrung des Lebens an und für sich* und wie sich hieraus eine mögliche Theorie des Lebens an und für sich vorzeichnet. –

4. Bemerkung über den Fortgang der Vorlesung

Philosophie ist ein Ringen um die Methode. Diejenigen Methoden, die dem Leben am leichtesten fallen, werden für sie problematisch und müssen überwunden werden in der Konstruktion ihrer eigenen Methode. Die philosophische Methode ist nur scheinbar der technischen Erlernung zugänglich. Versuche, die philosophische Methode zu technisieren und auf gewisse Problemzusammenhänge mechanisch anzuwenden, sind verfehlt. –

Die bisherigen Betrachtungen dieser Vorlesung sind keine Konglomerate von wahren Sätzen, aus denen Schlüsse gezogen werden sollen. Sie sollten eine Reihe von Situationen darstellen, die dazu führt, das philosophische Denken frei zu machen. Die philosophische Methode ist nicht etwas ganz Außergewöhnliches, nicht ein Sprung in eine dem Leben an sich ganz fremde Einstellung; sie ist auch nicht etwa so etwas wie ein sechster Sinn, – sondern sie hat ihre Wurzeln im Leben selbst, sie muß nur in ihrer Echtheit und Ursprünglichkeit in ihm gesucht werden.

Unsere Analyse und Beschreibung des faktischen Lebens stellte gewisse Charaktere heraus, aber nicht um sie zu generalisieren und zu verflüchtigen, sondern um sie als Ausdrucksformen des Lebens selbst zu verstehen.

5. Rückblick auf das Gesamtproblem: den Weg zum Ursprung zu finden

Wir suchten den Weg aus dem natürlichen Leben heraus zu dem Ursprungsgebiet. Wir übten eine gewisse Gewaltsamkeit in der Führung auf diesem Wege und kamen so auf die Zugespitztheit auf die Selbstwelt. Das Tendieren auf die Zugespitztheit auf die Selbstwelt ist eine Einseitigkeit, die zurückgenommen werden muß. Auch bei anderen Gelegenheiten mußten wir solche Einseitigkeiten rückgängig machen. Unsere Methode bestand in einem Zickzackkurs, in einem Vor- und Zurückspringen. Scheinbar kamen wir nicht von der Stelle, aber trotzdem näherten wir uns Schritt für Schritt dem Ursprungsgebiet. Diese Methode ist aber sehr langsam.

Im Interesse der Kürze sind wir gezwungen, sie von jetzt ab aufzugeben. Um zu einem gewissen Abschluß zu gelangen, müssen wir jetzt sprungweise fortschreiten und einzelne besonders wichtige Kapitel herausgreifen, um den Weg zu markieren. –

6. Kritik der »transzendentalen Problematik«

Es gibt mannigfaltige Zugänge zum Ursprungsgebiet, gewissermaßen eine nicht abzählbare Mannigfaltigkeit. Sie liegen nicht am Tage. – Wir wollen vermeiden, die Problematik der Phänomenologie einseitig auf das Subjekt zuzuspitzen. Diese »transzendentale« Problematik führt nur bis zu einer gewissen Stufe und nicht weiter.

Wir wollen diese transzendentale Problematik kurz skizzieren:

Wir hatten früher das Phänomen des *Ausdruckszusammenhangs* betrachtet. Die Wissenschaft war ein spezieller solcher Ausdruckszusammenhang. Bei der Naturwissenschaft endlich stießen wir auf einen ganz bestimmten Ausdruckszusammenhang und damit auf eine ganz besondere Bedeutung von »Phänomen«. Mit dem Ausdruck »Phänomen« wird in der mechanischen Naturauffassung keine unmittelbare Gegebenheit bezeichnet, auch nicht das in den sogenannten »Sinnesempfindungen« Gegebene. Sondern die »Phänomene« sind nur Brücken, die übersprungen werden, aber die eine Objektsbestimmung vorzeichnen. »Phänomene« sind nicht Gegenstände einer *objektiven* Wissenschaft. Sind Wahrnehmungsgehalte überhaupt ein Thema einer möglichen Wissenschaft? Man muß Erinnerungs- und Phantasiegehalte hinzunehmen, d. h. alle Anschauungs-

oder Auffassungsgehalte, alle *darstellenden Gehalte* betrachten; diese sind von bestimmten Auffassungs*formen* durchherrscht (angezeigt durch Prädikate wie »wahr«, »möglich«, »vermutlich« etc). Korrelativ zu den Gehalten ergeben sich die spezifisch *noetischen* Modifikationen des Bewußtseins. Sie liegen nicht im Vorstellen, sondern im prädikativen Denken.– – Überträgt man nun die Idee der Konstitution von Objektivitäten durch Gehalte auf *alle* Wissenschaften, – so geht ein noetisch-noematischer Gehalt mit, den man *reflexiv* betrachten kann; gewissermaßen in der Richtung der »Subjektivierung« im Gegensatz zu der der »Objektivierung«. Diese Betrachtungsweise liefert die *»transzendentale Phänomenologie«*. [Die Verwandtschaft mit gewissen *erkenntnistheoretischen* Fragestellungen (bes. *Kants* und der *Neukantianer*) ist offenbar.] Mit ihr kommt man bis zu einem gewissen Bezirk. Aber man kommt nicht bis zum Zentrum der Ursprungswissenschaft. –

Sehen wir von dieser »transzendentalen« Auffassung ab, lassen wir alle »erkenntnistheoretischen« Probleme auf sich beruhen, so ergibt sich die Problematik des Ursprungsgebiets radikal von Neuem.

7. Rückblick auf die Analyse des faktischen Lebens unter dem Aspekt der Ursprungswissenschaft

Zu Beginn der Vorlesung hatten wir die Idee der *Ursprungswissenschaft* aufgestellt, die sich aus sich selbst heraus begründen soll; die Idee der *Ursprungswissenschaft vom Leben*. Aus dieser Idee ergibt sich ihr unvergleichlicher Charakter. Alle Stufenfolgen der Objektivierung, alle methodischen Veranstaltungen der objektivierenden Wissenschaften fallen aus, wie die Bereitung des Erfahrungsbodens, die Ausformung des Sachgebietes, die Aufstellung seiner konkreten Logik. Hat dies alles hier noch einen Sinn? »Ursprungs-Wissenschaft« ist gar keine Wissenschaft im eigentlichen Sinn, sie ist eben – Philosophie.

Es kommt ihr nicht auf ein System von Sachverhaltszusammenhängen an, kein Netz von allgemeinsten Begriffen, die über Alles gespannt werden können, will sie flechten. Sondern sie sucht nach der Gegebenheit konkreter Situationen des Lebens, *Grundsituationen*, in denen sich die Totalität des Lebens ausdrückt. Das Leben ist in jeder Situation ganz da. Wir suchen eine Situation, in der diese totale Gegebenheit klar heraustritt.

Die *Strenge* der philosophischen Wissenschaft ist nicht dieselbe wie die der mathematischen Naturwissenschaft, sie ist nicht die Strenge einer zwingenden Argumentation. Aber Philosophie ist deswegen nicht weniger streng als Mathematik; mathematische Strenge ist eben nicht Strenge schlechthin. – Strenge des philosophischen Ausdrucks besagt Konzentriertheit auf die Echtheit der Lebensbezüge im konkreten Leben selbst. Es handelt sich nicht um Mystik oder Schwärmerei, um ein Sich-los-lassen und »Schauen«. – Sondern die echte Konzentration hat ihren eigenen Maßstab, den man nicht messen kann an anderen Gebieten wie Kunst oder Religion. Der Gegensatz absolut – relativ verliert hier seine Bedeutung. –

Wir müssen nun den Zusammenhang dieser Erörterungen mit unseren früheren Betrachtungen herstellen.

Wir hatten bei unserer Beschreibung des faktischen Lebens drei Charaktere herausgestellt: *Selbstgenügsamkeit*, *Ausdruck*, *Bedeutsamkeit*. Diese drei Charaktere sind Indizes nicht im Sinne der Verallgemeinerung, sondern für das Verstehen ihrer selbst als Ausdrucksformen des Lebens. Das Leben spricht zu sich selbst in seiner eigenen Sprache. Das reicht bis in seine Grundstrukturen. Sofern sich die Phänomenologie mit Sinnzusammenhängen beschäftigt, ist das Phänomen des *Ausdrucks* nur eine Manifestation dafür, daß ein Sinn sich durch den anderen gestaltet und ausformt. – Der Charakter der *Bedeutsamkeit* zeigt an, daß das Leben nicht wie ein Strom dumpf dahinfließt (wie *Bergson* infolge des Hineinspielens von biologischen Begriffen es darstellt), sondern verständlich ist. Es ist ein in der gegenwärtigen Philosophie viel vertretener Standpunkt, daß das faktische Leben dem Begriff gänzlich unzugänglich sei. Aber das ist nur die Kehrseite des Rationalismus dieser Philosophie (bes. des *Kantianismus* infolge seiner Form-Inhalt-Theorie des Erkennens). – Die drei Charaktere des Lebens zeigen also unser Vordringen auf den Ursprung hin an. –

Wir erwogen ferner die Idee einer *Wissenschaft von der Selbstwelt.* Wir betrachteten die *Dingerkenntnis*, die an den Sachverhalten dahin gleitet, Sachverhalten, die entsinnlicht sind, die vom Leben nichts mehr an sich tragen. Es ist keine Unvollkommenheit der Verdinglichung, daß sie lediglich an den entlebten Sachverhalten entlanggleitet. Die Verdinglichung ist keine Degradierung, aber sie ist nicht auf *alle* Gegenstandsgebiete anwendbar. Weil die Verdinglichung des Lebens nicht bedarf, scheint es, als ob sie sich über Alles im Leben ausbreiten könnte. Diese Tendenz der universellen Ausbreitung ist möglich, – die Verdinglichung kann sich auch bis auf die Selbstwelt erstrecken. Die Selbstwelt *kann* als ein Dingzusammenhang betrachtet werden. Aber das Selbst als Selbst und der »Welt«-charakter der Selbstwelt geht dabei verloren. Die spezifischen Elemente der Selbstwelt werden ausgeschaltet und die Verdinglichungs-Tendenz führt zu etwas Anderem, als sie beabsichtigte. Hier liegt das Problem der naturwissenschaftlichen (physiologischen und experimentellen) Psychologie. – Die Verdinglichung ist als Prozeß der »Entlebung« keine Methode zur Erkenntnis des Lebens. Wir werden also zurückgeworfen auf die Betrachtung des faktischen Lebens, wo die Selbstwelt *unabgehoben* eine Rolle spielt, im Charakter der Bedeutsamkeit (die aber nicht als Bedeutsamkeit für ein Subjekt angesehen werden darf). Die Selbstwelt im faktischen Leben ist weder ein *Ding*, noch ein *Ich* im erkenntnistheoretischen Sinn. Sondern sie hat den Charakter als Bedeutsamkeit, aber den einer bestimmten Bedeutsamkeit, der Möglichkeit nach. Sie kann eine besondere Rolle spielen. ––

8. Vorblick auf das reine »Verstehen«

Es werde nun kurz der weitere Gang unserer Betrachtung vordeutend skizziert:

Die Selbstwelt gibt sich in *Situationen*. Das Leben ist immer konkret in Situationen. Lockern wir sie konkret auf, so weisen sie eine Struktur auf, die durch die *Tendenz* der Situation bestimmt ist. *Erlebnisse* sind nicht Dinge, nichts Vereinzeltes, sondern Ausdrucksgestalten von Tendenzen von konkreten Lebenssituationen. Wissenschaft von Erlebnissen ist die originär gebende Anschauung des Erlebniszusammenhangs, der Situationen, aus denen Erlebnisse entspringen. – Wie kann sich die Anschauung von Lebenssituationen explizieren? Im reinen *Verstehen*, das sich ausformt in der Interpretation von Sinnzusammenhängen. – Endlich ergibt sich ein Zusammenhang zwischen dem Verstehen und der Konstruktion der letzten Dominanten der Lebenssituationen. – – Außerdem spielt ständig herein das Problem der *Dialektik*: Ist sie eine Form des Erfassens oder des Ausdrucks oder – ?

9. Einwände gegen die Phänomenologie als »wissenschaftliche Philosophie«

Die Phänomenologie ist die Ursprungswissenschaft vom Leben selbst. Phänomenologie ist gleichbedeutend mit Philosophie, sie ist keine Vorwissenschaft. Es bedeutet eine Erlahmung der philosophischen Intuition, wenn man das Phänomenologische beurteilt als Einzelheiten, die zusammengefaßt werden müssen durch Formensysteme. Es besteht dann keine Beziehung mehr des Formensystems zur Grundintuition. Die Systematik tritt unverbunden und unvermittelt auf (z. B. bei *Rickert* das System der Werte, bei *Münsterberg* die Werttheorie unvermittelt neben seiner Psychologie). Dieses Fortschreiten zur »eigentlichen Philosophie«, zu einer »wissenschaftlichen Philosophie« oder einer

»Weltanschauung« über das Phänomenologische hinaus, begünstigt jene Auffassung der Geschichte der Philosophie als eines Nacheinander und Nebeneinander von Systemen und Sätzen. Es hemmt die eigentlich philosophische Tendenz, zum Ursprung, zum Absoluten vorzudringen. Damit hängen gewisse (unechte) Einwände gegen die Aspirationen der Philosophie zusammen. Wir müssen sie als *Fehleinwände* verstehen lernen. Das hat für uns einen methodischen Sinn. So, wie unsere frühere Betrachtung des faktischen Lebens Motive bringen sollte für das Verstehen des Lebens aus dem Ursprung, so soll jetzt die Besprechung der genannten Einwände dazu führen, die Grundhaltung der Phänomenologie zu gewinnen. Die Basis der Einwände werden wir verstehen lernen als eine unechte Verabsolutierung einer gewissen Einstellung.

Die Einwände gegen die Philosophie sind folgende:

1) Die Philosophie ist bisher noch nie zu eindeutigen Resultaten gekommen, sondern nur zu historisch und milieu-bedingten Ansichten einzelner Denker.

2) Die Philosophie gewinnt zu ihr selbst keine allgemeine Zu- und Übereinstimmung. Es gibt nur ein Nebeneinander verschiedener Standpunkte.

3) Es gibt keine zwingende philosophische Methode, keine durchschlagenden Beweise in der Philosophie, sondern nur willkürliche Predigten und Behauptungen.

4) Die Philosophie fängt immer wieder von vorn an. Jeder versucht immer wieder eine neue Grundlegung. Die ausbauende Arbeit beginnt nie.

Aus allen diesen Einwänden soll hervorgehen, daß die Philosophie ihr Zentrum noch nicht gefunden hat; sie sei eben noch weit entfernt davon, eine *Philosophie für Jedermann* zu sein. –

Sind dies nun Fehleinwände? Sind dies nicht dieselben Argumente, die die Phänomenologie gegen alle bisherige Philosophie angewandt hat? Wenn wir sie für unecht halten, – fallen wir dann nicht in die alte Standpunktsphilosophie zurück?

Ist die Alternative »wissenschaftliche Philosophie – Weltanschauungsphilosophie« überhaupt berechtigt? Die Einwände sind, obwohl urprünglich vom phänomenologischen Bedürfnis aus formuliert, doch schon Abbiegungen von der echten phänomenologischen Tendenz. Die Idee der wissenschaftlichen Philosophie (Urwissenschaft) muß noch radikaler und tiefer gefaßt werden. –

10. Die Phänomenologie keine Objektswissenschaft

Die Philosophie hat keine eindeutigen Resultate aufzuweisen. – Sie hat keine allgemein anerkannten Wahrheiten. Denn sie hat keine *Objekte* vor sich, keine in begrenzter Anzahl nach gewissen festen Ordnungsprinzipien geordneten Gegenstände.

Dieser Einwand setzt voraus, daß es Tendenzen für das Erkennen gibt, die durch Ordnungsprinzipien determiniert sind. Es gibt Bestimmungsprinzipien eines Gegenstandes, infolge derer er nicht wieder zurückzunehmende – wenn einmal festgestellte – Bestimmungen erfährt. Erst wenn man ein *abgegrenztes Objektfeld*, mit Ordnungsprinzipien von bloß ordnungsmäßigem Zusammenhang *voraussetzt, dann erst* kann man sagen, daß es ein Mangel der Philosophie ist, daß sie nicht zu eindeutigen Sätzen kommt. Es ist zu betonen, daß damit nicht insgeheim die Alternative »Objektsbestimmung – Mystizismus« ausgespielt werden soll. Auf dergleichen ist es hier nicht abgesehen. Nur von dieser Voraussetzung aus ist auch eine allgemein gegenseitige Übereinstimmung der Philosophen zu fordern und eine allgemeine Zustimmung für ihre Lehren in Anspruch zu nehmen. Denn bei der Einstellung auf *Objekte* ist das Korrelat der Einstellung so geartet, daß es von jedem so Eingestellten mit seinem eigenen Korrelat zur Deckung gebracht werden kann, so daß also alle Korrelate der so Eingestellten untereinander übereinstimmen müssen. Sofern ein eindeutig geordnetes Ganzes von Begriffen, d. h. Objekts-Begriffen, besteht, kann dafür von jedem Anerkennung gefordert werden. Aber jede Anschauung muß radikal aus jenem Begriffsnetz ausgestoßen werden.

(Dagegen gibt es, wie hier im voraus bemerkt werden soll, Begriffe, die *Ausdruck* sind von einem *Sinn*, aber nicht *Ordnung* von *Objekten*. Deren Einheit ist prinzipiell *nicht* ein in Deckung Bringen.)

Wir haben also Regionen von Objekten als Korrelat ordnungsmäßiger Einstellung. Daraus ist verständlich die Idee einer Methode, die gleichmäßig auf jeden Objektsbereich und jedes einzelne Objekt irgendeines Bereichs anwendbar ist. Diese Methode ist lehrbar, sie kann technisiert werden, denn sie erfordert nicht die *Bezüge*, die im Ausdruck liegen. So wird es auch möglich, bestimmte Erkenntnissätze immer im gleichen Sinn zu durchlaufen und den Schatz an Erkenntnissen Stück für Stück zu vermehren. Eine solche Objektswissenschaft kann grundlegend in Gang gebracht werden und ohne Zurückblicken kann man dann in ihr weiterarbeiten. – Die Idee *dieses* Wissenschaftsbegriffs ist absolut heterogen der Idee der Philosophie. –

Es sieht – von der Objektswissenschaft gesehen – so aus, als sei das theoretische Denken die Grundhaltung des Geistes überhaupt. Sauberkeit der Begriffe und Klarheit des Denkens gelten als Vorzüge, die gestatten, alle Mannigfaltigkeit des intuitiven Verstehens abzuweisen. Doch ist diese Wissenschaftsidee nur ein verfeinerter Naturalismus. Jede Transzendentalphilosophie bedeutet eine Verengung auf das *theoretische* Erkennen, eine Zurückbeziehung auf das *Denken*. Man kommt zu einem analytischen Arbeiten mit einem bestimmten Schatz von Formen (vgl. z. B. *Lask*, bei dem das System der Regionen zu einem System von sublimierten Objekten wird).

Aber das *Leben* ist kein Objekt und kann nie Objekt werden; es ist nichts Objektartiges.

Das zu erkennen ist unser Hauptziel. – Aber auch die Zurückführung des Lebens auf ein *Subjekt* (im erkenntnistheoretischen oder psychologischen Sinn) ist unmöglich. – –

Die Grundhaltung der Phänomenologie ist der äußerste Radikalismus. Sie muß auch eine radikale Kritik gegen sich selbst üben. Denn die echte philosophische Kritik ist selbst schöpferisch. Die Strenge der philosophischen Kritik besteht in der Abweisung alles Unechten in einem genuinen Motiv. (Sie verlangt mehr Gewissenhaftigkeit als die saubere Ausübung einer einzelwissenschaftlichen Methode.) –

Das Leben als Korrelat ursprungsmäßigen Verstehens hat weder Objektcharakter noch Sachverhaltcharakter. Deshalb ist die methodische Grundhaltung der Phänomenologie eine ganz andere als die der Objektswissenschaft. Die Schwierigkeit, die echte phänomenologische Methode rein durchzuhalten, ist groß. –

11. Beispiel einer phänomenologischen Kritik: »Anschauung« und εἶδος

Wir geben im Folgenden ein Beispiel einer echten phänomenologischen Kritik:

Es ist ein Verdienst der bisherigen Phänomenologie, die prinzipielle Bedeutung der *Anschauung*, des originären Rückgangs auf die Phänomene selbst, betont zu haben. Aber trotzdem ist dieser Begriff der *Anschauung*, obwohl auf dem Wege zum Ursprung echt gefaßt, doch noch nicht ursprünglich genug. Es besteht die Gefahr, die phänomenologische »Anschauung« mit der Objektsanschauung gleichzusetzen. Die Exemplifizierung an der sinnlichen Wahrnehmung ist eine Gefahr, – solange man wenigstens bei der isolierten Auffassung *eines* wahrgenommenen Dinges stehen bleibt. Man denkt sich dann das Korrelat der phänomenologischen Anschauung als etwas Objektartiges. Das »Wesen« (εἶδος) denkt man sich gegliedert in Gattungswesen, Artwesen, individuelle Wesen etc. Das führt zu der Gefahr der Gleichsetzung der phänomenologischen Anschauung mit dem Erfassen von Ordnungsbeziehungen. – Die erste Stufe der phänomenologischen Forschung ist aber das *Verstehen.* (Das Ganze der phänomenologischen Erkenntnis ist ein Zusammenhang von Stadien der Auffassung und des Ausdrucks.) – Dagegen werden die Korrelate der »immanenten Anschauung«, der »Reflexion« usw., die sogenannten »Erlebnisse«, im Grunde als *Dinge* aufgefaßt.

Gefährlich ist auch die Tendenz auf allgemeine Mitteilbarkeit und völlige Klarheit, d. h. auf die sogenannte »phänomenologische Evidenz«. – Zur Einführung in die Phänomenologie ist es allerdings notwendig, an leicht faßlichen Beispielen die Evidenz für den anderen klar zu machen. Aber das sind nur vorbereitende Betrachtungen. Eine phänomenologische Anschauung wird nicht dadurch evidenter, daß der andere ihr beistimmt. Philosophie ist keine Sache der Abstimmung.

12. Charakter des phänomenologischen Verstehens. – Seine beschränkte Allgemeingültigkeit

Das phänomenologische Verstehen selbst und das Leben wird nicht in seiner Lebendigkeit gesehen, wenn man die Probleme der *Geschichte* aus dem Gesichtskreis der Phänomenologie hinausdrängt. Darin liegt die Bedeutung der *Hegelschen* Philosophie für die Phänomenologie. Allerdings darf sie nicht in oberflächlicher Weise aufgefaßt werden (als »Panlogismus» etc.), sondern die letzten Motive *Hegels* muß man zu ergründen suchen. –

Augustinus hat in seinen dogmatischen Schriften gesagt: »Wunder sehen nur diejenigen, für die Wunder etwas bedeuten«. Dieser Gedanke, genügend radikal genommen, gilt für alles Verstehen. Für das Verstehen gibt es notwendige Bedingungen, die nicht in Axiomen oder Sätzen liegen, sondern im Erleben von lebendigen, konkreten Situationen durch das Subjekt. Deshalb ist die Hinführung zur philosophischen Methode besonders schwierig. Sie muß mit *Suggestionen* arbeiten, damit

Fehlwege aufgegeben und die richtigen betreten werden. Damit ist die Voraussetzung einer gewissen Intuition gegeben. Eine derartige Voraussetzung findet sich in jeder Lebensform vor. Sie läßt sich in gewisse Ausdrucksgestaltungen fassen. *Abrupte* Fragen, wie: »Was ist das?«, »Wohin gehört jener Gegenstand?«, widersprechen dem philosophischen Geist. Man muß natürlich auch in der Phänomenologie mit abgegrenzten Gebieten anfangen. Aber man hat damit noch nicht den Sinn der Methode erfaßt. Gegen das Vorurteil der Isolierung in der phänomenologischen Forschung muß angekämpft werden. –

Um die Art des Ausdrucks der phänomenologischen Intuition zu verstehen, diente uns die Besprechung der Idee der Philosophie als Wissenschaft. Man darf sich hierbei nicht von landläufigen Alternativen blenden lassen, wie: »Objektive Wissenschaft – Mystik« oder »absolute – relative Erkenntnis«. Wenn eine Erkenntnis nicht absolut ist im Sinne eines mathematischen Satzes oder nicht jedem leicht zugänglich, so ist sie – nach jener landläufigen Meinung – eine »persönliche Ansicht«. Aber das ist ein willkürliches Urteil. – Dasselbe gilt von der Alternative: »Rationalismus – Irrationalismus«. – Wenn man nicht bestimmte Sätze als Beurteilungsprinzipien von vornherein annimmt, kann man solche Alternativen nicht aufstellen. – –

Wir beschäftigten uns mit der Entgegensetzung von »Philosophie als strenge Wissenschaft« und »Philosophie als Weltanschauung«. Philosophie ist *weder* eine »objektive« Wissenschaft *noch* eine praktische Anweisung zum Leben. Philosophie als Ursprungsforschung des Lebens bestimmt den Sinn ihrer Erkenntnis aus sich selbst. Sie verzichtet auf ein »System«, auf eine letzte Aufteilung des Alls in Gebiete etc. Das Leben ist ihr aber auch nichts Dumpfes, Chaotisches; sondern es wird als etwas Bedeutsames, konkret sich Ausdrückendes verstanden. – Die Philosophie kann von jedem Punkt des Lebens ausgehen und dort mit der Methode des Ursprung-Verstehens ansetzen. Sie bedarf keiner »transzendentalen Leitfäden«, keiner »Ontologie«. (Die »Ontologie« ist ja nur die höchste Zuspitzung der

Ergebnisse der objektivierenden Einzelwissenschaften. Die Ontologie und die ihr »korrelative« Bewußtseinsforschung bilden keine wahre Einheit.)

Der entscheidende Schritt, den die gegenwärtige Phänomenologie getan hat, ist die Erkenntnis, daß, sofern Philosophie Erkenntnis ist, ihr Ausdruckszusammenhang, ihre Begriffe einer *anschaulichen Ausweisung* bedürfen. Damit ist ein konkreter Hinweis auf das Problem der Erfüllung einer Begriffsbildung gegeben. – Das phänomenologisch-philosophische Verstehen ist ein Ursprungsverstehen, das seinen Ausgang nimmt von den konkreten Gestalten des Lebens. Deshalb arbeitet es auch in eigenartiger Weise mit *Negationen*. –

13. Kritische Destruktion – Ausdrucks- und Ordnungsbegriffe

In der Betrachtung des faktischen Lebens zeigte sich, wie sich, zugleich mit den unabgehobenen Bestimmtheiten, Abgrenzungen objektartiger Ausformungen ergeben. Das heißt: Das faktische Leben gibt sich in einer bestimmten *Deformation*. Diese Ausformung in Objektsgebilde muß rückgängig gemacht werden. Deshalb sagt man dauernd »nicht« bei phänomenologischen Beschreibungen. – Das ist der Grundsinn der *Hegelschen* Methode der *Dialektik* (Thesis, Antithesis, Synthesis). – Damit gewinnt die Negation eine schöpferische Kraft, die die treibende Kraft der *Ausdrucksbegriffe* ist, im Gegensatz zu den Ordnungsbegriffen. – Alles Verstehen vollzieht sich in der *Anschauung*. Daher rührt der *deskriptive* Charakter des phänomenologischen Arbeitens. – Aber *was* soll beschrieben werden? Faßt man Beschreibung nun als Objektsbeschreibung, d. h. als Merkmalszusammenfügung bzw. Merkmalsabhebung oder Momenteheraushebung, und wendet sie auf »Erlebnisse« an, so objektiviert man diese, macht sie zu Objekten. Die Beschreibung muß stets durch die Absicht des Verstehens geleitet sein. –

Die ausgezeichnete Art der phänomenologischen Erkenntnis

wird in der bisherigen Phänomenologie mit »Wesens-Erkenntnis« oder »eidetische Erkenntnis« bezeichnet. Aber der Sinn des Eidetischen ist zu stark abgetrennt und mit der Idee der generalisierenden Verallgemeinerung verknüpft worden. »Wesen« wird mit »Gattung« gleichgesetzt. Vom Verstehen her bekommt der Wesensbegriff einen anderen Sinn.

Auch die *phänomenologische Evidenz* ist eine andere als die mathematische Evidenz, mit der man sie gleichgesetzt hat. Die mathematische Evidenz ist eine *Ordnungsevidenz*. In der Philosophie gibt es keine *Definitionen*, die Objekte ein für alle Mal bestimmen. –

14. Kritik der Psychologie – ihrer Einstellungsrichtung – ihrer Begriffsbildung

Die genannten Eigentümlichkeiten der Phänomenologie wollen wir nun näher besprechen. Wir beziehen unsere Betrachtungen zurück – im Sinne der »dialektischen« Methode der Negation, bei der der erste Schritt *destruktiv* ist – auf eine faktisch bestehende Wissenschaft, die *Psychologie*.

Wir hatten früher unbestimmt gelassen, ob die Psychologie Philosophie ist oder eine Einzelwissenschaft. Wir wollen uns auch jetzt lediglich auf die heutige faktisch bestehende Psychologie beziehen und untersuchen:

1) Welche *Einstellungsrichtung* sie hat.

2) Wo die *Bruchstellen* liegen, wo sie ins »objektivierende« Fahrwasser gerät und also von ihrer ursprünglichen Richtung abbiegt.

3) Welche *Motive* diese Abbiegung veranlaßt haben.

Die moderne Psychologie ist in viele Richtungen gespalten, das erschwert die Kritik. Wir beschränken uns auf zwei Hauptpunkte:

1) Beobachtungsrichtung der Psychologie,

2) Begriffsbildung der Psychologie.

Dabei bleiben wir zunächst in derjenigen Unklarheit, in der sich die Psychologie selbst befindet.

[Man muß sich die folgenden, sehr gedrängten Ausführungen an konkreten Beispielen, etwa *Müller, Stumpf, Külpe* und seine Schüler, *Th. Lipps* u. a. m., klar machen.] –

1) *Einstellungs- oder Beobachtungsrichtung* –

Die Psychologen unterscheiden eine »objektive« und eine »subjektive« Beobachtungsart. »Objektive« Beobachtung ist die Beobachtung der Versuchsperson durch den Forscher (Versuchsleiter); sie bezieht sich auf das Benehmen, äußere Verhalten etc. der Versuchsperson. – »Subjektive« Beobachtung ist die Selbstbeobachtung, die die Versuchsperson anstellt (auf Anweisung des Versuchsleiters) und worüber sie berichtet. »Objektiv« ist z. B. Zahl der Fehler und Treffer, Zeit der Einprägung (von Worten bei Gedächtnisexperimenten), Reaktionszeit. – Trotz aller objektiven Beobachtung kann man die Selbstbeobachtung nicht entbehren. Man muß versuchen, alle »störende Wirkungen« auszuschalten. D. h. man unterscheidet zwischen dem »natürlichen« ungehemmten Zustand bzw. Verhalten der Versuchsperson und dem »gekünstelten« Zustand, welcher durch den Einfluß der Selbstbeobachtungsabsicht bei der Versuchsperson zustande kommt. Es gibt eine »hemmende Wirkung der Selbstbeobachtung« (z. B. bei Assoziationsexperimenten: Beobachtet die Versuchsperson, *ob* und *wie* bei ihr die Antwortreaktion auftritt, so tritt eine gewisse Spannung und Unentschiedenheit bei ihr ein. Sie kann z. B. das Auftreten inneren Sprechens bei der Antwortreaktion hervorrufen oder hindern durch ihren Willen.) – Es gibt ferner »suggestive Einflüsse«. Man glaubt unter diesem Einfluß zu sehen, was psychisch nicht vorhanden ist. – Oder es gibt »Störungen der Verteilung der Aufmerksamkeit«: Die Aufmerksamkeit der Versuchsperson ist nicht auf ihre Aufgabe konzentriert. – – Was ist nun z. B. der *Sinn* der »hemmenden Wirkung der Selbstbeobachtung«. Zugrunde liegt die Idee, den »psychischen Vorgang« zu objektivieren, ihn in seiner »Reinheit« darzustellen, d. h. ihn aller Bedeutsamkeit für das Subjekt, d. h. alles lebendigen Subjektbezugs zu entkleiden. – –

2) *Begriffsbildung* –

Die Psychologen unterscheiden *Beschreibungsbegriffe* und *Erklärungs-* oder *Funktionsbegriffe*. – Ein Begriff ist für sie (wie für jede Objektswissenschaft) ein Zusammenhang von Merkmalen. – Die Merkmale der *Beschreibungs*begriffe sind nur in unmittelbarer *Anschauung* gewonnen; dahin gehören alle Begriffe der Klassifikation. (Einteilung der Erlebnisse in intellektuelle und emotionale Akte). Die Sphäre der psychischen Phänomene wird hierbei als *klassifizierbar* vorausgesetzt. – *Funktions*begriffe dagegen enthalten Merkmale, die nicht unmittelbar anschaulich gegeben sind, z. B. Begriffe wie: »Schwelle«, »Gedächtnistäuschung«, »Gefühlsabstumpfung« etc. – Es handelt sich hier um (theoretische) Substruktionen, wie in der Physik (»Brechungsindex«, »Wellenlänge« etc.).

Von der Erlebnissphäre im eigentlichen Sinn, von den Gestalten des Lebens selbst ist keine Rede mehr, das lebendige Leben ist zerstört. Durch die Methode der »inneren Beobachtung« (»immanenten Wahrnehmung« etc.) wird ebenso das Beobachtete objektiviert wie in den Naturwissenschaften. Daran ändert auch nichts, daß die Erlebnisse auf ein »Ich« bezogen werden; denn das geschieht doch auch nur innerhalb der Klassifikation der »faktischen« Zusammenhänge, d. h. ihrer Objektivierung. – Manche »phänomenologischen« Beschreibungen sind von diesem Fehler nicht frei, z. B. *Husserls* Deskriptionen über das »reine Ich«. – Das Ursprungserkennen muß den Weg der Objektivierung vermeiden. Es kann die Erlebnisse direkt dem faktischen Leben entnehmen, ohne den Umweg über die Psychologie zu machen. – – –

Das Leben läuft sich in seinem eigenen Ausdruckszusammenhang tot; d. h. die Ausdruckszusammenhänge, isoliert betrachtet, verlieren ihren eigentlichen Charakter und werden zu Objekten. – Daher muß die Objektivierung, die theoretische Ausformung gewisser Lebensgestaltungen, von der Phänomenologie rückgängig gemacht werden. Die Objektivierung hat, echt vollzogen, ihren eigenen Wert. Es besteht aber die Gefahr der *vorschnellen* Objektivierung. Es ist nicht so, daß diese Objektivierung falsch oder unrichtig wäre, das Ursprungsverstehen dagegen richtig. Hier gibt es keine solche Alternativen. Die Norm des phänomenologischen Verstehens ist nicht Wahrheit im Sinne von »Richtigkeit« oder Falschheit, sondern *Ursprünglichkeit*. Objektivierung ist eine Abtrift, eine Abbiegung in einem bestimmten Stadium, auf einer bestimmten Stufe der phänomenologischen Forschung, daher *unfruchtbar* für die Phänomenologie. –

Wir hatten die *Psychologie* als eine Ausprägung heutigen Geisteslebens genommen, als einen Versuch, sich theoretisch der Selbstwelt zu bemächtigen. Wir fragen: Welche Momente sind an ihr unecht, von der Ursprungsforschung aus gesehen? Wir schränkten unsere Betrachtung ein auf die *Erfahrungsrichtung* und die *Begriffsbildung* der Psychologie. Die Begriffsbildung ist bestimmt durch die Erfahrungsrichtung selbst. Mit *Erfahrungsrichtung* meinen wir nicht die Probleme der immanenten Reflexion. Die sind nicht fundamental. – Aber der Psychologe sieht selbst gewisse Gefahren vor sich, er fürchtet, daß ihm sein Gegenstand unter seinen methodischen Veranstaltungen, ihn zu erfassen, zerfließt. Er spricht von der *störenden*, *verdrängenden* und *suggerierenden* Wirkung der psychologischen Beobachtung. Die psychologische Beobachtung erscheint hierbei als ein zweiter psychischer Vorgang, der auf den ersten, zu beobachtenden, einwirkt. Hier liegt nun eine Unklarheit des Sinnes vor. Es liegt das Bestreben zu Grunde, einen objektiven Geschehenszusammenhang zu gewinnen, d. h. eine reine Objektivität, ein Korrelat theoretischen Verhaltens. Damit aber ist abgewichen von dem Problem der Erfassung der Selbstwelt. – – Was die psychologische *Begriffsbildung* betrifft, so ist man sich jetzt allgemein über die Notwendigkeit der *Beschreibung psychischer Phäno-*

mene einig; obwohl sie nur als eine Vorstufe der »Erklärung« angesehen wird. Der Sinn dieser Beschreibung geht auf ein Ordnungschaffen, auf eine Klassifikation der psychischen Phänomene aus. Man beabsichtigt nicht die Zurückführung der Erscheinungen auf eine Seelensubstanz und dergleichen, sondern rein die Phänomene als solche will man beschreiben, ordnen, klassifizieren; etwa so:

Vorstellungen – Gefühle
Erscheinungen Funktionen
Farbe, Töne ... etc.

So sehr man bei dieser Beschreibung auf konkrete Phänomene zurückgeht, so sehr ist durch diese Klassifikation schon die *Ordnungstendenz* leitend geworden. Es besteht kein wesentlicher Unterschied zwischen den Beschreibungsbegriffen und den Funktionsbegriffen (Erklärungsbegriffen). Denn alle diese Begriffe sind nicht durch Vergegenwärtigung aus der Mannigfaltigkeit von Erlebnissen gewonnen, sondern durch In-Beziehung-Setzen von Erlebnissen und Erlebnissen oder von Reiz und Erlebnis. – Z. B.: Ein und dieselbe Melodie, wiederholt gehört, wird mir widerlich, obwohl sie mir die ersten Male gefiel. Das nenne ich »Gefühlsabstumpfung«. – Oder: Ich erinnere mich an ein kürzlich gehabtes Erlebnis (und notiere die Erinnerung). Nach einem Jahr an das Erlebnis zurückdenkend, glaube ich mich seiner in der und der Weise zu erinnern. Ein Vergleich mit der niedergeschriebenen frischen Erinnerung ergibt weitgehende Unterschiede. Ich sage, hier liegt »Gedächtnistäuschung« vor. ---

Man geht also, ohne sich über den Grundcharakter der zu betrachtenden Sphäre klar zu werden, von der theoretischen Haltung aus. Die »Erlebnisse« findet man am Wege, man greift sie in roher Weise auf. (»Erlebnisse sind Empfindungen des Ich«, *Th. Lipps*) – Aber man versäumt, zuerst den Begriff des Erlebens überhaupt zu gewinnen. Ich muß das unklar Gemeinte in einen Zusammenhang bringen, in dem es Sinn hat, von einem Erleben zu sprechen. ---

Der Plan der Vorlesung war, in Stichworten angedeutet, so: Die Wissenschaft von der Selbstwelt ist eine Form der Objektivierung; sie kommt daher aus dem Leben und weist auf ein Ursprungsgebiet zurück. (Hiermit ist aber nur *ein* Problem des Ursprungsgebietes angedeutet. Das Theoretische weist nicht zurück auf das Ursprungsgebiet überhaupt.) –

Wir faßten die Psychologie als die heute bestehende Wissenschaft dieses Namens. Aber es fragt sich, ob diese Psychologie typisch ist für *die* Psychologie überhaupt. Das Problem der Verbindung von Philosophie und Psychologie spinnt sich immer wieder an. So hat z. B. der Vermögensbegriff in der Psychologie eine eigentümliche Verschlungenheit mit der Frage nach der Unsterblichkeit der Seele. Das Problem der Psychologie muß radikal gefaßt werden. Von da aus muß sich erst entscheiden, ob es eine selbständige Psychologie gibt. –

15. Radikale Fassung des psychologischen Problems: das Problem des »Sich-selbst-Habens«

Man muß in der Geistesgeschichte der Menschheit die Geschichte der menschlichen Seele und ihrer Erkenntnis aufsuchen. Wir stoßen immer wieder in der Geschichte auf bedeutende Versuche, die Selbstwelt zu erfassen. Immer wieder folgt ihnen ein Abgleiten in die Richtung der Objektivierung. – Die Geschichte der Philosophie ist umzugestalten, sie ist nicht bloß aufzufassen als Sinngenese der (objektivierenden) Wissenschaft, sondern man muß auch phänomenologisch-kritisch nachforschen, wo es gelingt, Ursprüngliches auszudrücken und wo von da aus wieder Abbiegungen ins Objektivierende stattfinden. Eine derartige Geistesgeschichte ist das wahre Organon des Verstehens des menschlichen Lebens. Darin liegt der tiefere Sinn der *Hegelschen* Philosophie. Es besteht ein prinzipieller Zusammenhang zwischen der Geschichte und dem Ursprungsproblem des Lebens. In der Geschichte liegt der wahre »Leitfaden« für phänomenologische Untersuchungen. –

Es ist eine Notwendigkeit den Begriff des *Erlebens* ursprünglich zu bestimmen. Wir können uns nicht beruhigen bei der Alternative: Objekte – Erlebnisse; oder bei jenem Gemisch von Ausdrucks- und Objektbegriffen, die in der Psychologie infolge des »psychophysischen Zusammenhangs« üblich sind. Auch das genügt nicht, alle Erlebnisse als »ichbezogen« anzusehen und das »Ich« in ihnen unmittelbar für vorfindbar zu halten. Jenes »reine Ich«, jener »Ichpunkt« läuft nur leer mit, leistet nichts zur Erfassung der Erlebnisse, ist ungeeignet zur Rolle des Selbst. Muß überhaupt das »Ich« in *jedem* Erlebnis vorfindbar sein? Gibt es nicht auch »exzentrische« Erlebnisse? (Man könnte ja daran denken, Erlebnisse als ichbezogen zu »definieren«. Aber in der Phänomenologie *gibt* es keine Definitionen.) Das »reine Ich« leistet nichts für die Erkenntnis des lebendigen Zusammenhangs der Erlebnisse. Wie aber soll man den Zusammenhang zwischen den Erlebnissen auffinden? Wie die Beziehung zwischen Erleben und Leben? Fallen Leben und Erleben zusammen? Besagen sie Verschiedenes? –

Unser Ausgangspunkt ist auch hier wieder das faktische Leben. Wenn ich mein Leben »betrachte«, mich an ein Erlebnis erinnere, dann lebe ich in dem, was ich erlebt habe, und in dem *Erlebnischarakter*, den ich erlebt habe, habe ich mich *selbst* – und zwar viel konkreter, als ich »mich« habe, wenn ich auf mein leeres »Ich« (künstlich) eingestellt bin. – (Es ist möglich, daß *Natorp* in seiner »Allgemeinen Psychologie« dies meint, wenn er sagt, die Psychologie beschäftige sich nur mit dem Inhalt des Erlebens, nicht aber mit dem »Ich« oder der Beziehung von »Ich« zum »Inhalt«; vgl. Natorp, Allgemeine Psychologie I, Kap. II)[2] – Die Genesis des Ursprungsverstehens geht nun so vor

[2] P. Natorp, Allgemeine Psychologie nach kritischer Methode. Erstes Buch: Objekt und Methode der Psychologie. Tübingen 1912, 2. Kap.: Das Bewußtsein, die Bewußtheit und das Ich.

sich, daß ich mich in dem Erinnerten selbst habe. Damit komme ich zu dem Problem des Mich-selbst-Habens. »Ich selbst« bin ein Bedeutsamkeitszusammenhang, in dem ich selbst lebe. –

Unser Problem ist, die ursprüngliche Form des Erfassens des Lebens selbst aufzufinden. Der Weg unserer Untersuchung führte über die Selbstwelt deshalb, weil so am klarsten die Idee der Lebenserfassung selbst zu erfassen ist, weil nämlich die sich ansetzenden, die Idee verfälschenden Objektivierungen am leichtesten gerade hier zu erkennen und auszuschalten sind.

16. Kritik der »transzendentalen Problematik« – das Begriffspaar: »Form – Inhalt«

Wir suchen nach dem Grundsinn der Methode, in dem das Leben sich als Leben lebendig erfaßt. Es besteht die Notwendigkeit der Zurückleitung auf die Grunderfahrung des faktischen Lebens von sich selbst. Dieser Weg über die Selbstwelt hat nichts zu tun mit der Psychologie. Das Problem der Psychologie fällt aus unserer Betrachtung heraus; wir werden nicht von der Psychologie bestimmt in unseren Begriffsbildungen und unserem Gegenstandsbegriff. Man kann von der Wissenschaft von der Selbstwelt aus durch transzendentale Betrachtungen zeigen, daß das psychologische Subjekt auf ein nichtpsychologisches zurückweist. (Das ist der heute übliche Weg der Transzendentalphilosophie, die von *Kant* ausging.) Wir aber schließen uns keiner Wissenschaft an. Daraus entspringt uns die Gefahr, daß wir mit Begriffen aus dem täglichen Leben arbeiten müssen, wie »Leben, Erleben, Ich, mich, Selbst«. Bei unserer Arbeit der kritischen Destruktion (der Objektivierungen) sind diese Begriffe nicht eindeutig festgelegt, sondern sie deuten nur hin auf gewisse Phänomene, sie zeigen in ein konkretes Gebiet hinein, sie haben daher einen bloß formalen Charakter (Sinn der »formalen Anzeige«). Die Untersuchung des formal-ontologischen Gerüstes dieser Begriffe ist wichtig; doch präjudiziert das Formale nichts über die Dinge. Es besteht eine erste Gefahr darin, daß bei der klaren Fassung der formalen Ideen diese für die Sachen selbst genommen werden. Eine zweite Gefahr des reinen Formbegriffes ist, daß er auf seinen Gegensatz, den reinen Materialbegriff führt. Damit gerät das mit dem Materialbegriff Gemeinte (unvermerkt) in eine theoretische Funktion.

Seit *Kant* spielt das Begriffspaar »Form – Inhalt« in der Philosophie eine große Rolle. Die Formbegriffe sind lediglich anzeigend, sie haben noch nicht die Funktion der Ausdrucksbegriffe. In der Psychologie, auch sofern sie nicht kantisch ist, bestimmt der Gegensatz »Form – Inhalt« die gesamte Begriffsbildung. Bei *Stumpf* tritt er auf als der zwischen »Erscheinungen und Funktionen«.[3] Die »Funktionen« sind dabei eine bestimmte Mannigfaltigkeit von Variablen und stehen prinzipiell auf derselben Stufe mit den »Erscheinungen«. Als Aufgabe der Psychologie wird angesehen, die Beziehungen zwischen den Variablen und zum Psychischen zu finden. Gerade bei *Stumpfs* »Psychologie« und »Einteilung der Wissenschaften« zeigt sich die Gefahr des Begriffspaares »Form – Inhalt«. – Wir verzichten auf formale und transzendentale Betrachtungen und gehen vom faktischen Leben aus. –

17. Phänomenologische Reduktion

Auf die »phänomenologische Reduktion« *Husserls* wollen wir nur hindeuten. Ihr Grundsinn ist die ἐποχή gegenüber allen transzendenten Objektivierungen. Sie lehnt kritisch falsche Einstellungen ab. Aber auch ihre *positive* Seite muß man her-

[3] C. Stumpf, Erscheinungen und psychische Funktionen. (= IV. Abhdlg. d. Phil.-Hist. Classe) In: Abhandlungen der Kgl. Preuß. Akademie der Wissenschaften. Berlin 1906.

ausstellen. Ihre positive Funktion ist: die Sphäre des Verständlichen, der reinen Selbstgenügsamkeit, abzugrenzen. (Die zeitgenössische Kritik an der phänomenologischen Reduktion wendet sich mit Unrecht gegen ihren angeblich »lediglich negativen« Charakter.) –

Aus dem faktischen Leben wollen wir die Form des Erfassens des Lebens seiner selbst verstehen: Wie erfährt Leben sich selbst? Die im faktischen Leben unabgehobenen Bezüge wollen wir freilegen und in allen ihren Modifikationen verfolgen. Daraus wollen wir dann den Grundsinn des so erfahrenen Gegenstandsgebietes erfassen. Dieser ist deswegen durch jene Bezüge bestimmt, weil das phänomenologische Verhalten (zu sich selbst) mehr ist als ein bloß formales Verhalten, weil es überhaupt keine Objekterkenntnis ist.

18. Die »weltliche« Richtung des faktischen Lebens

Im faktischen Leben leben wir immer in Bedeutsamkeitszusammenhängen, die ein selbstgenügsames Ausmaß haben, d. h. die zu sich selbst in ihrer eigenen Sprache sprechen. Versetzen wir uns, lebendig mitgehend, in solche Erlebnisse, dann merken wir, daß wir in dem Bedeutsamkeitszusammenhang, in dem wir leben, uns irgendwie selbst haben. In der Art und Weise, wie sich das Erleben gibt, drückt sich die Rhythmik unserer eigenen Existenz aus. Die faktische Lebenserfahrung ist im wörtlichen Sinn »*weltlich* gestimmt«, sie lebt immer in eine »Welt« hinein, sie befindet sich in einer »Lebenswelt«. –

Ich muß mich bei dieser Betrachtung aller Erlebnisbegriffe entschlagen, aus der jetzigen oder einer besseren zukünftigen Psychologie; ebenso aller »erkenntnistheoretischen« Grundanschauungen über »Wirklichkeit« etc. Ich frage nun, wie ich in der konkreten Erfahrung selbst lebe, wie ich dabei beteiligt bin (Weise des »Vollzugs«).

Es besteht auch für mich kein Gegensatz zwischen dem faktischen inneren Erleben und einer »immanenten Reflexion«. Man sagt [d.i. Husserl]: in der »natürlichen Einstellung« komme ich nie zu Erlebnissen. Erst in dem Akte der Reflexion auf mein Erleben richte ich mich auf meine Erlebnisse. Diese Betrachtungsweise ist zwar in einem bestimmten Zusammenhang richtig, – aber uns braucht sie hier *nicht* zu belasten. –

19. Das Vertrautsein mit sich selbst

Das »weltliche« Erfahren zeigt ein gewisses *Vertrautsein* von mir selbst zu ihm. – Die Begriffe »ich, mich, selbst« sind hier noch ganz formal. – Man kann gegen diesen Charakter am Leben, des »Mir-Vertraut-Seins«, nicht einwenden, daß doch gerade meine wertvollsten und entscheidendsten Erlebnisse oft den Charakter des »Neuen«, »Fremdartigen«, »Überraschenden« hätten. Denn gerade darin kommt zum Ausdruck, daß ich mir immer irgendwie vertraut bin, daß hier eine bestimmte Hemmung, ein Zurückgeworfenwerden aus dem Stadium der Vertrautheit mit mir selbst vorliegt. –

In dem Übersehen dieses Umkreises von Grundphänomenen liegt ein Grundmangel der heutigen Ästhetik, Religionsphilosophie und besonders Theologie. – Das Grundphänomen des Ausdrucksbezugs ist nicht formal. Es müssen die konkreten historischen Bezüge hineingenommen werden. Das Phänomen des in die Welt Hineinlebens und Sich-selbst-lebens tritt in der Philosophie in der Formulierung zutage: »Jedes Bewußtsein *von* etwas ist zugleich Bewußtsein seiner selbst«. Es besteht *Identität* des »Bewußtseins von etwas« oder des »Bewußtseins seiner selbst«. Aber mit dieser leeren Formalisierung ist nichts gesagt. Sie ist nur ein Surrogat, aus dem man mancherlei deduzieren kann; aber man kommt so nie zu einer konkreten Forschung. Wir müssen uns von solchen theoretischen Prinzipien freimachen. Das Phänomen muß uns zu Gesicht gebracht werden.

Der Grundcharakter des faktischen Lebens, daß ich mich im Erfahren selbst ausgedrückt finde, wird deutlicher sichtbar, wenn sich das faktische Leben seiner selbst *erinnert.* In der Erinnerung hebt sich die Artikulation des Lebens und seiner Bezüge auf mich selbst, und dadurch wird der Charakter des Erfahrens sichtig. In der Erinnerung an das Erlebte läßt sich, viel unmittelbarer als im damaligen Erleben selbst, verfolgen, was in der Weise des Erlebthabens beschlossen ist, wie das Erinnerte seinen ganz spezifischen Charakter hat, in dem es mir vertraut ist. –

20. Die Rolle der Erinnerung – Die Geschichte als Leiterfahrung der phänomenologischen Forschung

Der Psychologe wird sagen, daß seien alles vage Begriffe; es gäbe nicht Präzises wie »Erinnerungsrückstände, Einprägungs- und Reproduktionsziele« etc. Aber wir lassen uns nichts von ihm hereinreden. Wir haben andere Maßstäbe von Strenge als er. Man darf sich aber auch nicht die Aufgabe der phänomenologischen Lebenserforschung erleichtern, indem man sagt: Jedes Erlebnis ist Erlebnis eines Ich. Also bin ich bei jedem Erlebnis eo ipso dabei. Denn wir haben ja noch gar keinen Begriff von einem »Erlebnis«. Diesen wollen wir gerade erst radikal bestimmen.

Hier ist die Motivstelle dafür, daß alles phänomenologische Verstehen sich sein Material aus dem vollen historischen Leben vorgeben lassen muß. Das wirkliche Leben und die Geschichte ist der Leitfaden oder besser die *Leiterfahrung* für die phänomenologische Forschung. Geschichte ist hier nicht verstanden als historische Wissenschaft, sondern als lebendiges Miterleben, als Vertrautsein des Lebens mit sich selbst und seiner Fülle. – Hier liegen die Wurzeln der tiefen Probleme der Geschichtswissenschaft und -philosophie. (Von hier hätte auch eine tiefgreifende Kritik von *Spenglers* »Untergang des Abendlandes« auszugehen. Es genügt nicht, sich fachmäßig mit ihm auseinanderzusetzen, ihm einzelne Fehler nachzuweisen etc.; auch nicht, daß man von philosophischer Seite ihm seinen »Skeptizismus« als widersinnig nachweist. Sondern es ist zu zeigen: *Spengler* ist, ebenso wie *Bergson, Dilthey, Simmel,* in Halbheiten steckengeblieben; er hat das Leben nicht bis zum Letzten zurück erfaßt.) – Es zeigt sich auch hier, daß unsere Probleme grundlegende und keine bloßen Spezialitäten sind. ––

21. Gliederung der Problematik des Sich-selbst-Habens

Unser *Problemkreis des Sich-selbst-habens im faktischen Erleben* gliedert sich folgendermaßen:

1) Herausstellung des Sinns des *Bezugs* des Sich-selbst-habens.

2) Herausstellung des Sinns des dabei *gehabten Selbst* – Phänomen der *Situation.*

3) Der ganze Problemkomplex (1), (2) erfährt eine Steigerung: das phänomenologische Verstehen selbst sondert sich in die einzelnen Strukturformen: Motiv, Tendenz, Erlebnis, Erlebniszusammenhang.

4) Die Problemgruppe wird in das faktische Leben und das Leben »an und für sich« zurückgenommen. Die Betrachtung der ganzen Sphäre des reinen Lebens ist weder Außen- noch Innenbetrachtung, weder transzendent noch immanent.

5) Untersuchung des Phänomens, daß ich mich im Erfahren selbst ausgedrückt finde, ergibt folgende Gliederung des Phänomens:
a) Erfahrung meiner personalen Situation,
b) Erfahrung der faktischen Geschichte,
c) Erfahrung des Lebens an und für sich.
Hieraus ergibt sich der Gegensatz: Faktum – Sinn.

Die philosophische Erfahrung des Lebens selbst ist für die Philosophie aus dem Leben selbst motiviert. Es ist Ernst zu machen mit der Motivierung der philosophischen Methode des Verstehens überhaupt aus dem Leben selbst. Dadurch kommt man auf die Frage, wie Leben sich selbst erfährt, wie man sinngenetisch die philosophische Methode selbst durch sich selbst gewinnt. Wir bedürfen für das konkrete Verstehen des philosophischen Verstehens selbst keines Exempels, sondern schon im Rückgang auf das Verstehen müssen sich die einzelnen Schritte der Methode abheben.

22. Die Stufen des phänomenologischen Verstehens

So finden wir die folgenden Schritte der phänomenologischen Methode:

1) Zunächst, wenn man vorurteilslos mit der Betrachtung anfängt, ist sie ein *Hinweisen* auf eine bestimmte Sphäre des faktischen Lebens.

2) Damit verknüpft sich ein *erstes Fußfassen* in der Lebenserfahrung, gleichgültig welche im einzelnen betrachtet wird. Dies Fußfassen ist kein Stehenbleiben, sondern ein *Mitgehen*, ich werde dabei von der Strömung des Lebens mitgerissen. Es ist das unmittelbare *Mitmachen* des Erlebens.

(Damit scheint *Husserls* »phänomenologische Reduktion« in ihr Gegenteil verkehrt. Dort mache ich gerade *nicht* mit, nehme *keine* Stellung, übe ἐποχή. Doch ist dies nur die *negative* Seite der Sache. Man kann die phänomenologische Reduktion nur dann so charakterisieren, wenn man von vornherein die Erlebnisse sämtlich als *intentionale* ansieht und außerdem noch von dingerfassenden Erlebnissen (z. B. Wahrnehmungen) ausgeht. – Geht man vom Verstehen selbst aus, so kommt man gerade zur Forderung des »Mitmachens« der persönlichen Lebenserfahrung mit größter Lebendigkeit und Innerlichkeit). –

3) Es folgt das *Vorschauen*, *Vorausspringen* der phänomenologischen Intuition in die Horizonte, die in der Lebenserfahrung selbst gegeben sind, in die Tendenzen und Motive, die in

der Lebenserfahrung liegen. Das ist nicht *erlernbar*. Es ist entscheidend für das produktive Sehen der Phänomene selbst. –

4) Dann kommt die *Artikulation* des Gesehenen, das *Heraussheben* der einzelnen Momente des Phänomens.

5) (Es ist noch einzuschalten:) die *Interpretation* der Phänomene.

6) Endlich folgt die eigentliche *Gestaltgebung* des phänomenologisch Geschauten, die die Zerrissenheit der articuli wieder zusammenfügt. – Hier tritt die Phänomenologie in enge Beziehung zur Kunst.

Im Verlauf (des »Mitgehens« oder) der »Artikulation« arbeitet die phänomenologische Methode schon mit Hilfe einer *kritischen Destruktion* der Objektivierungen, die immer bereit sind, sich den Phänomenen anzusetzen. Damit scheint das anschauliche Verhalten verlassen und ein diskursives Denken an seine Stelle zu treten. Ich sage ja vor allem, daß das Phänomen das und das *nicht* ist. Dies kann nur in der Art und Weise einer *Argumentation*, gewissermaßen *dialektisch* vollzogen werden. Wir stoßen hier auf das Problem des Verhältnisses der Anschauung, des reinen Verstehens und des dialektischen Ausdrucks in Begriffen. –

Wir wollen nun versuchen, den Prozeß des phänomenologischen Verstehens selbst durchzuführen. Wir wollen sehen, wie wir in unserer faktischen Lebenserfahrung uns selbst haben. –

Die Abgrenzung gegen die »wissenschaftliche« Erkenntnis der Selbstwelt, die Psychologie, hatten wir vollzogen. –

Wir fragen also: Wenn ich mit einer faktischen Lebenserfahrung selbst mitgehe, die ursprünglich »weltlich« gerichtet ist, – wie habe ich da mich *selbst*, obwohl mein Selbst ganz in dieser Erfahrung aufgeht, sich in ihr spiegelt, mit ihr mitgeht?

Am besten sieht man das, wenn eine gewisse *Distanz* zwischen der betrachteten Erfahrung und der jetzigen besteht. (Am besten nehme man ein für mich besonders bedeutsames Erlebnis.) Was habe ich damals erlebt ohne irgendeine Reflexion auf mich selbst?

Hier muß sich zeigen, wie es anzustellen ist, daß ich ein Stoffgebiet habe, aus dem ich einen gewissen Reichtum an Phänomenen schöpfen kann. Dies ist ein ernstes Problem. Das eigentliche *Organon des Lebensverstehens* ist die *Geschichte*, nicht als Geschichtswissenschaft oder als eine Sammlung von Kuriositäten, sondern als gelebtes Leben, wie es im lebendigen Leben mitgeht.

23. Das Problem des Verhältnisses von »Faktum« und »Sinn«

Wie kann man aber von dieser »empirischen«, relativen Basis des faktischen Lebens loskommen, um zum »Allgemeinen«, zur »Regel«, zur »Wesenserkenntnis« zu gelangen? Denn die Mannigfaltigkeit der Fakta ist unübersehbar. Außerdem ist die Geschichte immer nur von meiner Gegenwart aus verstanden, ist selbst Ausdruck meines eigenen Lebens. Und wie soll die Geschichte, das Geschehene, gemessen an dem der Idee nach unendlichen Fortgang des Lebens, eine genügende Induktion bilden, um über das *Leben überhaupt* einen Satz zu begründen? Wie soll ich jemals über mein Faktisches hinauskommen? Es erhebt sich das fundamentale Problem des Verhältnisses von *Faktum und Sinn*. Wie soll ich aus der Vereinzelung der faktischen Lebenserfahrung einen Sinn gewinnen, der allgemein gilt?

Dieses Problem ist bisher in der Philosophie nur schematisch behandelt worden, von gewissen logischen Voraussetzungen aus. Man faßt das Faktum auf als Einzelnes gegenüber der Art und der Gattung oder als Einzelfall eines allgemeinen Gesetzes. Ein Faktum liegt dann neben dem anderen. Die Fakta werden in ein ihnen übergeordnetes Schema hineingesehen, in eine Ordnungsbeziehung hineingestellt. In dieser objektivierenden Auffassung des Faktischen wird sein Verhältnis zum Sinn zu einem Scheinproblem; das eigentlich hier vorliegende philosophische Problem wird nicht gesehen und verstanden.

24. Das Faktische als Ausdruck

Man muß das Faktische selbst verstehen als *Ausdruck*. Sofern man das faktische Leben einmal so angesehen hat, kommt man gar nicht mehr auf jene alten Scheinprobleme, wozu auch das der Individuation gehört. Die Fakta des Lebens selbst liegen nicht wie Steine nebeneinander, sondern sie haben jedes ihre eigene Stelle, die mit der Stellung innerhalb einer Gesetzlichkeit nichts zu tun hat.

Was heißt: eine faktische Lebenserfahrung ist Ausdruck? Ausdruck wovon? Wenn wir das Verstehen gelernt haben, können wir aus dem Leben selbst gewisse Problemrichtungen heben. Diese Hebung ist notwendig eine Auseinanderreißung des im Leben selbst Zusammenbefindlichen. – Man kann so aus dem Phänomen des Sich-Selbst-Habens zwei Momente abheben: das »Haben« und das »Selbst«. Dann zeigen sich weitere Strukturen und Schichtungen innerhalb dieser Momente und schließlich wird das Sich-Selbst-Haben verstanden als Ausdruck des ursprünglichen Lebens. Methodisch ist das nun der Weg, um das reine Verstehen selbst zu gewinnen. Durch kritische Destruktion wird das Verstehen als Vollzugssinn herausgehoben. – Die Intuition der Phänomene muß man dabei immer vor Augen haben. – Es gibt »Führungen« in jedes Lebensphänomen, die von bestimmten Motiven herkommen und in bestimmte Horizonte hineinlaufen. – Artikulation des »Habens«: Vertrautsein des Lebens mit der Welt, in der ich selbst lebe. Frage nach der Art und Weise, wie sich das Ich dabei seiner selbst bewußt wird.

Kritische Destruktion: Was ist das »Haben« *nicht*?

1. Es ist nicht ein ausdrückliches Eingestelltsein auf mich selbst als ein »Ich«, das in die Ordnung der »Iche« überhaupt gehört. Es ist keine Tendenz auf endgültige Erkenntnis über das Ich als Ich in der faktischen Lebenserfahrung. Das gilt auch, wenn das Ich nicht als Ichpunkt, sondern als konkretes Ich gedacht ist. Auch ein konkretes Ich ist gesehen in der Ord-

nungstendenz der Objektivierung, ist eingeordnet in die Regionen der Momente, aus denen die »Ich-Objekte« bestehen. –

2. Es ist auch nicht so, daß die Erfahrung etwas fordert, *was* die Erfahrung hat, was sie sich aneignet, von dem die Erfahrung eine Eigenschaft ist. Denn durch diesen *Rückschluß* würde der Grundsinn unseres Phänomens verschoben. –

3. Nach einer dritten irrigen Meinung stellt sich das »Ichbewußtsein«, ohne ausdrücklichen Rückfluß, als *beiläufige Resultante*, als Nebenprodukt eines bestimmten Lebenszusammenhangs heraus. Es liegt gar nicht phänomenal vor, es ist bloß ein dumpfes »Selbstbewußtsein« in der faktischen Erfahrung des Lebens. – Bei alledem ist das Selbstbewußtsein aufgefaßt als etwas Neues, was sich *ansetzt* an die Lebenserfahrung. –

Mich-Selbst-Haben ist kein Anstarren des Ich als eines Objektes, sondern es ist der Prozeß des Gewinnens und Verlierens einer gewissen Vertrautheit des Lebens mit sich selbst. Es ist etwas, was schwingungsmäßig gleichsam da ist und wieder schwindet (»Rhythmus«).

25. Die Situation als Ausdruck des Selbst

Was ist nun das »Selbst«? Kommen wir hier nicht doch zu einem Objekt, *dem* Selbst und seinem Sinn? Wenn wir uns aber den ganzen Prozeß des phänomenologischen Verstehens gegenwärtig halten, können wir nur sagen, das Selbst hat eine gewisse *Ausdrucksgestalt*. Man darf nicht enttäuscht sein, in der Helligkeit des Bewußtseins kein »Ich« zu finden, sondern nur den Rhythmus des Erfahrens selbst. – Das Selbst ist uns im Ausdruck der *Situation* gegenwärtig. Ich bin mir selbst konkret in einer bestimmten Lebenserfahrung, ich bin in einer *Situation*. –

Liegt hier phänomenal wirklich etwas Neues vor? Das Problem der *Situation* ohne Objektivierung ist bisher in der philosophischen Literatur nicht gestellt worden.

Das Grundproblem ist: Wie grenzt sich eine Situation innerhalb des faktischen Lebens aus? Wie vollzieht sich die *ausdrucksmäßige* Ausprägung einer Situation? Was ist die charakteristische Einheit der Situation, was ihr eigentlich dominierender Charakter? Welche Bezüge stehen in der Funktion, zu *Dominanten der Situation* zu werden? Endlich als letzte Frage: Welches ist die *Urstruktur* der Situation? –

Diese Aufgaben sind nicht durch Definitionen und Argumente lösbar. Das würde nur ein Mißverständnis unserer Grundhaltung sein. – Wir müssen zurückgehen auf die spezifische Phänomenologie des Selbst. Es ist hier die Frage nach den letzten Möglichkeiten der Vertrautheit mit sich selbst. (»Berufung«, »Schicksal«, »Gnade«.) In welchen Schichten und Ausdrucksformen lebt das Selbst in seiner Situation? –

Hier besteht wieder eine Gefahr, in Objektivierung zu verfallen. Man ist versucht, aufzuzählen, *was* von mir in diesem Moment gerade erfahren und erlebt wird. Die inhaltliche Mannigfaltigkeit würde dann den Charakter der Situation ausmachen. Weiter käme man zu »letzten Daten« und schließlich zur raumzeitlichen Bestimmung der Situation (bestimmte Stelle des objektiven Raums in einem bestimmten objektiven Zeitpunkt). – Aber die Gehaltsform hat ihren letzten Sinn in der Lebenserfahrung selbst. Raum und Zeit haben in ihrer *ursprünglichen* Form in der Sphäre des Lebens, als Bedeutsamkeiten, ihre Funktion in der Situation. (Von der »objektiven« Raum-Zeit-Form aus gesehen ist das die ins volle Leben (zurück-)transponierte Form.) Das *Problem der Zeit* ist mit dem der Situation verbunden.

Man verdankt *Bergson*[4] die entscheidende Leistung der Abscheidung der »durée concrète« von der objektiven »kosmischen« Zeit. – Wir können darauf nicht näher eingehen. –

Es gibt Situationen, in denen ich Erfahrungen erlebe, die mir

[4] Vgl. H. Bergson, Essai sur les données immédiates de la conscience. Paris 1889, p. 57–105 (= Chap. 2: De la multiplicité des états de conscience: l'idée de durée).

verborgen sind (»Schicksal«, »Fügung«). Sie können mir absolut unverständlich sein. Trotzdem kann *ich mich selbst* in dieser Situation auf das klarste verstehen. – Situation ist eben der eigentümliche Charakter, in dem ich mich selbst habe, nicht den Inhalt des Erlebten. Der Umkreis des Verständlichen [. . .]* das Sich-Selbst-Haben, das ein Prozeß des Gewinnens und Verlierens der Vertrautheit mit dem Leben ist. –

26. Die Spontaneität des Selbst

Es gibt im Leben ein bestimmtes Herkommen von bestimmten *Motiven* und ein Fortgehen und Hinneigen nach bestimmten *Tendenzen*. Es gibt einen Bezugssinn des Lebens, in dem es selbst lebt, ohne sich selbst zu haben; das ist der Bezug von *Motiv* zur *Tendenz*. Dieser Bezugssinn kann bestimmte Umgestaltungen erfahren. Tendenzen und Motive können ihre Funktionen wechseln. – (Das ist von allen Objektsbeziehungen getrennt zu halten!) – In derselben Situation kann das, was Motiv ist, zugleich als Tendenz lebendig sein. Der *Bezugssinn* ist keine Beziehung zwischen zwei Objekten, sondern ist selbst schon Sinn eines Vollzugs, eines Dabeiseins des Selbst. Das *Selbst* ist kein letzter Ichpunkt, es ist offen gelassen, wie das Selbst dem Bezugssinn nah oder fern ist, ob der Bezugssinn an der Oberfläche oder in der Tiefe des Selbst gelebt wird. – Man kann leben, ohne sich selbst zu haben. Von hier aus gibt es einen möglichen Rückgang in verschiedenen Stufen zur immer gesteigerten Konzentration des *Vollzugs* (des Bezugssinns) bis schließlich zur vollen *Spontaneität* des Selbst.

Der *Vollzugssinn* entspringt aus der Spontaneität des Selbst. Sofern er so gesteigert lebendig ist, ist ursprüngliches Leben existent.

Die Tendenz, über die ich hingeneigt bin, läßt eine letzte

* [Hier ist in der Nachschrift eine Lücke angezeigt.]

Ausformung ihres Sinnes zu, die *Idee*. Sie ist *inhaltlicher* Art, umspannt eine bestimmte *Lebenswelt*. Sie wird dann selbst zum Motiv und bestimmt einen bestimmten *Gehaltssinn* des faktischen Lebens.

27. Bezugssinn, Vollzugssinn, Gehaltssinn (Idee) als die Urstruktur der Situation

Bezugssinn, Vollzugssinn, Gehaltssinn ergeben die *Urstruktur der Situation*. – Es ist *nicht* ausdrücklich vom »Ich« die Rede. –

Durch diese 3 *»Sinnelemente«*, besser *»Sinnführungen«* (d. i. Führungen des Lebensstromes selbst) wird die *Selbstgenügsamkeit* des Lebens ausgedeutet. Sie umschreiben, was die Selbstgenügsamkeit des Lebens meint. Das Phänomen der Selbstgenügsamkeit ist damit in die reine Sphäre des Lebens aufgehoben. Ähnlich wären die anderen »Reliefcharaktere« des faktischen Lebens auszudeuten, was Zeitmangel verbietet.

Bezugssinn und Gehaltssinn der Situation können eine solche Peripetie erfahren, daß ein Sinnelement *dominiert*. –

1) *Spontaneität* ist Domination des *Vollzugssinns*. Die Situation erfährt damit eine Modifikation ihres Gehaltssinns: es kommt zu einer schöpferischen *Gestaltung* der Lebenswelt. –

2) Der Vollzugssinn ist *verdrängt*, die Situation verläuft im *Bezugssinn*. Das findet sich in ästhetischen und religiösen Welten. –

3) Das letzte Phänomen ist die Spontaneität des lebendigen Selbst, aus der der Grundsinn von *»Existenz«* geschöpft werden kann. Dieser Grundsinn des Vollzugs des Selbst in seinem Leben gibt dem Sinn von »Existenz« seine ursprüngliche Bedeutung. Von hier aus hat jedes Sinngefüge des theoretischen Verhaltens seinen letzten Ursprung zu nehmen. Von hier wird der Sinn der *Wirklichkeit* in allen Schichten des Lebens verständlich. –

28. Das Leben-an-und-für-sich oder der Ursprung

Diese Struktur der Situation als eine variable Mannigfaltigkeit der drei Sinneselemente muß zurückgeworfen werden in das lebendige Leben selbst. Diese Sinneselemente erlauben damit einen Zugang zu dem *Leben-an-und-für-sich.* –

Die Situationen lassen sich in der Umwelt verfolgen mit Beziehung auf die Gegenwart und die Geschichte des Lebens. Aus diesem Ausdruckszusammenhang zwischen dem faktischen Erfahren in der Umwelt, der Spontaneität der Selbstwelt und der gegenwärtigen Geschichte läßt sich in der Methode der Rekonstruktion der *Ursprung* gewinnen.

Der *Ursprung* ist ausgedrückt durch diesen letzten Ausdruckszusammenhang selbst. Das phänomenologische Verstehen ist nichts anderes als ein anschauliches Mitgehen, Hinlaufen an dem Sinn entlang. Es muß stets die Gesamtsituation des Phänomens gegenwärtig sein. Kein Ausdruckszusammenhang kann im Sinn der methodischen Darstellung isoliert werden. Er ist auch nicht nur »relativ«. Jeder philosophische Ausdruckszusammenhang ist nur soweit Philosophie, als wir ihn aus dem Ursprung verstehen.

29. Die Begriffe der Philosophie. Ihre Dialektik ist Diahermeneutik

Man kann nicht »objektiv« untersuchen, was an den Aufstellungen eines Philosophen »richtig« oder »falsch« ist. Es kommt darauf an, welche Ferne oder Nähe seine Ausdrucksgestalten zum Ursprung haben. – Die *Begriffe* der Philosophie haben eine andere Struktur als die Objekts- und Ordnungsbegriffe. *Alle* Begriffe haben die *formale Funktion* des *Bestimmens.* Aber Bestimmen durch *Ausdruck* ist nicht Bestimmen durch *Ordnungsschemata.* Die *Dialektik* in der Philosophie, als Form des Ausdrucks, ist nicht Dialektik im Sinne der synthetischen Aneinandersetzung von Begriffen, sondern die philosophische Dialektik ist »*Diahermeneutik*«.

Durch die Umkippungen des Verstehens und Anschauens (Verwendung der Negation?) kommen die Phänomene zum Ausdruck. – Philosophische Intuition ist nicht dann am adäquatesten, wenn sie das Geschehen *nachbildet*. (Diese Idee von Adäquation ist aus der Objektssphäre übertragen.) – Adäquation des Ausdrucks kann der Nachbildung ganz fern stehen; d. h. dem, was zunächst gesehen wird, fernstehen. Man findet durch das Verstehen der ausdrückenden Rede nie das Phänomen. – Die Adäquation des Ausdrucks bestimmt sich durch die Ursprünglichkeit der Motive, die in der Darstellung lebendig sind.

30. Der platonische ἔρως als philosophische Grundhaltung

Die wahre philosophische Haltung ist nie die eines logischen Tyrannen, der durch sein Anstarren das Leben verängstigt. Sondern es ist *Platons* ἔρως. Aber der hat noch eine viel lebendigere Funktion als bei *Platon*. Der ἔρως ist nicht nur ein *Motivgrund* der Philosophie, sondern die philosophische Betätigung selbst verlangt ein sich Loslassen in die letzten Tendenzen des Lebens und ein Zurückgehen in seine letzten Motive. Die der phänomenologischen Philosophie entgegengesetzteste Haltung ist ein Sich-Einspannen in etwas. Jene Philosophie verlangt vielmehr ein Sich-Loslassen in das Leben, allerdings nicht in seine Oberfläche, sondern gefordert wird eine Vertiefung des Selbst in seine Ursprünglichkeit.

NACHWORT DES HERAUSGEBERS

Der vorliegende Band 58 der Martin-Heidegger-Gesamtausgabe enthält den hier erstmals veröffentlichten Text der Vorlesung, die Heidegger als Privatdozent im Wintersemester 1919/20 an der Albert-Ludwigs-Universität Freiburg gehalten hat. Im Vorlesungsverzeichnis hatte Heidegger sie als »Ausgewählte Probleme der reinen Phänomenologie« einstündig angekündigt, dann aber, wie der Titel des Manuskripts und auch die von Hörern der Vorlesung angefertigten Nachschriften belegen, unter dem endgültigen Titel »Grundprobleme der Phänomenologie« zweistündig gehalten.

Zur Edition lagen vor das in deutscher Handschrift verfaßte und bis zur Seite 70 durchgezählte Manuskript der Vorlesung und ein mit teils lateinischen Klein-, teils lateinischen Großbuchstaben, teils arabischen Ziffern versehenes oder auch gar nicht paginiertes und ohne erkennbare Ordnung gebündeltes Konvolut von 47 handschriftlich verfaßten Seiten. Zudem lag vor eine von Hartmut Tietjen verfertigte, der beschriebenen Form entsprechende Abschrift des Heideggerschen Textes. Weiterhin wurden zur Verfügung gestellt drei handschriftliche Vorlesungsnachschriften, erstellt von Karl Löwith, Franz Josef Brecht und Oskar Becker.

Das Manuskript besteht aus halbseitig links beschriebenen Blättern in Oktavformat. Der Text, von Heidegger in einer auch von ihm selbst späterhin als »Augenpulver« charakterisierten winzigen Handschrift verfaßt, ist fortlaufend und ohne Gliederung niedergeschrieben. Für die Edition mußte daher eine Gliederung erarbeitet werden. Da Heidegger seinen Text bis auf wenige Ausnahmen auch nicht interpunktiert hat bzw. anstelle einer differenzierten Interpunktion eine Art Gedankenstrich verwendet, mußte für die Edition der Text mit Satzzeichen versehen werden, wobei Heideggersche Eigentümlichkeiten,

z. B. daß er für gewöhnlich vor ›und zwar‹ kein Komma setzt, berücksichtigt wurden.

Handschrift und Abschrift, Handschrift, Abschrift und Nachschriften und auch die Nachschriften untereinander wurden mehrfach miteinander kollationiert. Dabei zeigte sich, daß die im Nachlaß vorliegende Zweiteilung der Handschrift in Vorlesungsmanuskript und Beilagen so nicht zutreffend ist. Vielmehr ergab sich durch die mit Datumsangaben versehene Nachschrift von Brecht, daß die ausgearbeitete Vorlesungshandschrift mit dem 12. Dezember 1919 und d. h. der Seite 66 des Manuskriptes abbricht. Warum Heidegger seine Ausarbeitung abgebrochen hat, läßt sich heute nicht mehr ermitteln. Ermitteln ließ sich aber anhand der Nachschriften, daß der Großteil des zweiten Handschriftenkonvoluts Skizzen und Notizen des weiteren Vorlesungsganges enthält, und zwar für den Zeitraum vom 16. 12. 1919 bis zum 27. 1. 1920, dem Tag, an dem allen Nachschriften gemäß Heidegger seine Vorlesung offiziell beendet hat. Anhand der Nachschriften konnte somit der weitere Gang der Vorlesung rekonstruiert werden. Im Rahmen dieser Arbeit zeigte sich z. B., daß der fehlende inhaltliche Anschluß der von Heidegger als 67 bis 70 gezählten Seiten zu den vorausgehenden sich dadurch erklärt, daß die vermeintlich das Manuskript abschließenden Seiten in Wahrheit Teil der erst im Januar gehaltenen Vorlesung sind.

Da im ganzen aber der so rekonstruierte Text im Unterschied zur ausgearbeiteten Vorlesung von doch eher fragmentarischer Gestalt ist, wurde entschieden, ihn nicht nahtlos dem von Heidegger ausgearbeiteten Teil anzufügen, sondern ihn als ersten Teil des Anhanges A zu edieren. Die abgedruckte Gliederung der rekonstruierten Fassung orientiert sich an den Überschriften, unter denen Heidegger die betreffenden Aufzeichnungen zusammengefaßt hat. Im direkten Vergleich mit den Nachschriften wurde deutlich, daß Wesentliches der nicht mehr vollständig ausgearbeiteten Vorlesung sich nicht in Heideggers eigenen Notizen, sondern nur in den Nachschriften findet. Daher wurde entschieden, im Anhang B den Schlußteil der Vorlesung in der Fassung der Nachschrift von Oskar Becker abzudrucken.

Die Entscheidung zugunsten der Beckerschen Nachschrift ergab sich durch den Vergleich der Nachschriften untereinander. Die in lateinischer Schrift abgefaßte und mit stenographischen Einschüben versehene 78 Schreibheftseiten umfassende Vorlesungsnachschrift Löwiths enthält vieles von dem nicht, was sich bei Brecht und Becker findet. Ihrerseits ist aber auch die Brechtsche 81 Schreibheftseiten umfängliche Nachschrift, von deren deutscher Handschrift mir von Friedrich Hogemann eine maschinenschriftliche Transkription zur Verfügung gestellt wurde, weniger ausführlich als die von Becker angefertigte Nachschrift.

Bei Beckers Nachschrift handelt es sich dem Charakter der Handschrift nach vermutlich um eine eigens angefertigte, in deutscher Schrift verfaßte Reinschrift, die mit einer wohl erst nach Abschluß der Vorlesung erstellten und daher auch am Ende der Nachschrift stehenden Gliederung versehen wurde. Die Nachschrift umfaßt 211 Seiten im Klein-Oktav-Format. Beckers Handschrift wurde transkribiert, dabei einige wenige Verschreibungen stillschweigend korrigiert und Abkürzungen aufgelöst. Beckers Manuskript zeigt als Spuren späterer Bearbeitung Unterstreichungen, kommentarähnliche Fragezeichen und einige wenige Anmerkungen. Es konnte nicht ausgeschlossen werden, daß es sich dabei um Zusätze von fremder Hand handelt. Von daher wurde nur der ursprüngliche und zweifelsfreie Beckersche Text für die Edition berücksichtigt. Die Überschriften der Gliederung wurden für den Abdruck des Schlußteils der Vorlesung aus der Nachschrift im Anhang B II in den fortlaufenden Text an den von Becker vorgesehenen Stellen eingefügt.

Im Grunde geben alle Nachschriften und insbesondere die Beckers den Gang und auch die Begrifflichkeit der Vorlesung angemessen und d.h. ohne Verfälschungen wieder. Sofern es sich aber hier nicht um stenographische Mitschriften handelt, bietet das Niedergeschriebene letztlich doch gegenüber der um Nuancen ringenden Gedankenführung Heideggers eine sie verkürzende Erfassung. Gleichwohl finden sich in den Nachschriften Stellen, die belegen, daß Heidegger sich im mündlichen Vortrag vom vorgefertigten Text löste und frei den Gedankengang abwandelte oder auch weiterführte. Solche Teile wurden als Ergänzungen aus der Nachschrift Beckers in den Anhang B I aufgenommen.

Mit der anhand der Nachschriften erfolgten Zuteilung eines Teils der Heideggerschen Aufzeichnungen zur Rekonstruktion des Schlußteiles der Vorlesung ergab sich zugleich die Möglichkeit einer weiteren Bestimmung der restlichen Beilagen. Zum einen handelt es sich um solche, die Heidegger selbst dem ausgearbeiteten Vorlesungsmanuskript zuordnet. Sie sind zusammen mit der nicht vorgetragenen Erstfassung des § 19 im Anhang A/II A abgedruckt. Ferner gibt es Beilagen, die im Zusammenhang der Vorlesung entstanden sind. Sie geben Zeugnis von der Suche und der Spannung, in der sich das Heideggersche Denken zu dieser Zeit hielt, und wurden als »Lose Blätter« unter den von Heidegger gewählten Überschriften in den Anhang A/II B aufgenommen. Für die Edition auszuscheiden waren hingegen sechs Blätter. Vier von ihnen gehören nicht zu der vorliegenden Vorlesung, für die beiden anderen war durch eine Vielzahl nicht übertragbarer Stenogramme bzw. Abkürzungen und nicht gegebener Zuordnungen ein textlich abgesicherter Sinnzusammenhang nicht herzustellen möglich.

Im Blick auf die Heideggersche Handschrift im ganzen ist charakteristisch, daß dem halbseitig links fortlaufenden Text auf der rechten Seite zahlreiche Einschübe beigegeben werden. Bei diesen Einschüben handelt es sich zum größten Teil um Textergänzungen, so daß sie in den durchgängigen Text eingefügt werden konnten. In geringerem Umfang haben die Einschübe den Charakter von Selbstkommentierungen oder von exkursartigen Skizzen und wurden dann in fußnotenmäßiger Zählung als Anmerkung zur entsprechenden Stelle wiedergegeben. Ein kleinerer Teil der Einschübe, aber auch einzelne Stellen im Haupttext hat Heidegger in Gabelsberger Kurzschrift notiert. Diese Stenogramme konnten zu einem Teil Walter Biemel und zu einem anderen Teil Guy van Kerckhoven zur Prüfung vorgelegt werden. Die auf diese Weise aufgelösten Stenogramme wurden an den entsprechenden Stellen in den Text aufgenommen. Da Heidegger die Gabelsberger Kurzschrift bisweilen in einer persönlichen Variante gebraucht, konnten gleichwohl nicht alle Stenogramme aufgelöst bzw. von Teilen nur Bruchstücke entziffert werden. In diesen Fällen, bei denen der Textsinn nicht mit der nötigen Sicherheit zu Gebote stand, wurden die Übertragungen der Kurzschrift für die Edition nicht berücksichtigt. Auch in Heideggers deutscher Handschrift konnten an drei Stellen einzelne Worte nicht entziffert werden. Sie wurden im Drucktext eigens als Fehlstellen vermerkt.

Im Manuskript gibt Heidegger eine Reihe von Querverweisen auf eigene über die Vorlesung hinausgehende oder sie flankierende Texte. Es handelt sich dabei um drei Manuskripte und neun gesonderte von ihm selbst so genannte Zettel, die wohl ursprünglich der Vorlesungshandschrift beigelegt sein mochten. Heideggers Nachlaß wurde auf diese Zettel und Manuskripte hin durchgesehen. Dabei konnte jedoch nur das aufsatzmäßige Manuskript »Über Psychologie«, das in der dritten Abteilung der Gesamtausgabe veröffentlicht werden wird, noch ausfindig gemacht werden. Somit müssen die beiden anderen Manuskripte und auch die angeführten Zettel als verloren gelten.

In der Handschrift werden von Heidegger sowohl eckige als auch runde Klammern verwandt. Da sich darin eine betonte Strukturierung des Schriftbildes ausdrückt, wurden sie mit in den Druck übernommen. Generell ist es Maxime der Edition gewesen, so wenig wie möglich und nur so viel als unbedingt nötig in den Heideggerschen Text einzugreifen. Im einzelnen beziehen sich die editorischen Eingriffe im bereits erläuterten Sinne auf die Zeichensetzung. Weiterhin wurden die von Heidegger zahlreich verwendeten Abkürzungen für den Druck aufgelöst. Ferner wurde, entsprechend Heideggers eigenen Weisungen, die an einigen wenigen Stellen offenkundig ausgefallenen Worte, fast durchweg Hilfsverben, ergänzt. Stilistische Glättungen unterblieben, d.h. die mitunter auftretenden Härten, die Heidegger im Vortrag abgemildert haben mag, blieben somit im abgedruckten Text erhalten. Offensichtliche Verschreibungen wurden gemäß Heideggers Verfügung stillschweigend berichtigt. Stillschweigend berücksichtigt wurden mit zwei Ausnahmen ebenso die von Heidegger vorgenommenen, meist auf einzelne Worte bezogenen Streichungen. Bei den Ausnahmen handelt es sich zum einen um eine Kritik an O. Spengler (S. 3), die Heidegger nach der Niederschrift wieder strich und am Rand mit dem Kommentar »unnötig!« versah, aber, wie die Nachschriften nahelegen, in der Stunde dann doch vortrug und deshalb in den Drucktext übernommen wurde. Die zweite Ausnahme bildet eine von Heidegger markierte und mit dem Hinweis »später vorbringen!« versehene absatzstarke Textpassage (S. 31 o.). Nun fehlt im weiteren Verlauf der Vorlesungshandschrift ein entsprechender Einfügungsvermerk und auch die Nachschriften geben hier keine Auskunft, so daß nicht ausgeschlossen werden kann, daß Heidegger im Vortrag der Stunde von seiner Verschiebungsabsicht wieder Abstand genommen hat, weshalb für die Edition der ursprüngliche Textbestand verbindlich blieb. In diesen beiden Fällen wurden dann auch im Unterschied zu den sonst durchweg in den Anmerkungen angeführten Selbstkommentierungen Heideggers die eben genannten Hinweise nicht in den Drucktext aufgenommen.

Beim Abfassen seines Textes hat Heidegger bereits Unterstreichungen vorgenommen. Sie sind zum größten Teil keine Verdeutlichungen zum Zweck bloß des mündlichen Vortrages, sondern inhaltlich bezogene Hervorhebungen. Sie wurden deshalb dann auch im Druck durch Kursivschreibung eigens ausgezeichnet. Von der dem Herausgeber von Heidegger in seinen Richtlinien eingeräumten Freiheit, sinnhaltig solche Textauszeichnungen selbst vorzunehmen, wurde nur sparsam Gebrauch gemacht.

Abgesehen von den mit Tinte erfolgten Unterstreichungen der Niederschrift zeigt die Handschrift vielfältige farbige Unterstreichungen. Heidegger selbst hat in seinen »Leitsätzen« darauf verwiesen, daß es sich häufig dabei um »Lesehilfen« für den Vortrag handelt. Solche farbigen Unterstreichungen können aber auch, wie Heidegger gesprächsweise gegenüber Friedrich-Wilhelm v. Herrmann äußerte, Spuren einer späteren Beschäftigung mit einem Manuskript sein und markieren dann den Bezug, den ein früherer Text von einer späteren Besinnungsebene aus noch entfaltet hat. In beiden Fällen handelt es sich um nachträgliche Bearbeitungsspuren, die für die Edition des ursprünglichen Textbestandes ohne Gewicht sind.

Die von Heidegger durchweg sehr verkürzt angegebenen Literaturhinweise wurden recherchiert, gängigem Standard entsprechend bibliographisch vervollständigt und dem Text als Fußnoten beigegeben. Dabei konnten für die Überprüfung der Zitate wie auch der auf Titel bezogenen Hinweise zum Teil Exemplare aus Heideggers Handbibliothek verwandt werden; wo dies nicht möglich war, wurden sie verifiziert anhand der betreffenden 1919 zugänglichen Textausgaben.

*

Das seit dem Kriegsnotsemester 1919 (vgl. GA Bd. 56/57) auch nach außen sichtbar werdende Ringen Heideggers um einen eigenen systematischen Ansatz in der Auseinandersetzung sowohl mit der Tradition als auch mit zeitgenössischen philosophischen Strömungen verleiht auch der vorliegenden Vorlesung ihr spezifisches Gepräge. Daß sie dabei mit Blick auf Heideggers Denkweg nicht nur ein entwicklungsgeschichtlich wertvolles Zeugnis ist, sondern gerade auch als systematische Vorlesung Gewicht besitzt, wird durch die Intention der Vorlesung, Phänomenologie als Ursprungswissenschaft vom Leben an und für sich aufzuweisen, nachhaltig bestätigt. Vieles von dem, was sich später im Umkreis von »Sein und Zeit« und dort selbst analytisch weiter klärte und dann auch begrifflich bis zu terminologischen Sprachregelungen hin ausformte, ist in dieser frühen Vorlesung bereits im Schwange. Von daher kann Heidegger dann auch am Ende des § 15 von »Sein und Zeit« in einer Anmerkung darauf verweisen, »daß er die Umweltanalyse und überhaupt die ›Hermeneutik der Faktizität‹ des Daseins seit dem W.S. 1919/20 wiederholt in seinen Vorlesungen mitgeteilt hat«. Insofern ist die Vorlesung »Grundprobleme der Phänomenologie« eben auch nicht nur ein Zeugnis der Suche, sondern dokumentiert bereits ein Sichfinden und -gefundenhaben, das allerdings entschieden noch zu weiterer Selbstklärung fortdrängt.

*

In der langen Reihe von Bänden der Gesamtausgabe, für die Michael Klostermann als Verleger seit 1977 Verantwortung trug, ist die vorliegende Edition die letzte, die er noch persönlich betreut hat. Michael Klostermann ist am 8. August 1992 gestorben. Sein Name bleibt mit der Martin Heidegger Gesamtausgabe verbunden.

*

Für vielfältige Hilfe in Fragen der Entzifferung der Handschrift danke ich Herrn Dr. Hermann Heidegger, Herrn Dr. Hartmut Tietjen, insbesondere auch Herrn Walter v. Kempski und Herrn Prof. Dr. Friedrich-Wilhelm v. Herrmann. Ihm danke ich zudem herzlich für die die ganze Editionsarbeit begleitenden zahl- und ertragreichen Gespräche. Herrn Prof. Dr. Walter Biemel und Herrn Dr. Guy van Kerckhoven sage ich Dank für ihre großzügige Bereitschaft, Heideggers Stenogramme zu entziffern. Herrn Dr. Friedrich Hogemann danke ich für die freundliche Überlassung seiner Transkription der Brechtschen Vorlesungsnachschrift. Herrn Dr. Mathias Mayer danke ich freundschaftlich für seine fortwährende und gewinnbringende Gesprächsbereitschaft. In freundschaftlicher Verbundenheit gilt mein Dank Gräfin Beatrice v. Kornis für ihren großen Anteil am Lesen der Korrektur.

Freiburg, im September 1992 Hans-Helmuth Gander